구속사의 관점에서 본

히브리서 파노라마

구속사의 관점에서 본
신약성경 파노라마
히브리서(증보판)

초판 1쇄 발행 1999년 6월 7일
증보 1쇄 발행 2008년 9월 30일
증보 2쇄 발행 2015년 11월 1일

지은이 유도순
펴낸이 유효성
펴낸곳 도서출판 머릿돌

등록번호 제17-240호
등록일자 1997년 5월 20일
주소 서울 동작구 노량진1동 205-7
TEL. 031-607-7678 / Mobile. 010-94728327
http://edendongsan.onmam.com
E-mail yoodosun@hanmail.net / yoohs516@hanmail.net

총판 기독교출판유통
경기도 고양시 일산동구 장항동 585-12
(031) 906-9191

ISBN : 978-89-87600-17-8 (03230)

구속사의 관점에서 본

히브리서 파노라마

유 도 순 지음

머릿돌

머리말

구약성경은 제사장(모세오경), 왕(역사서), 선지자(선지서)의 사역으로 요약된다. 그리고 중요한 것은 이들이 한결같이 기름부음을 받은 자들로 메시아를 예표하고 있다는 점이다. 히브리서는 비록 작은 책일지라도 이 세 가지 메시아적 사명을 모두 드러내고 있는 놀라운 책이다.

1) 먼저 예수 그리스도는 우리의 대제사장(대표)이 되어 주시기 위해서 우리와 같이 되셨다고 증거한다. 우리의 대제사장은 자신을 제물로 드려 우리를 영원히 온전케 해 주셨다. 그의 제사장 직분은 갈리지 아니하고, 그는 항상 살아서 간구하시는 영원한 대제사장이시다. 구약의 제사장과 제물과 성막은 예수 그리스도에 대한 "모형과 그림자"로서 "개혁(改革)할 때까지만 맡겨 둔"(9:10) 것이라고 말씀한다.

2) 또한 옛적에 하나님은 선지자들로 말씀하셨으나 이 모든 날 마지막에 아들로 우리에게 말씀해 주셨다. 그는 마지막 선지자가 아니라 선지자들로 여러 부분과 여러 모양으로 예언하셨던 실체(實體)요, 성취자로 오셨다. 예수 그리스도는 볼 수 있고 만져 볼 수 있도록 말씀이 육신이 되어 오셨다. 그러므로 구약의 계시는 감추어져 있었으

나 이제는 성도들에게 밝히 드러났다. 더 이상 보여줄 계시는 없는 것이다. 예수 그리스도는 나타난 계시요, 마지막 계시자로 오신 선지자이시다.

3) 예수 그리스도는 또한 왕으로 오셨다. "사망의 세력을 잡은 자 곧 마귀"(이 세상 임금)를 멸하시고 죽기를 무서워하므로 일생에 매여 종노릇 하는 자들(2:14-15)을 해방시켜 주려고 오신 분이심을 증거한다. "사망의 세력을 잡은 자 곧 마귀"에게 사로잡혀 있는 자들을 자유하게 해주실 분은 다윗의 위에 오르실 능력과 권세를 가지신 왕 외에는 달리 없다. 그분은 "높은 곳에 계신 위엄의 우편에 앉아"(1:3) 계시다가 심판주로 두 번째 나타나시리라(9:28)고 말씀한다.

그런데 히브리서는 세 가지 메시아적 사명 중에서도 특히 제사장(祭司長)의 사역에 강조점을 두고 있다. "이제 한 말에 중요한 것은 이러한 대제사장이 우리에게 있는 것이라"(8:1) 하고 말씀한다. 히브리서의 모든 말씀이 중요하고, 성경의 모든 말씀이 중요하다. 그런데 "이러한 대제사장"이 우리에게 있다는 사실은 그 중요한 말씀 중에 중요한 말씀이라는 것이다. 형제는 "이러한 대제사장"이란 어떤 대제사장이며 그 대제사장을 가졌다는 것이 왜 그토록 중요한지를 말해줄 수가 있는가?

히브리서의 1차 독자들은 들은 바 말씀을 등한히 여겼으며(2:1) 마음은 점점 강퍅해졌고(3:13) 때가 오래여도 성숙하지 못하고 어린 아이 상태에 머물러 있었다(5:12). 그들은 모이기를 폐하는 어떤 이들의 습관과 같이 하였고 신앙은 퇴보를 보이고 있었다(10:38). 한마디로 그들의 모습은 손은 피곤하고 무릎은 연약하고 다리는 절고 있는(12:12-13) 상태였던 것이다.

이러한 모습이 어찌 그들뿐이랴! 이것이 바로 현대 교회의 모습이 아닌가? 바로 당신 자신의 모습이며, 당신이 돌보는 성도들의 모습일 수도 있다. 성경은 문제에 대한 답안으로 주신 것이다. 성령께서는 그들에게 히브리서를 처방하여 치료제로 주신 것이다. 진리의 영이시여, 히브리서의 영광스러운 광채를 이 시대에 비추시사 치료하여 주시고 생명을 얻되 더욱 풍성하게 하옵소서.

우리교회 원로목사 유도순

차례

히브리서 개관 도표

더 좋은 언약의 대제사장과 제물이신 그리스도

옛적에 여러 부분과 여러 모양으로 말씀하신 하나님이

이 모든 날 마지막에 아들로 말씀하셨으니(1:2) → 이는 하나님의 영광의 광채시요 그 본체의 형상이시라(1:3)

↓

천사보다 잠깐 동안 못하게 하심을 입은 자 예수를 보니(2:9) →

① 사망의 세력을 잡은 자 마귀를 없이 하며(2:14)
② 종노릇 하는 자를 놓아 주려 하심이니(2:15)
③ 백성의 죄를 구속하려 하심이라(2:17)

↓

그러므로 우리에게 큰 대제사장이 있으니(4:14) →

① 승천하신 자 하나님의 아들 예수시라
② 믿는 도리를 굳게 잡을지어다(4:14)

↓

이러한 대제사장은 우리에게 합당하니(7:16) →

① 별다른 제사장(7:11)
② 맹세로 된 제사장(7:21)
③ 영원한 제사장(7:24)
④ 단번에 이루신 제사장(7:28)
⑤ 아들로 세우신 제사장(7:28)

↓

이제 하는 말에 중요한 것은 이러한 대제사장이 우리에게 있는 것이라(8:1) →

① 더 좋은 언약의 중보자(8:6)
② 더 좋은 일의 대제사장(9:11)
③ 더 좋은 제물(8:23)
④ 더 좋은 성막에 들어감(9:24)

↓

영원한 제사를 드리시고 하나님 우편에 앉으사(10:12) →

① 영원히 온전케 하셨느니라(8:6)
② 다시 제사드릴 것이 없느니라(10:18)

오늘이라 일컫는 동안

격려 →

① 인내로써 경주하며(12:1)
② 사랑하기를 계속하고(13:1)
③ 믿음을 본받으라(13:7)
④ 장차 올 것(소망)을 찾나니(13:14)

경고 →

① 말씀을 간절히 삼가라(2:1)
② 강퍅케 됨을 면하라(3:13)
③ 들어가기를 힘쓰라(4:1)
④ 후퇴하지 말라(13:14)

↓

자기를 바라는 자들에게 두 번째 나타나시리라(9:28)

장막이 서 있을 동안에 성소에 들어가는 길이 아직 나타나지 아니한 것이라(9:8)

우리를 위하여 휘장 가운데로 열어 놓으신 새롭고 산 길(10:22)

참 마음과 온전한 믿음으로 하나님께 나아가자(10:22)

↓

은혜의 보좌 앞에 담대히 나아갈 것이니라(4:16)

예수 그리스도는 어제나 오늘이나 영원토록 동일하시니라(13:18)

히브리서 개관 도표 해설

히브리서의 주제는 "더 좋은 언약의 대제사장과 제물이신 그리스도"를 증거 하는데 있습니다. 옛적(구약 시대)에 선지자들로 여러 부분과 여러 모양(그림자와 모형)으로 말씀하신 하나님이 "모든 날 마지막에 아들"을 보내셨습니다. 그는 "하나님의 영광의 광채시요, 본체의 형상"으로 오시되 "천사보다 잠깐 동안 못하게 하심을 입은 자"로 오셨습니다. 그렇게 하신 목적을 도표는 세 가지로 보여주고 있는데, 이는 그리스도가 선지자요, 왕(마귀 권세 멸하신)이요, 대제사장(백성의 죄 구속)이심을 의미합니다.

먼저 도표 중앙의 연결선을 따라가 보면 "그러므로 우리에게 큰 대제사장이 있으니" 하고 말씀합니다. "이러한 대제사장은 우리에게 합당하고, 이제 하는 말에 중요한 것은 이러한 대제사장이 우리에게 있는 것이라"(8:1) 하고 말씀합니다. 성경이 증거하고 있는 바대로 "이러한 대제사장이 우리에게 있다"는 것이 히브리서의 핵심주제입니다. 그리고 우리의 대제사장은 "영원한 제사를 단번에 드리시고 하나님 우편에 앉으셨다"(10:12)고 말씀합니다.

여기가 끝이 아니라, "자기를 바라는 자들에게 두 번째 나타나시리라" 하고, 재림을 말씀합니다. 이렇게 하는 의도는, 재림하시기까지 "오늘이라 일컫는 동안"(3:13)을 어떻게 살아야 하는가에 대한 "격려와 경고"를 하기 위해서입니다.

도표 왼쪽의 연결선을 따라가 보면 첫 장막이 서 있을 동안(구약 시대)에는 하나님 앞에 나아가는 길이 "아직 나타나지 않았으나", 신약 시대에는 "새롭고 산 길"이 열렸으므로, "참 마음과 온전한 믿음으로 하나님께 나아가자, 은혜의 보좌 앞에 담대히 나아갈 것이라" 하고 말씀합니다. 이는 참으로 중요한 말씀이요, 복된 말씀입니다. 예수 그리스도는 어제나 오늘이나 영원토록 동일하십니다.

히브리서 파노라마

주제: 그러므로 우리에게 큰 대제사장이 있으니 승천하신 자 곧 하나님 아들 예수시라 우리가 믿는 도리를 굳게 잡을 지어다(4:14).

히브리서를 기록하게 된 동기는 유대교에서 회심한 일단의 그리스도인들이 다시 유대교로 돌아갈 위험에 처해 있었기 때문입니다. 히브리서 기자는 이들을 향해 유대교에 비해 그리스도교가 얼마나 우월한가를 변증하면서 배교의 위험을 경고하고 있는 것이 히브리서의 중심주제입니다.

그래서 첫 마디가, "옛적에 선지자들로 여러 부분과 여러 모양으로 우리 조상들에게 말씀하신 하나님이 이 모든 날 마지막에 아들로 우리에게 말씀하셨으니"(1:1-2) 합니다. "옛적"이란 구약시대를 가리키고, "여러 부분과 여러 모양"이란, "언약, 예표, 그림자, 모형, 예언" 등으로 말씀하신 구약성경을 가리키는 표현입니다.

그런데 "마지막에 아들로 우리에게 말씀하셨다"는 것은 구약에서 보여주셨던 "언약, 예언, 모형"에 대한 실체(實體)가 오셨다는 뜻입니다. 그러므로 히브리서는 구약성경, 특히 모세 오경에 대한 해설서라 해도 과언이 아닙니다. 히브리서를 모르고는 성경에 등장하는 제사의식(祭祀儀式)에 대한 구속사적 의미를 이해할 수가 없는 것입니다.

히브리서가 드러내고자 하는 강조점은 실체로 오신 그리스도가 구약시대의 모형과 그림자에 비해서 비교도 되지 않을 만큼 우월하다는 점입니다. 히브리서는 크게 두 부분으로 나누어집니다.

㉠ 앞부분(1-10장)은 "하나님께서 그의 아들 예수 그리스도"를 통하여 행해주신 구속의 은혜를 증거하는 내용이고,

㉡ 뒷부분(11-13장)은 "믿음은 바라는 것들의 실상이요"(11:1) 하고, 이에 대한 인간의 응답은 오직 "믿음"이라는 구조입니다.

1장

1) 1장에서는 "천사보다"(1:4) 우월하신 그리스도의 신성(神性)이 강조되어 있습니다.

㉠ "저가 천사보다 얼마큼 뛰어남은"(4), 그는 하나님의 아들이시다, 그는 만유의 후사시다, 그는 천지만물의 창조주시다, 그는 하나님의 영광의 광채시다, 그는 하나님 본체의 형상이시다, 그는 창조하신 바를 붙들고, 즉 보존하고 계신다, 그는 우리의 죄를 정결케 하셨다, 그는 하나님 우편에 앉아 계신다.

㉡ "어느 때에 천사 중 누구에게 내가 네 원수로 네 발등상 되게 하기까지 너는 내 우편에 앉으라 하셨느뇨"(13), 이것이 그분의 신성입니다.

2장

2) 2장에는 그분의 인성(人性)이 강조되어 있습니다. "천사들보다 잠간 동안 못하게 하심을 입은 자"(9)라 합니다. 우리와 "한 모양으로 혈육(血 肉)에 함께 속하심은"(14절) 합니다. 즉 우리와 같은 인간의 혈육을 입으시고 오셨다는 것입니다.

1장에서 증거한 "하나님의 영광의 광채시오 그 본체의 형상이시라"(1:3) 한 성자 하나님께서 어찌하여 혈육 있는 인간의 몸을 입고 오셔야만 했습니까?

㉠ 첫째는 "사망으로 말미암아 사망의 세력을 잡은 자 곧 마귀를 없이 하시며"(2:14) 합니다. 마귀는 사망의 권세를 잡은 자입니다. 호랑이를 잡으려면 호랑이 굴에 들어가야만 하듯이 주님은 마귀를 잡기 위해서 친히 사망 아래로 들어가셨다는 것입니다.

만일 인봉한 주님의 무덤이 열리지 아니하였다면 주님도 사망에게 잡힌 것이 되고 맙니다. 그러나 주님은 사흘 만에 사망의 권세를 이기시고 부활하셨습니다. 이것이 "사망의 세력을 잡은 자 곧 마귀를 없이 하시며"의 의미입니다.

㉡ 둘째는 이렇게 하심으로 "또 죽기를 무서워하므로 일생에 매여 종노릇하는 모든 자들을 놓아 주려 하심이라"(2:15) 하고 말씀합니다. 주님 이전에는 누구도 사망의 권세를 이긴 자가 없었습니다. "그리스도께서 죽은 자 가운데서 다시 살아 잠자는 자들의 첫 열매가 되심으로"(고전 15:20) 사망 하에 있는 자들에게 놓여날 수 있는 길을 열어 놓으셨다는 것입니다.

㉢ 궁극적으로는 "그러므로 저가 범사에 형제들과 같이 되심이 마땅하도다 이는 하나님의 일에 자비하고 충성된 대제사장이 되어 백성의 죄를 구속하려 하심이라"(17) 하십니다. 주님은 한마디로 "죽음을 맛보려"(9) 인간의 몸을 입으시고 이 땅에 나타나셨다는 것입니다.

3) 3장에서는 "모세"(3:2)보다 우월하시다고 논증합니다. 모세는 하나님의 온 집의 사환(使喚)으로 충성하였으나 그리스도는 "그의 집 맡은 아들로 충성하셨다"(3:5-6) 하고 증거합니다.

4) 4장에서는 "만일 여호수아가 저희에게 안식을 주었더면 그 후에 다른 날을 말씀하지 아니하셨으리라"(4:8) 하고, 여호수아가 준 안식, 즉 가나안을 정복하고 분배한 것은 참 안식에 대한 예표임을 말씀합니다.

5) 5장 이하에서는 히브리서의 중심 주제라 할 수 있는 "아론"(5:4)보다 우월하신 그리스도의 대제사장(大祭司長) 되심을 논증합니다.

㉠ "율법은 약점을 가진 사람들을 제사장으로 세웠으나, 그리스도는 온전케 되신 아들을 세우셨느니라"(7:28) 합니다.

㉡ "저희는 맹세 없이 제사장이 되었으되 오직 예수는 맹세로 되신 것이라 주께서 맹세하시고 뉘우치지 아니하시리니 네가 영원히 제사장이라 하셨도다"(7:21) 하고 "맹세"로 되었다고 말씀합니다.

㉢ "저희 제사장 된 자의 수효가 많은 것은 죽음을 인하여 항상 있지 못함이로되 예수는 영원히 계신고로 그 제사 직분도 갈리지 아니한다"(7:23-24) 하고 말씀합니다.

㉣ 저들은 염소와 송아지의 피로 반복적으로 드렸으나 그리스도는 "오직 자기 피로 영원한 속죄를 이루사 단번에 들어가셨느니라"(9:12) 합니다.

히브리서의 요절

6) 히브리서의 요절은 4:14입니다. "그러므로 우리에게 큰 대제사장이 있으니 승천하신 자 곧 하나님 아들 예수시라 우리가 믿는 도리를 굳게 잡을 지어다" 하고 말씀합니다. 요절 중에서도 핵심은 "우리에게 큰 대제사장(大祭司長)이 있다"는 말씀입니다.

㉠ 이 말씀이 얼마나 중요하냐하면 8:1절에서, "이제 하는 말에 중요(重要)한 것은 이러한 대제사장이 우리에게 있는 것이라" 하고 그 중요성을 성경 자체가 증거하고 있는 것만 보아도 알 수가 있습니다. 성경 전체가 중요합니다. 히브리서 전부가 중요한 말씀으로 가득 차 있습니다. 그런데 그 중에서도 중요한 것은 "이러한 대제사장이 우리에게 있다"는 사실이라는 것입니다. 10:21절에서 "또 하나님의 집 다스리는 큰 제사장이 계시매" 하고 이를 또다시 상기시키고 있습니다.

㉡ 그렇다면 그토록 중요한 대제사장이 누구란 말인가? "승천하신 자 곧 하나님의 아들 예수시라"(4:14) 하고 증거합니다. 히브리서는 "… 이러한 대제사장이 우리에게 있다"는 것을 증거 하는데 초점을 맞추고 있습니다.

7) 그래서 히브리서에는 구약의 그림자에 비해, "더 좋은"이라는 말이 강조되어 있습니다.

㉠ "더 좋은 소망(19), ㉡ 더 좋은 약속(8:6), ㉢ 더 좋은 언약의 중보자,(7:22, 8:6), ㉣ 더 아름다운 직분(8:6), ㉤ 더 좋은 대제사장(9:11), ㉥ 더 좋은 제물"(9:23)이라고 논증합니다.

8) 또한 "단 번"이 강조되어 있는데 이는 구약의 제사장들이 "자주 같은 제사"(10:11)를 반복적으로 드린 것과 대조적(對照的)으로 하는 말씀입니다.

㉠ "단 번에 자기를 드려 이루셨음이니라(7:27), ㉡ 단번에 성소에 들어가셨다(9:12), ㉢ 자기를 단 번에 제사로 드려(9:26), ㉣ 단번에 드리신바 되었고(9:28), 단번에 정결케 되어(10:2), ㉤ 그리스도의 몸을 단번에 드리심으로 말미암아 우리가 거룩함을 얻었노라"(10:10)

합니다.

"더 좋은 중보자"(8:6)가 되시어, "더 좋은 제물"(9:23)로 "단번"에 드리시고, 더 좋은 하늘에 있는 참 성막에 들어 가사 하나님 우편에 앉아 계시다가, 자기를 바라는 자들에게 두 번째 나타나시리라(9:28)는 것이 히브리서의 중심적인 증거입니다.

세 번의 나타나심

9) 9장에는 주님의 "나타나심"이 세 번(24, 26, 28) 언급되어 있습니다. 이 세 번의 나타나심은 주님의 과거, 현재, 미래 사역과 연관이 있습니다.

㉠ 첫 번째 나타나심은 "이제 자기를 단번에 제사로 드려 죄를 없게 하시려고 세상 끝에 나타나셨느니라"(9:26) 하고 말씀하는데 이는 이미 성취된 과거(過去)의 나타나심, 즉 초림(初臨)을 의미합니다.

㉡ 두 번째 나타나심은, "그리스도께서는 참 것의 그림자인 손으로 만든 성소에 들어가지 아니하시고 오직 참 하늘에 들어 가사 이제 우리를 위하여 하나님 앞에 나타나시고"(24) 한 나타나심입니다. 이는 "죽으실 뿐 아니라 다시 살아나신 이는 그리스도 예수시니 그는 하나님 우편에 계신 자요 우리를 위하여 간구하시는 자시니라"(롬 8:34) 한 현재적(現在的)인 사역, 즉 하나님 우편 재위를 의미합니다. 7:25절에서도, "그러므로 자기를 힘입어 하나님께 나아가는 자들을 온전히 구원하실 수 있으니 이는 그가 항상 살아서 저희를 위하여 간구하심이니라" 합니다.

그런데 성경은 주님의 부활과 승천을 "우리를 위하여" 라고 말씀하고 있다는 점입니다. 그것은 ㉮ 주님의 부활로 그를 믿는 자들의 부활이 보장되었고, ㉯ 주님의 승천으로 우리의 승천의 길이 열렸고, ㉰ 주님이 영광 받으심 같이 그를 믿는 자들도 영광에 참여하게 되기 때문입니다.

㉢ 세 번째 나타나심은, "구원에 이르게 하기 위하여 죄와 상관 없이 자기를 바라는 자들에게 두 번째 나타나시리라"(9:28) 한 나타나심인데, 이는 미래(未來)에 있을 재림(再臨)의 나타나심을 가리킵니다. 그래서 "두 번째 나타나시리라" 하는 것입니다.

10) 구속사(救贖史)의 맥락에서 중요한 요점을 증거 하고자 합니다. 이는 9:15절인데, "이를 인하여 그는 새 언약의 중보니 이는 첫 언약 때에 범한 죄(罪)를 속(贖)하려고 죽으사 부르심을 입은 자로 하여금 영원한 기업의 약속을 얻게 하려 하심이니라" 하고 말씀합니다.

㉠ "첫 언약(言約) 때에 범한 죄"란 구약시대에 범한 죄를 가리킵니다. 구약시대에 범한 죄도 주님의 대속적인 죽음을 통해서만이 해결되는 것이 가능하여진다는 말씀입니다. 왜냐하면 "황소와 염소의 피가 능히 죄를 없이 하지 못하기"(10:4) 때문입니다. 구약시대의 속죄제란 참 것이 오기까지 죄를 잠정(暫定)하는 보류하는 장치에 불과했던 것입니다.

㉡ 저들이 금송아지 우상을 만들어, "이는 너희를 애굽 땅에서 인도하여 낸 너희 신이로다"(32:4) 하고 숭배한 것은 진멸 받아 마땅한 죄였습니다. 그러나 "여호와께서 뜻을 돌이키사 말씀하신 화를 그 백성에게 내리지 아니 하시니라"(출 32:14) 합니다.

저들이 가데스바네아에서 하나님을 불신하고 "한 장관을 세우고 애굽으로 돌아가자"(민 14:4) 하고 반역하였을 때에도 "전염병으로 그들을 쳐서 멸하겠다"(민 14:12) 하셨으나 모세의 탄원을 들으시고,

"내가 네 말대로 사하노라"(민 14:20) 하셨습니다.

우리는 이것으로 완결(完決)이 된 줄로 여기고 있었습니다. 그러나 형제여, 의로우신 하나님은 죄를 그냥 사하실 수가 없는 분이십니다. 그렇다고 황소와 염소의 피로 대속이 되는 것도 아니었습니다. 이점을 로마서 3:25절에서는, "이는 하나님이 길이 참으시는 중에 전에 지은 죄를 간과(看過)하심"이라 말씀합니다. 구약시대란 참고 눈감아주신 기간이었다는 것입니다.

㉢ 언제까지입니까? "곧 이때에"(롬 3:26), 즉 자기 아들을 대속 제물로 갈보리 십자가에 내어주실 때까지입니다. 그때까지는 저수지에 물이 고이듯이 불의에 대한 하나님의 진노가 쌓이기만 했다는 것입니다. 그 진노를 자기 아들에게 부으심으로 자기의 의로우심을 나타내셨다는 말씀입니다.

그때에야 1,500년 동안이나 가로막혔던 휘장이 열려졌던 것입니다. "그 길은 우리를 위하여 휘장 가운데로 열어 놓으신 새롭고 산 길이요 휘장은 곧 저의 육체니라"(10:20) 합니다.

11) "우리가 진리를 아는 지식을 받은 후 짐짓 죄를 범한즉 다시 속죄하는 제사가 없고"(10:26) 합니다.

㉠ 무슨 뜻이냐 하면 이처럼 명백한 복음진리를 깨닫고도 이를 배신한다면 달리는 죄 사함을 얻을 방도가 없다는 것입니다. 이점이 "하물며 하나님의 아들을 밟고 자기를 거룩하게 한 언약의 피를 부정한 것으로 여기고 은혜의 성령을 욕되게 하는 자의 당연히 받을 형벌이 얼마나 중하겠느냐 너희는 생각하라"(10:29) 하는 말씀에 나타납니다. 그래도 유대교로 돌아갈 테냐 하는 셈입니다.

12) 그렇다면 인간이 해야 할 일이 무엇입니까? 이점을 둘째 부분에서는, "믿음이 없이는 기쁘시게 못하나니"(11:6) 하고, 하나님이 자기 아들을 통하여 행해주신 구속의 역사를 믿는 것이라 말씀합니다.

㉠ "참 마음과 온전한 믿음으로 하나님께 나아가자"(10:22) 합니다. "우리는 뒤로 물러가 침륜에 빠질 자가 아니요 오직 영혼을 구원함에 이르는 믿음을 가진 자니라"(10:39) 합니다. 믿는 자에게는 뒤로 물러가는 후퇴란 없다는 것입니다. 오직 전진(前進)만이 있을 뿐입니다.

㉡ 그렇다면 히브리서가 말씀하는 "믿음"은 어떤 믿음인가? "믿음장"이라 말하는 11장은, "이 사람들은 다 믿음을 따라 죽었으며 약속(約束)을 받지 못하였으되 그것들을 멀리서 보고 환영하였다"(11:13) 하고 말씀합니다. 11:39절에서도 "이 사람들이 다 믿음으로 말미암아 증거를 받았으나 약속(約束)을 받지 못하였으니" 합니다. 즉 메시아 언약을 대망(待望)한 믿음이라고 말씀합니다.

㉢ 구약의 성도들은 초림(初臨)의 주님을 기다렸으나 이제 신약의 성도들은 "자기를 바라는 자들에게 두 번째 나타나실"(9:28) 재림(再臨)의 주님을 기다리고 있는 것입니다. "이는 하나님이 우리를 위하여 더 좋은 것을 예비하셨은즉 우리(신약의 성도들)가 아니면 저희(구약의 성도들)로 온전함을 이루지 못하게 하려 하심이니라"(11:40) 합니다.

"그러므로 우리가 진동치 못할 나라를 받았은즉 은혜를 받자 이로 말미암아 경건함과 두려움으로 하나님을 기쁘시게 섬길지니"(12:28) 합니다.

나누어 봅시다

1. 히브리서의 핵심은 무엇입니까?
2. 그분은 어떠한 분이시며 그분의 신성과 인성은 무엇입니까?
3. 그분이 우리를 위하여 해 주신 일은 무엇입니까?
4. 그분의 세 번 나타나심을 설명해 보십시오.

제1장 개관 도표

하나님의 아들

하나님의 계시

마지막 계시

1-3

옛적에 선지자들로 조상들에게 말씀하신 하나님이 (1)

마지막에 아들로 우리에게 말씀하셨으니 (2)

나타난 계시

이는 하나님의 영광의 광채시요

그 본체의 형상이시라 (3)

천사보다 뛰어나심

4-14

저가 천사보다 얼만큼 뛰어남은 (4)

더욱 아름다운 이름을 기업으로 얻으심이니

아들에 관하여는 (8)	천사에 관하여는 (7)
네가 내 아들이라 (5)	그의 사역자들
주의 보좌가 영영하며 (8)	저에게 경배할 지어다 (6)
오직 주는 영존할 것이요 (11)	부리는 영으로써
연대가 다함이 없으리라 (12)	섬기라고 보내심이 아니뇨(14)
내 우편에 앉았으라 하였으나(13)	

도표 해설

1장의 주제는 "하나님의 아들"입니다. 아들이라는 말이 1장에만 6번이나 등장합니다. 전체 주제와 각 단원의 제목을 연결시켜 보면 "하나님의 아들"은, "하나님의 계시"(첫 단원)인데 "마지막 계시요 나타난 계시"이며, "하나님의 아들"은 "천사보다 뛰어나시다"(둘째 단원)는 것입니다. 이것이 1장의 대의입니다.

첫 단원에서는 "마지막에 아들로 우리에게 말씀하셨으니" 하고, 마지막 계시임을 보여주고, 이는 "그 본체의 형상이시라" 하고 볼 수 없는 하나님이 볼 수 있는 형상으로 나타난 계시임을 보여주고 있습니다.

둘째 단원에서는 "아들에 관하여, 천사에 관하여" 하고, 아들이 천사보다 얼마만큼 뛰어나신 분인지를 대조적으로 보여주고 있습니다.

1장 개관

하나님의 아들

1장의 핵심은 하나님께서 이 모든 날 마지막에 "아들로 우리에게 말씀하셨다"는 "말씀"에 있습니다. 이것이 왜 핵심이 되느냐 하면 히브리서의 1차 독자들은, 그리고 오늘날 우리들은 이 "말씀"을 등한히 여기고 있기 때문입니다. 하나님의 아들이 천사보다 얼마만큼 뛰어나신 분인가를 증거하는 의도도, 천사로 말씀하신 옛 언약을 등한히 여긴 자들이 공변된 보응을 받은 것을 성경이 증거하고 있다면(2:2), 아들로 말씀하신 이같이 큰 구원을 등한히 여기는 자들이 어찌 피할까 보냐는 경고를 하기 위해서인 것입니다.

1장의 구도를 보면 하나님의 아들이 오셔서(2), 죄를 정결케 하는 일을 하시고(3), 위엄의 우편에 앉아 계시다가(3), 세상에 다시 들어오신다(6)는, 즉 재림하신다는 구도입니다.

1:1–3의 분석 도표

하나님의 계시(말씀)

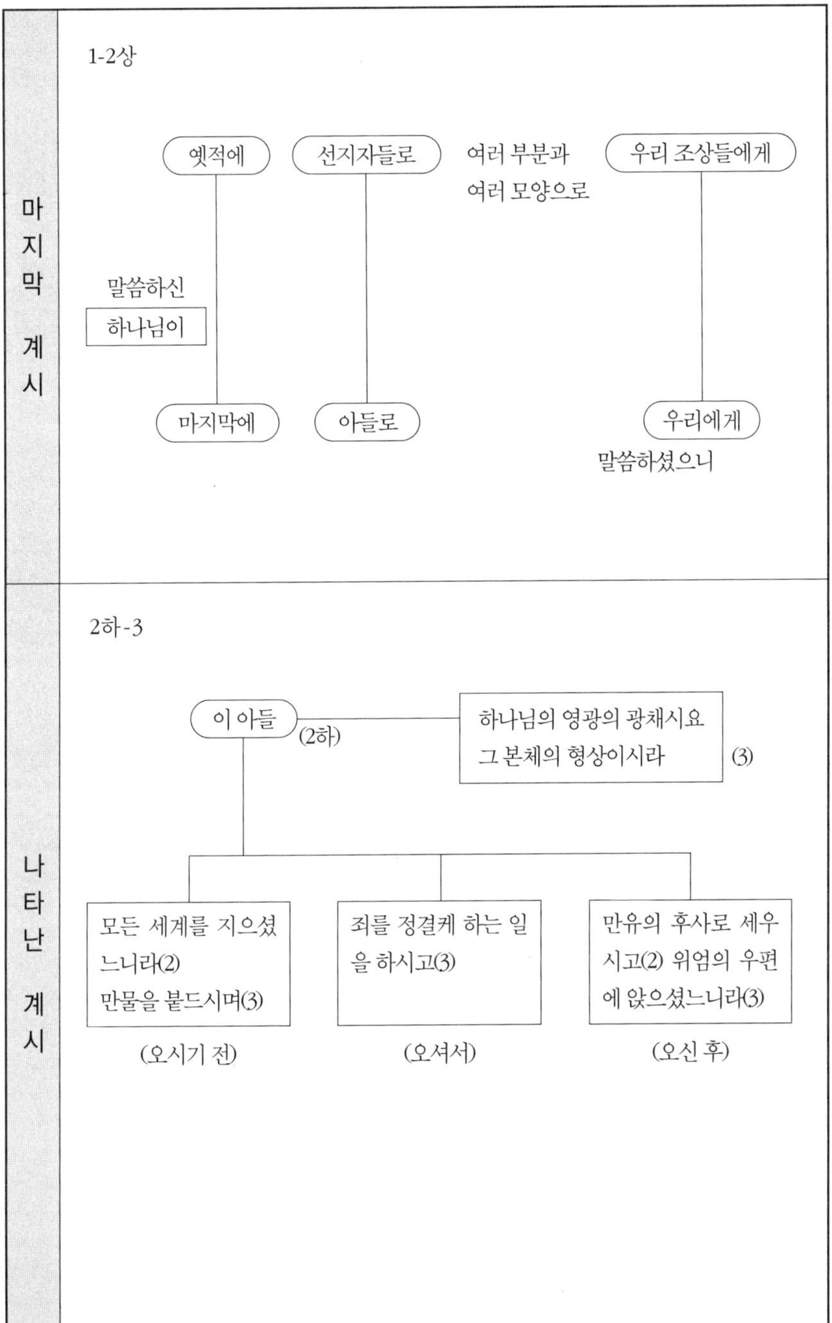

도표 해설

본 단원의 주제는 "하나님의 계시", 즉 말씀하셨다는데 있습니다. 이 단원은 두 부분으로 나누어집니다. 하나님의 계시인 임마누엘 사건은 "마지막 계시"(첫 단락)요, "나타난 계시"(둘째 단락)입니다.

첫 단락에서는 "옛적과 마지막"이 대조(對照)되어 있는데, 옛적에 선지자들로 여러 부분과 여러 모양으로 말씀하셨으나 마지막에 아들로 우리에게 말씀하셨다 함은 이후로는 더 보여줄 계시가 없다는 "마지막 계시"임을 나타냅니다.

둘째 단락에서는 마지막 계시인 하나님의 아들은 하나님의 영광의 광채시요 그 본체의 형상이시라고 하여 "나타난 계시"임을 말씀합니다. 도표에는 그 아들이 오시기 전과 오셔서와 오신 후에 행하신, 과거, 현재, 미래의 사역이 요약되어 있습니다.

하나님의 계시

[1] 옛적에 선지자들을 통하여 여러 부분과 여러 모양으로 우리 조상들에
게 말씀하신 하나님이 [2] 이 모든 날 마지막에는 아들을 통하여 우리에
게 말씀하셨으니 이 아들을 만유의 상속자로 세우시고 또 그로 말미암
아 모든 세계를 지으셨느니라 [3] 이는 하나님의 영광의 광채시요 그 본
체의 형상이시라 그의 능력의 말씀으로 만물을 붙드시며 죄를 정결하
게 하는 일을 하시고 높은 곳에 계신 지극히 크신 이의 우편에 앉으셨
느니라(히 1:1-3).

히브리서의 처음 세 절은 단 세절에 불과하지만 히브리서 전체를 압축한 것과 같은 대단히 중요한 말씀입니다. 그 안에는 하나님의 아들의 우월성과 최종성이 단적으로 묘사되어 있습니다.

기독교는 계시의 종교입니다. 다른 종교는 아래서 위로 더듬어 올라가려는 사상 체계이지만, 기독교는 하나님께서 위로부터 빛을 비춰주시고, 말씀하시고, 친히 찾아 내려오시는 사랑의 발현입니다.

그러므로 만일 하나님께서 계시하여 주심이 없었다면 인간들은 암중모색을 하듯 하나님을 알 길이 없었을 것이요, 구원의 소망이 전무하였을 것입니다. "하나님의 계시" 사건인 도성인신(道成人身)은 "마지막 계시"(첫 단락)요, "나타난 계시"(둘째 단락)입니다.

1. 마지막 계시

1) "옛적에 선지자들로 여러 부분과 여러 모양으로 우리 조상들에게 말씀하신 하나님이 이 모든 날 마지막에 아들로 우리에게 말씀하셨으니 이 아들을 만유의 후사로 세우시고 또 저로 말미암아 모든 세계를 지으셨느니라"(1-2).

㉠ 1절에는, ㉮ "옛적에 … 마지막에", ㉯ "선지자로 … 아들로", ㉰ "조상에게 … 우리에게" 하고 대칭적으로 대조되어 있습니다. 그런데 "여러 부분과 여러 모양"으로 말씀하셨다는 부분만은 대조(對照)가 없는 것을 보게 됩니다. 왜냐하면 아들을 보내심은 여러 부분과 여러 모양 중의 한 부분, 한 모양이 아니라, 여러 부분과 여러 모양으로 보여주신 것에 대한 최종적인 계시요 성취(成就)이기 때문입니다. 그래서 "이 모든 날 마지막에 아들로 우리에게 말씀하셨으니"(2) 하고, 하나님의 아들 예수 그리스도가 마지막 계시임을 분명히 하고 있습니다.

여러 부분과 여러 모양

㉡ "여러 부분과 여러 모양"으로 우리 조상들에게 말씀하셨다는 점을 유념하고 명심해야만 합니다. 이는 구약 시대를 의미하는 것으로 그렇게 계시하여 주신 내용이 구약성경입니다. 우리는 구약성경 하면 곧바로 율법을 상기합니다. 그렇지가 않습니다. 구약성경의 중심 주제는 예수 그리스도를 여러 부분과 여러 모양으로 말씀하신 그리스도를 증거하고 있는 것입니다. 주님께서는 "너희가 (구약)성경에서 영생을 얻는 줄 생각하고 성경을 상고하거니와 이 성경이 곧 내게 대하여 증거하는 것이로다"(요 5:39) 하고 분명히 말씀하셨습니다. 다만 "복음"이 의문(儀文)이라는 보자기에 싸여있었을 뿐입니다.

㉢ 하나님께서는 자기 아들을 모든 날 마지막에 보내시기에 앞서서 이 비밀을 선지자들을 통하여 여러 부분과 여러 모양, 즉 "모형과 그림자"(8:5)로 보여주셨던 것입니다. 그러므로 구약성경은 밝히 드러난 신약성경의 빛 아래서 해석되어야 하며, 신약성경은 구약성경의 증거(證據)에 의하여 입증(立證)이 되는(롬 3:21) 것입니다.

구약의 그림자가 신약에서 실체로 나타나셨다는 증거가 히브리서의 핵심적인 증거이며, 히브리서에는 옛 언약과 새 언약이라는 이 대조(對照)가 처음부터 끝까지 계속되고 있습니다. 그러므로 예수 그리스도는 마지막 계시입니다. 더 이상 나타내고 보여줄 계시는 없는 것입니다.

계시사적인 말세

2) 이 점에 있어서 한 가지 짚고 넘어가야 할 점은 "말세"(末世)에 대한 개념입니다.

㉠ 성경은 최종 계시가 나타난 때부터를 말세로 보고 있습니다. "이 모든 날 마지막에"라고 말씀한 히브리서 저자는 "이제 자기를 단번에 제사 드려 죄를 없게 하시려고 세상 끝에 나타나셨느니라"(9:26) 하고 "세상 끝"이라고 말씀합니다. 바울서신이나(고전 10:11) 요한서신에서도(요일 2:18) 당시를 마지막 때라고 표현하는 이유가 여기에 있습니다.

㉡ 이점이 다니엘서에 등장하는 "신상"(神像)을 통해서도 나타나는데, "사람의 손으로 하지 아니하고 뜨인 돌이 신상의, 발"(단 2:34)을 쳐서 부숴드립니다. 이 발이 그리스도께서 초림하신 로마시대를 상징하는 것으로, 오셔서 죽으시고 다시 사심을 통해서 승리하신 이 때부터가 계시(啓示)사적(史的)으로 종말인 것입니다. 더 보여주실

계시란 없다는 말씀입니다. 우리에게 충족된 계시를 주신 하나님께 감사합시다. 이 계시로 만족하고 성실하게 응답하여야 마땅합니다.

2. 나타난 계시

3) "이는 하나님의 영광의 광채시요 그 본체의 형상이시라"(3상) 하고 말씀합니다.

㉠ "이는" 이란 2절에서, "아들로 우리에게 말씀하셨으니" 한 아들을 가리키는 말씀입니다. 아들 되시는 분은 하나님의 영광의 광채시요 그 본체의 형상이시라고 말씀합니다. 쉽게 표현하면 영광 중에 계신 볼 수 없는 하나님께서 인간이 볼 수 있도록 나타내셨다는 뜻입니다. 성경은 기록(記錄)된 계시요, 말씀이 육신이 되신 임마누엘 사건은 나타낸 계시(啓示)인 것입니다.

㉡ 이 점을 요한복음에서는 "본래 하나님을 본 사람이 없으되 아버지 품속에 있는 독생하신 하나님이 나타내셨느니라"(요 1:18) 하고 말씀합니다. 주님께서도 친히 "나를 본 자는 아버지를 보았거늘 어찌하여 아버지를 보이라 하느냐"(요 14:9) 하셨습니다. "나타내셨다"고 말씀하고 있음을 명심하십시오. 도장을 찍으면 거기에 분명히 날인이 나타나듯이 하나님의 본체의 형상을 나타내셨다는 것입니다.

㉢ 이렇게 하심은 어쩌다 그렇게 된 것도 아니요, 우연한 일도 아닙니다. 구약성경을 통하여 언약과 그림자와 예언으로 말씀하신 하나님께서 때가 찬 경륜 가운데 나타내신 주권적인 사건이었던 것입니다. 성육신 사건은 최초요, 최종적인 계시 사건인 것입니다.

4) 그 아들은 "모든 세계를 지으신" 창조자시요(2), "만물을 붙드시

는" 보존자시며(3), "만유의 후사"(2)이신 소유주가 되신다고 말씀합니다. 우리 주 예수 그리스도는 이러한 분이시라는 증거입니다.

㉠ 도표를 보시면 하나님의 아들의 사역을 세 시기로 요약할 수 있는데, ㉮ 나타내시기 이전 시기와 ㉯ 나타내신 때와 ㉰ 그 이후 시기입니다. 나타내시기 이전 시기에는 만물을 창조하셨고(2하; 요 1:10), 나타내셔서는 죄를 정결케 하는 일을 하시고, 나타내신 이후에는 위엄의 우편 보좌에 좌정하셨다고 말씀합니다.

㉡ 또한 본문에는 메시아적인 사명이 나타나 있는데, 하나님의 아들은 마지막 계시인 선지자(先知者)요, 인류의 죄를 정결케 하신 대제사장(大祭司長)이시요, 위엄의 우편에 앉으신 왕(王)이십니다.

나누어 봅시다

1. 옛적에 말씀하신 여러 부분과 여러 모양에 대해서,
2. 예수 그리스도가 마지막 계시라는 의미에 대해서,
3. 그리스도의 나타나시기 전과 나타나셔서와 후에 하신 사역에 대해서.

1:4-14의 분석 도표

천사보다 뛰어나신 하나님의 아들

	아들에 관하여는(8)	천사들에 관하여는(7)
이름이 뛰어나심	네가 내 아들이라(5)	… 하셨느뇨
경배 대상	저에게(하나님의 아들)	경배할지어다(6)
통치자	하나님이여 주의 보좌가 영영하며 주의 나라의 홀은 공평한 홀이니이다(8)	바람으로 사역자들을 불꽃으로 삼으시느니라(7)
창조자	땅의 기초를 두셨으며 하늘도 주의 손으로 지으신 바라(10)	
영존자	주는 영존할 것이요(11) 여전하여 연대가 다함이 없으리라(12)	낡아지리니 변할 것이나
승리자	너는 내 우편에 앉았으라 (13) 하셨느뇨	부리는 영으로 섬기라고 보내심이 아니뇨

도표 해설

본 단원의 주제는 "천사보다 뛰어나신 하나님의 아들"입니다. 도표는 "아들에 관하여는, 천사에 관하여는" 하고 이를 대조(對照)해서 보여주고 있습니다. 이름, 경배 대상, 통치자, 창조자, 영존(永存)자, 승리자라는 여섯 가지 점에서 아들이 천사보다 뛰어나심을 증거하고 있습니다.

연결된 두 선을 따라 예수 그리스도에게는 "네가 내 아들이라, 내 우편에 앉았으라" 하여 하나님과 동등 됨을 보여주고 있으나, 천사에게는 "경배할 지어다, 섬기라고 보내심이 아니뇨" 합니다.

천사보다 뛰어나신 하나님의 아들

4 그가 천사보다 훨씬 뛰어남은 그들보다 더욱 아름다운 이름을 기업으
로 얻으심이니 5 하나님께서 어느 때에 천사 중 누구에게 너는 내 아들
이라 오늘 내가 너를 낳았다 하셨으며 또 다시 나는 그에게 아버지가
되고 그는 내게 아들이 되리라 하셨느냐 6 또 그가 맏아들을 이끌어 세
상에 다시 들어오게 하실 때에 하나님의 모든 천사들은 그에게 경배할
지어다 말씀하시며 7 또 천사들에 관하여는 그는 그의 천사들을 바람으
로, 그의 사역자들을 불꽃으로 삼으시느니라 하셨으되 8 아들에 관하여
는 하나님이여 주의 보좌는 영영하며 주의 나라의 규는 공평한 규이니
이다 9 주께서 의를 사랑하시고 불법을 미워하셨으니 그러므로 하나님
곧 주의 하나님이 즐거움의 기름을 주께 부어 주를 동류들보다 뛰어나
게 하셨도다 하였고 10 또 주여 태초에 주께서 땅의 기초를 두셨으며 하
늘도 주의 손으로 지으신 바라 11 그것들은 멸망할 것이나 오직 주는 영
존할 것이요 그것들은 다 옷과 같이 낡아지리니 12 의복처럼 갈아입을
것이요 그것들은 옷과 같이 변할 것이나 주는 여전하여 연대가 다함이
없으리라 하였으나 13 어느 때에 천사 중 누구에게 내가 네 원수로 네
발등상이 되게 하기까지 너는 내 우편에 앉아 있으라 하셨느냐 14 모든
천사들은 섬기는 영으로서 구원 받을 상속자들을 위하여 섬기라고 보
내심이 아니냐(히 1:4-14).

본 문단은 "저가 천사보다 얼마큼 뛰어남은"(4절) 하고, 하나님의 아들이 천사보다 뛰어나심을 증거하는 내용입니다. 천사보다 뛰어나

심 중에 첫째로 꼽는 것이 그가 얻으신 이름입니다.

1. 더욱 아름다운 이름을 기업으로 얻으심(4-5)

1) "저가 천사보다 얼마큼 뛰어남은 저희보다 더욱 아름다운 이름을 기업으로 얻으심이니"(4),

㉠ 예수 그리스도께서 얻으신 "더욱 아름다운 이름"은, "네가 내 아들이라"는 이름입니다(시 2:7, 인용). "아들"이라는 본질에 관하여 명백히 해야 할 필요가 있습니다. 성도들은 예수 그리스도의 대속으로 말미암아 하나님의 아들이 되는 권세를 받았으나, 이것은 어디까지나 양자(養子) 삼아 주심으로 가능해진 이름입니다.

㉡ 그러나 예수 그리스도는 본질상 "자기 아들"(롬 8:3)이시고, "독생자"(요 3:16)이십니다. 그러므로 "네가 내 아들이라" 말씀하심은 성부자(父子) 간의 동질(同質)이요, 동격이시라는 뜻입니다. 그러므로 "내 아들이라" 하심은 주님께서, "나와 아버지는 하나이니라"(요 10:30) 하신 것과 같은 뜻입니다. 그래서 "하나님께서 어느 때에 천사 중 누구에게 이렇게 말씀하신 적이 있느냐"(5) 하는 것입니다.

2. 천사들의 경배 대상이시다(6)

2) "또 맏아들을 이끌어 세상에 다시 들어오게 하실 때에 하나님의 모든 천사가 저에게 경배할찌어다 말씀하시며"(6),

㉠ 둘째로 예수 그리스도는, "하나님의 모든 천사가 저에게 경배할지어다" 하신, 천사의 경배 대상이라고 말씀하셨다는 것입니다. "맏아들을 이끌어 세상에 다시 들어오게 하실 때"란, "자기를 바라는 자

들에게 두 번째 나타나시리라"(9:28) 하신, 재림(再臨)하실 때를 가리킵니다. "맏아들"이란 표현이 이를 뒷받침해 줍니다.

㉡ 왜냐하면 재림하시는 주님을 영접할 수많은 성도들은 "많은 아들"(2:10)들이요, 그리스도는 그 중에, "맏아들"이 되시기 때문입니다. 이때에 모든 천사들이 그에게 경배해야 할 경배의 대상이 되신다는 것입니다. 이 점이 천사보다 뛰어나시다는 말씀합니다.

3. 통치자와 사역자들(7-9)

3) 셋째로 7-8절에서는, "천사에 관하여는(7), 아들에 관하여는"(8) 하고 대조하여 말씀합니다.

㉠ 먼저 아들에 관하여는, "하나님이여"(8) 하고, "하나님"이라고 부르는 놀라운 호칭을 듣게 됩니다. 이는 시편 45:6절의 인용으로, 45편은 그리스도가 왕으로, 교회가 그의 신부로 묘사된 사랑 노래입니다. 3절에서 아들을 가리켜 이는 "하나님의 영광의 광채시요 그 본체의 형상이시다" 하고 말씀했으나 직접 하나님이라고 부르지는 않았으나, 8절에서는 "하나님이여 주의 보좌가 영영하며 주의 나라의 홀은 공평한 홀이니이다" 하고 말씀하는 것입니다.

㉡ 이에 비하여 "천사에 관하여는, 그는 그의 천사들을 바람으로 그의 사역자들을 불꽃으로 삼으시느니라"(7) 하고, 보좌에 앉으셔서 통치하시는 성자 하나님의 사역자들이라고 말씀합니다. 이 점이 천사보다 뛰어나시다는 말씀입니다.

4. 그는 창조자 그는 영존자(10-12)

4) 넷째로 "또 주여 태초에 주께서 땅의 기초를 두셨으며 하늘도 주의 손으로 지으신 바라"(10) 하고, 그리스도께서 창조주(創造主)이심을 말씀합니다. "그것들은 멸망할 것이나 오직 주는 영존(永存)할 것이요"(11) 하고, 영존 자라고 말씀합니다.

㉠ 창조물들은, "멸망할 것이나, 다 옷같이 낡아지리니, 옷과 같이 변할 것이나"(11) 하고, 낡아지고 변할 것을 말씀하면서 "주는 여전하며 연대가 다함이 없으리라"(12) 하고 말씀합니다. 이는 하나님의 아들은 창조주시요 영존자이시나, 천사들은 피조물임을 나타내는 말씀입니다. 또한 낡아지고 변할 것이라 하는 것은, 처음 하늘과 처음 땅은 없어지고 하나님의 아들로 말미암아 새 하늘과 새 땅이 이루어지게 되리라는 점을 전망하고 있습니다. 이 점이 천사에 비할 수 없이 뛰어나신 점이라는 말씀입니다.

5. 승리자와 부리는 영

5) 다섯째로 시편 110편을 인용하여, "어느 때에 천사 중 누구에게 내가 네 원수로 네 발등상 되게 하기까지 너는 내 우편에 앉았으라 하셨느뇨"(13) 하고 묻고 있습니다.

㉠ 주께서 하나님 우편에 앉아 계시다는 증거는 히브리서가 강조하고(1:3,13; 8:1; 10:12; 12:2) 있는 중요한 요점이요, 신약성경 전반에 걸쳐서 가장 힘 있게 증거(마 22:43; 26:64; 행 7:55; 롬 8:34; 엡 1:20; 골 3:1; 벧전 3:22)하고 있는 고백적인 말씀이기도 합니다.

㉡ 그리스도께서 하나님 우편에 계시다는 고백은 세 가지 사실을

의미하는데,

㉮ 첫째는, "주는 원수 중에 다스리소서"(시 110:2) 하고 말씀함과 같이 우리의 "왕"이시라는 뜻이고,

㉯ 둘째는 "주의 우편에 계신 주께서 그 노하시는 날에"(시 110:5) 함과 같이 심판(審判)주가 되신다는 뜻이고,

㉰ 셋째는 "길가의 시냇물을 마시고 인하여 그 머리를 드시리로다"(시 110:7) 함과 같이 최후 승리(勝利)자가 되신다는 뜻인 것입니다.

ⓒ 반면 천사들은 부리는 영으로 보좌에 앉으신 주를 섬기는 자인 것입니다. 뿐만 아니라 천사들은 예수 그리스도의 구속으로 말미암아 구원 얻은 후사들(14), 즉 성도들도 섬겨야 할 자들입니다. 더 이상 무슨 증거가 필요하단 말인가? 하나님의 아들 예수 그리스도께서는 천사에 비교도 되지 않을 만큼 우월하시고 뛰어나신 분이십니다.

ⓓ 그렇다면 히브리서는 어찌하여 서두(序頭)에서 하나님의 아들이 천사보다 뛰어나심을 이처럼 논증하고 있는가? 그 점을 이어지는 2장에서 보게 될 것입니다만 천사로 하신 말씀(율법)을 등한히 여긴 자들도 공변된 보응을 받았다는 사실을 들어서, 하물며 아들로 하신 말씀을 등한히 여긴다면 어찌 무사할 수가 있겠느냐는 경고를 하기 위해서인 것입니다.

적용

형제는 성경 상 가장 중대한 질문이 무엇인지 알고 있습니까? 다시 묻습니다. 유사 이래로 인류에게 던져진 가장 중차대한 질문이 무엇인가? 그것은 주님께서 "너희는 나를 누구라 하느냐" 하신 물음입니다. 1장의 이슈도 바로 이 문제를 다루고 있는 것입니다. 유대교에서

회심했던 사람들이 어찌하여 후퇴하려 하는가? 라오디게아 교회가 어찌하여 미지근한 신앙이 되었으며, 현대교회가 복음의 능력을 상실하여 가고 있는 원인이 어디에 있는가?

여러 가지 답변이 가해질 수 있다 하여도 근본적인 원인은 "예수가 누군가? 그분이 우리에게 무엇을 행해주셨는가" 하는 두 가지 점에 확고하지 못하기 때문이라고 말할 수밖에 없습니다. 1장은 우리에게 일말의 의심의 여지가 없도록, "예수"가 누구신가 하는 점을 여러 각도에서 말씀해주었습니다. 우리는 2장에서 그런 분이 우리를 위해서 무슨 일을 행해주셨는가? 다시 말하면 어찌하여 인간의 천한 몸을 입고 오셨는가를 듣게 될 것입니다.

1장 자체에서는 우리에게 적용되는바가 단 한마디도 없습니다. 우리는 2장에 가서 "우리가 이같이 큰 구원을 등한히 여기면 어찌 피하리요"(2:3) 하는 경계의 말씀을 듣게 될 것입니다. 문제는 설교자들입니다. 왜냐하면 성도들의 믿음은, "들음에서 난다"고 말씀하면서 "듣지도 못한 이를 어찌 믿으리요 전파하는 자가 없이 어찌 들으리요"(롬 10:17, 14) 하고 말씀하기 때문입니다.

그러므로 우리는 1장과 같이 그리스도를 증거하고 있는가 하고 자신의 설교를 점검(點檢)하게 합니다. 오늘의 설교가, "옛적에 선지자들로 여러 부분과 여러 모양으로 말씀하신" 것이 예수 그리스도를 통하여 온전히 성취되었다는 점을, 구약성경을 들어서 입증(立證)하는데 주력을 하고 있는가? 사도 바울은 자신의 사명을, "영원부터 만물을 창조하신 하나님 속에 감취었던 비밀의 경륜이 어떠한 것을 드러내게 하려 함이라"(엡 3:9) 하고 말씀합니다. 왜냐하면 그렇게 해야만 성도들이 뼈대가 있는 견고한 신앙으로 세워질 수가 있기 때문입니다.

1장이 주는 도전은 현대교회를 진단한다면 병명(病名)은 무엇이고,

이에 대한 처방(處方)은 무엇인가 하는 방향을 제시해주고 있다 하겠습니다. 말씀이 바르게 선포되어야 바른 교회입니다. 설교가 변해야 성도들이 변할 수가 있습니다.

나누어 봅시다

1. 하나님의 아들이 천사보다 뛰어난 네 가지 이유가 무엇입니까?
2. 하나님에 앉으셨다는 세 가지 의미가 무엇입니까?
3. 하나님의 아들이 천사보다 뛰어남을 증거하는 의도가 무엇입니까?

2장 개관 도표

천사보다 낮아지신 하나님의 아들

간절히 삼가라 / 아들로 하신 말씀

1-4

모든 들은 것을 더욱 간절히 삼갈지니 혹 흘러 떠내려 갈까 염려하노라(1)

천사들로 하신 말씀이 / 견고하게 되어 / 순종치 아니함이 / 공변된 보응을 / 받았거든(2)

이 구원은 처음에

주로 말씀하신 바요 / 하나님도 / 성령의 나눠 주신 / 것으로써 / 증거하셨느니라(4)

이같이 큰 구원을 등한히 여기면 어찌 피하리요(3)

낮아지신 이유

5-13

천사들보다 잠깐 동안 못하게 하심을 입은 자 예수를 보니 — 모든 사람을 위하여 죽음을 맛보려 하심이라(9)

거룩하게 하시는 자와 거룩하게 함을 입은 자들이 다 하나에서 난지라(11) — 형제라 부르시기를 부끄러워 아니하시고(11)

낮아지신 목적

14-18

그도 또한 한 모양으로 혈육에 속하심은(14) — 사망으로 말미암아 사망의 세력을 잡은 자 마귀를 없이하시며 종노릇 하는 모든 자들을 놓아 주려 하심이니(14)

저가 범사에 형제들과 같이 되심이 마땅하도다(17) — 이는 충성된 대제사장이 되어 백성의 죄를 구속하려 하심이라(17)

도표 해설

2장의 주제는 "천사보다 잠깐 동안 낮아지신 하나님의 아들"에 있습니다. 2장은 세 부분으로 나누어지는데, 첫째 단원(1-4)은, "천사들로 하신 말씀(2)과 주로 말씀하신 바"(3)를 대조하여 보여주면서, "아들로 하신 말씀을 간절히 삼가라" 하고 권면(勸勉)하는데 이는 1장의 결론이면서 2장의 서론도 됩니다. 둘째 단원(5-13)에서는 하나님의 아들이 "낮아지신 이유"(理由)를 말씀하고, 셋째 단원(14-18)에서는 "낮아지신 목적"(目的)을 말씀하고 있습니다.

도표에 연결된 선을 따라 왼쪽 연결선은 하나님의 아들이 천사들보다 낮아지셔서 우리와 같이 혈육에 속하시고, 범사에 우리와 같이 되심을 반복적으로 보여주고 있고, 오른쪽 연결선은 그 이유와 목적을 보여주는데 우리의 형제가 되시어, 모든 사람을 위하여 죽으심으로, 마귀의 종노릇 하는 모든 자들을 놓아주며, 백성의 죄를 구속하려 하심이라고 말씀합니다.

2장 개관

천사보다 잠깐 동안 낮아지신 하나님의 아들

2장의 중심점은 "천사보다 잠깐 동안 낮아지신 하나님의 아들"에 있습니다. 이점을, "오직 우리가 천사보다 잠깐 동안 못하게 하심을 입은 자 곧 죽음의 고난 받으심을 인하여 영광과 존귀로 관 쓰신 예수를 보니"(9) 하고 말씀합니다.

1장에서는 하나님의 아들이 천사보다 "얼마큼 뛰어나심"(1:4)을 구약성경의 증거를 들어서 논증한 바 있는데, 2장에서는 그토록 존귀(尊貴)하신 하나님의 아들이 천사보다 잠깐 동안 못하게 하심을 입은 자로 계시되어 있습니다. 논증의 핵심은 하나님의 아들이 천사들보다 잠깐 동안 못하게 하심을 입은 것이 천사보다 열등하기 때문이 아니라 낮아지신 이유와 목적이 있었기 때문이라는 것입니다.

도표에서 두 선이 연결된 것을 보면 2장에서는 두 가지 요점이 강조되어 있음을 보게 됩니다.

㉮ 첫째는 천사보다 잠깐 동안 못하게 하심을 입었다는 도성인신(道成人身) 하신 점이고,

㉯ 둘째는 모든 사람을 위하여 죽음을 맛보려 하심이라는 그분의 수난(受難)입니다.

어찌하여 하나님의 아들이 "저가 범사에 형제들과 같이 되심이 마땅하도다" 하고 낮아지셔야만 했는가? 그 이유와 목적을 "죽으심으로(9), 백성의 죄를 구속하려 하심"(17)이라 말씀합니다. "죽으심"이 얼마나 강조되어 있는가를 보십시오. 9절 한 절에서만도 "죽음의 고난 받으심과 죽음을 맛보려 하심이라" 하고 재차 강조되어 있고, 10절에서도 "구원의 주를 고난으로 말미암아", 14절에서도 "사망으로 말미암아 사망의 세력을 잡은 자 마귀를 없이 하시며" 하고 거듭거듭 강조되어 있습니다. 한마디로 죽으시기 위해서, 죽을 수 있는 인간의 몸을 입으시고 오셨다는 것입니다.

그러면 하나님의 아들이 왜 죽으시러 오셔야만 했는가? "하나님의 자비하고 충성된 대제사장이 되어 백성의 죄를 구속(救贖)하려 하심이라"(17) 하고 그 목적(目的)을 말씀합니다. 그러나 죽음이 끝이 아닙니다. 죽음 뒤의 "영광"도 보게 됩니다. "곧 죽음의 고난 받으심을 인하여 영광(榮光)과 존귀로 관 쓰신 예수를 보니"(9) 하고 말씀합니다. 주님만이 아니라 한 분의 죽으심으로 말미암아 "많은 아들을 이끌어 영광에 들어가게(10) 하셨다고 말씀합니다.

요약하면 하나님의 아들이 천사보다 잠깐 동안 못하게 하심을 입은 것은 우리를 위하여 죽음을 맛보려 하심이요, 죽으신 이유는 많은 아들들을 영광에 들어가게 해주시기 위해서라는 것입니다. 이것이 2장의 중심점입니다.

2:1-4의 분석 도표

아들로 하신 말씀을 간절히 삼가라

아들로 하신 말씀	천사들로 하신 말씀
그러므로 모든 들은 것을 더욱 간절히 삼갈지니 혹 흘러 떠내려갈까 염려하노라(1)	천사들로 하신 말씀이 견고하게 되어 모든 범죄함과 순종치 아니함이(2)
이같이 큰 구원을 등한히 여기면(3)	
어찌 피하리요	공변된 보응을 받았거든
이 구원은	
주로 말씀하신 바요(3)	
하나님도 표적들과 기사들과	
성령의 나눠 주신 것으로	
증거하셨느니라(4)	

도표 해설

본 단원의 주제는 "아들로 하신 말씀을 간절히 삼가라"는데 있습니다. 도표에는 "아들로 하신 말씀과 천사(天使)들로 하신 말씀"이 대조(對照)되어 있습니다. 요점은 천사들로 하신 말씀(율법)을 등한히 여기고 순종하지 않았던 (간절히 삼가지 아니한) 자들이 공변된 보응을 받았거든 아들로 말씀하신, "이같이 큰 구원(救援)을 등한히 여기면 어찌 피하리요"(3) 하고 경계합니다.

그러므로 도표는 "공변된 보응을 받았거든"과 "어찌 피하리요"가 병행을 이루고 있음을 보여줍니다. "이 구원은 ㉮ 주로 말씀하신 바요, ㉯ 하나님도, ㉯ 성령의 나눠 주신 것으로서"(3-4) 증거하셨다고 성삼위 하나님이 관여하고 계심을 말씀함으로 그 권위를 더욱 세워 주고 있습니다.

아들로 하신 말씀을 간절히 삼가라

[1] 그러므로 우리는 들은 것에 더욱 유념함으로 우리가 흘러 떠내려가지
않도록 함이 마땅하니라 [2] 천사들을 통하여 하신 말씀이 견고하게 되어
모든 범죄함과 순종하지 아니함이 공정한 보응을 받았거든 [3] 우리가 이
같이 큰 구원을 등한히 여기면 어찌 그 보응을 피하리요 이 구원은 처
음에 주로 말씀하신 바요 들은 자들이 우리에게 확증한 바니 [4] 하나님
도 표적들과 기사들과 여러 가지 능력과 및 자기의 뜻을 따라 성령이
나누어 주신 것으로써 그들과 함께 증언하셨느니라(히 2:1-4).

1) 2:1-4절의 권면은 1장 말씀에 대한 적용이라 할 수가 있습니다. 1장에서 하나님의 아들은 마지막 계시자요 나타난 계시임을 말씀했습니다. 이어서 하나님의 아들이 천사보다 얼마큼 뛰어나신 분인가를 증거했습니다. 그런 후에 "그러므로 모든 들은 것을 우리가 더욱 간절히 삼갈지니"(1) 하고 권면하는 문맥이기 때문입니다.

㉠ 히브리서 기자는 본서를 끝마치면서, "형제들아 내가 너희를 권하노니 권면의 말을 용납하라 내가 간단히 너희에게 썼느니라"(13:22) 하고 히브리서의 기록 목적이 논증을 통해 권면하기 위함임을 밝히고 있습니다. 그러므로 히브리서의 구조를 보면 먼저 신학적(神學的)인 원리를 말씀하고, 그 원리에 입각해서 권면(勸勉)하는 구도임을 보게 됩니다.

㉡ 이렇게 하기를,

㉮ 원리 1:1-14, 권면 2:1-4;

㉯ 원리 2:5-3:6, 권면 3:7-4:16;

㉰ 원리 5:1-10, 권면 5:11-6:20;

㉱ 원리 7:1-10:18, 권면 10:19-13:25, 네 번이나 되풀이 하고 있는데 이 구조를 염두에 두고 상고해야만 곁길로 빠지지 않게 됩니다.

본 문단은 권면하는 내용인데 도표에 표시된 대로, "천사로 하신 말씀(2)과 주로 말씀하신"(3) 바가 대조되어 있습니다. 이해를 돕기 위해서 이 두 주제를 중심으로 말씀을 드리겠습니다.

1. 천사들로 하신 말씀

2) "천사들로 하신 말씀이 견고하게 되어 모든 범죄함과 순종치 아니함이 공변된 보응을 받았거든"(2),

㉠ 천사들로 하신 말씀이란, "그런즉 율법이란 무엇이냐 범법함을 인하여 더한 것이라 천사들로 말미암아 중보의 손을 빌어 베푸신 것인데"(갈 3:19) 한 중보자 모세를 통하여 주신 율법을 가리킵니다(참고. 행 7:53). 그렇다고 천사가 율법의 창시자라거나 수여자라는 뜻은 아닙니다. 하나님께서 모세에게 율법을 주실 때 천사가 수종을 들었음을 의미합니다. 그런 율법도 견고케 되었다(2)고 말씀합니다.

견고케 됨

㉡ 하나님께서 세우신 언약은 폐하여질 수 없는 언제나 견고(堅固)하게 세워집니다. 하나님의 거룩하시고 의로우신 이름으로 한 번 말씀하신 것은 결코 땅에 떨어지거나 헛되이 돌아오지 않습니다. "내 언

약을 파하지 아니하며 내 입술에서 낸 것도 변치 아니하리로다"(시 89:34) 하고 말씀하십니다. 하나님께서 복음을 주실 때도 율법을 무시하거나 폐하고 주신 것이 결코 아닙니다.

ⓒ 그러 하기는커녕 "도리어 율법을 굳게 세우느니라"(롬 3:31) 합니다. 무슨 뜻인가? 율법은 죄를 범한 우리를 처형해주시기를 요구하였으나 하나님께서는 우리 대신 자기 아들에게 정죄하셨기 때문입니다. 율법의 체면을 얼마나 굳게 세워주신 것인가? "율법"을 의인화해서 말한다면 놀래서 기절을 했으리라는 생각이 듭니다. 이처럼 "천사들로 하신 말씀이 견고하게 되어 모든 범죄함과 순종치 아니함이 공변된 보응을 받았다면"(2), 아들로 말씀하신 이같이 큰 구원을 등한히 여기면 어찌 피할 수가 있단 말이냐 하고 경고하는 것입니다.

모든 범죄와 순종치 아니함

3) "범죄"란 행하지 말아야 할 것을 행함이요, "순종치 아니함"이란 마땅히 행해야 할 바를 행치 아니함을 뜻합니다.

㉠ 민수기 10장에는 시내 산에 1년 간 머무르면서 율법과 성막을 받은 이스라엘 백성들이 가나안을 향하여 출발하는 장면이 있습니다. "그들이 여호와의 명을 좇아 진을 치며 여호와의 명을 좇아 진행하고 또 모세로 전하신 여호와의 명을 따라 여호와의 직임을 지켰더라"(9:23) 합니다. 이것이 여호와의 군대인 것입니다. 그런데 11장에서 출발하자마자 순종치 아니하고 원망을 하고 거역하는 것을 보게 됩니다.

㉡ 악한 말로 원망하다가 불사름을 당했습니다(민 11:1-3). 탐욕을 품고 고기를 요구하던 자들이 죽임을 당하여 "기브롯 핫다아와", 즉 탐욕의 무덤이 되었습니다(민 11:4-34). 미리암은 모세를 비방하다가

문둥병에 걸렸습니다(민 12장). 열 족장이 악평하고 불순종한 결과 20세 이상으로 계수함을 받은 군사들이 광야에서 몰살을 당하고 약속의 땅에 들어가지 못했습니다(민 13-14장). 고라 일당의 반역자들을 땅이 갈라져 삼켜버렸습니다(민 16장).

구약성경은 이러한 기사들로 얼룩져 있습니다. 히브리서 기자는 "천사들로 하신 말씀이 견고하게 되어 모든 범죄함과 순종치 아니함이 공변된 보응을 받았거든"이라고 하여 이 사실을 상기시켜 주고 있습니다.

2. 아들로 하신 말씀

4) 하물며 "우리가 이같이 큰 구원을 등한히 여기면 어찌 피하리요 이 구원은 처음에 주로 말씀하신 바요"(3) 합니다.

㉠ 이같이 큰 구원이란 "처음에 주로 말씀하신 바요" 한 마지막 계시, 즉 복음을 가리킵니다. 구약의 율법이란 마지막 계시인 그리스도에게로 인도하는 몽학 선생이므로 그리스도를 만날 수 있는 또 한 번의 기회(機會)가 있다고 말할 수가 있으나, 복음은 최후통첩인 "이같이 큰 구원"인 것입니다. "하나님도 표적들과 기사들과 여러 가지 능력"으로 증거하여 주셨다고 말씀합니다.

㉡ 요한복음 5:36절에서, "내게는 요한의 증거보다 더 큰 증거가 있으니 아버지께서 내게 주사 이루게 하시는 역사 곧 나의 하는 그 역사가 아버지께서 나를 보내신 것을 나를 위하여 증거하는 것이요" 하고 주님께서 행하신 기사와 표적들이 증거가 된다고 말씀합니다. 또한 "성령의 나눠 주신 것으로" 증거한다고 말씀합니다. 이같이 큰 구원을 증거하기 위해서 "주, 하나님, 성령", 삼위 하나님께서 함께 관여

하고 계심을 보게 됩니다. 그럼에도 불구하고 이를 "등한히 여기면 어찌 피하리요" 하고 경고합니다.

5) 이점에서 유념해야할 점이 있는데, 저들이 등한히 여기고 있는 것이 무엇인가 하는 점입니다. 그것은 윤리가 아닌 "이같이 큰 구원"(3상)이라한 복음(福音)이라는 점입니다. 저들은 복음을 버리려 하고 있는 것입니다. 그리스도를 떠나려 하고 있는 것입니다. 그 원인이 어디에 있는가? 1장에서 논증한 "예수가 누구신가" 하는 점에 확고하지 못하다는데 원인이 있었던 것입니다.

㉠ 또 한 가지 이유는 그분이 우리를 위해서 무엇을 행해주셨는가 하는 점에 확고하지 못하기 때문입니다. 그래서 2장 후반은 이점을 증거 하는데 초점을 맞추고 있습니다. 그렇다면 이는 2천 년전 히브리인들의 문제가 아니라 바로 현대교회가 안고 있는 심각한 병폐가 되는 것입니다. 그래서 히브리서가 현대교회에도 적실성이 있는 것입니다.

더욱 간절히 삼갈지니

6) "혹 흘러 떠내려갈까 염려하노라"(2:1) 하고 권면합니다. 흘러 떠내려간다는 말은 닻이 부실한 배가 잠든 사이에 바람이나 파도에 의해서 알지 못하는 곳으로 흘러 떠내려가는 표류 상태를 의미하는 묘사입니다.

㉠ 이 말씀은 6:19절의 "우리가 이 소망이 있는 것은 영혼의 닻 같아서 튼튼하고 견고하여" 라는 말씀과는 상반되는 표현입니다. 아들로 하신 말씀을 마치 마이동풍(馬耳東風) 격으로 한 귀로 듣고 한 귀로 흘려버림으로, "혹 흘러 떠내려갈까 염려하노라" 하고 경고합니다.

㉡ "그러므로 모든 들은 것을 우리가 더욱 간절히 삼갈지니"(1상) 하십니다. 혹 흘러 떠내려갈까 염려한다는 말씀이 표류를 의미한다면, 간절히 삼간다는 것은 흘러 떠내려가지 않도록 계속 노를 젓는 상태, 즉 세속적인 물결을 거슬러 올라가는 것과도 같습니다.

㉢ 그런데 히브리서의 1차 독자들은, 그리고 현대 교회의 많은 성도들은 간절히 삼가고 있지를 않는다는 것이 습관화되어 가고 있다는 것입니다. 지난주의 설교 제목이나마 기억하는 성도들도 많지가 않습니다. 동서고금을 막론하고 설교자들을 낙망케 하고 근심시키는 첫째가 이것입니다. 이 점에 대해 에스겔서는, "그들이 너를 음악을 잘하며 고운 음성으로 사랑의 노래를 하는 자같이 여겼나니 네 말을 듣고도 준행치 아니하거니와 그 말이 응하리니 응할 때에는 그들이 한 선지자가 자기 가운데 있었던 줄 알리라"(겔 33:32-33) 하십니다.

설교를 들을 때 음악 감상하듯 한다는 것입니다. 고개를 끄덕이기도 하고, 아멘 하기도 하고, 감명을 받았다고 말하기도 하나 돌아서면 그뿐이라는 것입니다. 그 많은 말씀들이 소쿠리에 물을 붓듯 흘러 떠내려가고 있는 것입니다. 이처럼 흘러 떠내려가다가는(2:1), 안식에 들어갈 약속이 남아 있을지라도 미치지 못하게 된다는 말씀입니다. 이것이 히브리서에 나타난 첫 번째 경고입니다.

나누어 봅시다

1. 천사들로 하신 말씀과 주로 하신 말씀에 대해서,
2. 히브리서 독자들의 문제가 무엇인가에 대해서,
3. 첫 번째 권면이 무엇입니까?

2:5-13의 분석 도표

낮아지신 이유

죽음을 맛보려 하심

5-10

천사들보다
잠깐 동안
못하게 하심을 입은 자(9)

곧 죽음의
고난 받으심을 인하여
영광과 존귀로 관 쓰신(9)

예수를 보니

이를 행하심은 하나님의 은혜로 말미암아

모든 사람을 위하여 죽음을 맛보려 하심이라(9)

많은 아들을 이끌어
영광에 들어가게 하시는 일에(10)

구원의 주를 고난으로 말미암아 온전케 하심이 합당하도다(10)

형제가 되려 하심

11-13

거룩하게 하시는 자와
거룩하게 함을 입은 자들이 — 다 하나에서 난지라(11)

형제라 부르시기를 부끄러워 아니하시고 (11)

내가 주의 이름을 내 형제들에게 선포하고(12)

하나님께서 내게 주신 자녀라 하셨으니(13)

도표 해설

본 단원의 주제는 하나님의 아들이 천사보다 잠깐 동안 "낮아지신 이유"입니다. 첫 단락에서 "죽음을 맛보려 하심"이라고 말씀합니다. 도표 중심에는 "예수를 보니"가 놓여 있는데, "천사들보다 잠깐 동안 못하게 하심을 입은 자"(9)요, "죽음의 고난 받으심을 인하여 영광과 존귀로 관 쓰신"(9하) 분이라고 말씀합니다. "이렇게 행하심은 하나님의 은혜로 말미암아 모든 사람을 위하여 죽음을 맛보려 하심이라"(9) 말씀합니다.

어찌하여 모든 사람을 위하여 죽음을 맛보셔야만 하는가? "많은 아들을 이끌어 영광에 들어가게 하시기" 위해서인데, 이렇게 하심이 하나님의 공의에 "합당하기" 때문이라는 것입니다.

둘째 단락은 그가 낮아지신 이유를 "우리를 형제라 부르시기"(11) 위해서라고 말씀합니다. 그러니까 주님은 맏형님이 되어 주신 셈입니다.

낮아지신 이유

[5] 하나님이 우리가 말하는 바 장차 올 세상을 천사들에게 복종하게 하
심이 아니니라 [6] 그러나 누구인가가 어디에서 증언하여 이르되 사람이
무엇이기에 주께서 그를 생각하시며 인자가 무엇이기에 주께서 그를
돌보시나이까 [7] 그를 잠시 동안 천사보다 못하게 하시며 영광과 존귀로
관을 씌우시며 [8] 만물을 그 발 아래에 복종하게 하셨느니라 하였으니
만물로 그에게 복종하게 하셨은즉 복종하지 않은 것이 하나도 없어야
하겠으나 지금 우리가 만물이 아직 그에게 복종하고 있는 것을 보지
못하고 [9] 오직 우리가 천사들보다 잠시 동안 못하게 하심을 입은 자 곧
죽음의 고난 받으심으로 말미암아 영광과 존귀로 관을 쓰신 예수를 보
니 이를 행하심은 하나님의 은혜로 말미암아 모든 사람을 위하여 죽음
을 맛보려 하심이라 [10] 그러므로 만물이 그를 위하고 또한 그로 말미암
은 이가 많은 아들들을 이끌어 영광에 들어가게 하시는 일에 그들의
구원의 창시자를 고난을 통하여 온전하게 하심이 합당하도다 [11] 거룩하
게 하시는 이와 거룩하게 함을 입은 자들이 다 한 근원에서 난지라 그
러므로 형제라 부르시기를 부끄러워하지 아니하시고 [12] 이르시되 내가
주의 이름을 내 형제들에게 선포하고 내가 주를 교회 중에서 찬송하리
라 하셨으며 [13] 또 다시 내가 그를 의지하리라 하시고 또 다시 볼지어다
나와 및 하나님께서 내게 주신 자녀라 하셨으니(히 2:5-13).

도표에 표시된 대로 첫 단락의 중심은, "모든 사람을 위하여 죽음을 맛보려 하심이라"에 있고, 둘째 단락의 중심은 "형제라 부르시기

를 부끄러워 아니하시고"에 있습니다.

1. 죽음을 맛보려 하심

히브리서 기자는 하나님의 아들이 낮아지신 이유를 설명하기 위해서 시편 8:4-6절을 인용합니다.

시편 8편

1) 학자들은 시편 8편을 하나님께서 사람에게 베푸신 존귀와 영광을 찬양하는 시로 보고 있습니다. 그러나 이렇게 보게 되는 것은 성경을 구속사라는 성경(聖經) 신학적(神學的)인 맥락이 아닌 교훈적(教訓的)인 관점으로 보기 때문입니다. 성경은 문제(問題)가 발생했기 때문에 주어진 해답(解答)인 것입니다. "교훈"은 중요하고 필요한 것입니다. 그러나 교훈은 해답, 즉 구원을 주지 못합니다. 그러므로 성경은 점들의 모임이 아닌 구원사라는 선(線)인 것입니다.

㉠ 우선적으로 시편 8편을 접근할 때에 독립(獨立)된 말씀이 아닌, 구원계획이라는 선상(線上)에서 주어진 말씀이라는 점을 유념해야만 합니다. 그리고 본문은 타락하기 이전에 부른 노래가 아닌 타락한 이후의 노래임을 명심해야만 합니다. 인간은 사탄의 유혹에 빠져 존귀 영광을 상실하고야 말았습니다. 그래서 이 아름다운 찬양 시 속에도 "주의 대적과 원수"(2)가 등장하고 있는 이유가 그것입니다. 그리하여 시편 8편은 인간이 상실한 존귀와 영광을 회복시켜 주시기 위해서 오실 메시아에 대한 예언(豫言)시가 되었던 것입니다.

㉡ 다시 말씀드리면 인류의 시조가 타락하지 않았다면 시편 8편 속에 주의 대적과 원수가 등장하지도 않았을 것이요, 오직 첫 창조에 대

한 순수한 찬양 시가 되었을 것입니다. 그러나 범죄로 말미암아 죄의 종이 된 인간이 부르는 노래는 바벨론에 끌려간 포로들이, "우리가 바벨론의 여러 강변 거기 앉아서 시온을 생각하고 울었도다"(시 137:1) 하고 노래한 것처럼 망향가(望鄕歌)가 될 수밖에 없으며, 구속 주를 대망하는 예언적인 메시지가 담겨지게 되었다는 말씀입니다.

2) 다시 말씀드립니다만 성경에는 신학적(神學的)인 면과 교훈적인 면이 있습니다. 본문을 점으로 보게 되면 교훈적인 시가 됩니다. 그러나 구속사라는 지평(地平)으로 보게 되면 본문에서도 신학적인 면, 즉 그리스도를 만나게 된다는 말씀입니다. 그리고 문제에 대한 해답은 그리스도에게 있다는 점입니다. 히브리서 기자는 시편 8편을 구속사의 관점으로 보고 있는 것입니다.

㉠ 그리하여 "저를 천사보다 조금 못하게 하시고"(5) 한 말씀을 통해서, 천사보다 잠간 동안 낮아지신 그리스도를 보고 있는 것입니다. 엄밀히 말하면 이는 성령의 증거인 것입니다. 다윗이 시편 8편을 기록할 당시 본인의 의도는 어떠했던지 간에 성령께서는 이를 들어서 그리스도의 낮아지심을 증거케 하시는 것입니다. 그리하여 시편 8편이 첫 창조에 대한 찬양 시가 아니라, 재창조에 대한 예언적인 찬양이 된 것입니다.

㉡ 이점이 2절에서 분명히 드러납니다. 주님께서 나귀를 타시고 예루살렘에 입성하셨을 때에, "호산나 다윗의 자손이여 하는 아이들을 보고", 대제사장들과 서기관들이 분히 여겼습니다. 이 때 주님께서는 본문 2절을 인용하여, "어린 아기와 젖먹이들의 입에서 나오는 찬미를 온전케 하셨나이다 함을 너희가 읽어본 일이 없느냐"(마 21:15, 16) 말씀하셨던 것입니다.

㉢ "이는 원수와 보수자로 잠잠케 하려 하심이니이다"(2절) 말씀하는데, 원수가 언제 이처럼 입을 다물게 되는가? 1차적으로는 그리스도께서 사망권세를 이기시고 죽은 자 가운데서 다시 살아나셨을 때입니다. 그러나 궁극적인 성취는 재림 때에 완성될 말씀인 것입니다.

㉣ "저를 잠간 동안 천사보다 못하게 하시며 영광과 존귀로 관 씌우시며 만물을 그 발아래 복종케 하셨느니라 하였으니 만물로 저에게 복종케 하셨은즉 복종치 않은 것이 하나도 없으나 지금 우리가 만물이 아직 저에게 복종한 것을 보지 못하고"(7-8) 합니다. 그렇습니다. 주님의 부활을 통해서 사망의 세력을 잡은 자 사탄의 머리가 상하게 되었으나 완전한 복종은 주님의 재림으로 완성이 될 것입니다. 사도 바울은 "평강의 하나님께서 속히 사단을 너희 발아래서 상하게 하시리라"(롬 16:20) 합니다.

왜 죽으셔야만 했는가?

3) "오직 우리가 천사들보다 잠간 동안 못하게 하심을 입은 자 곧 죽음의 고난 받으심을 인하여 영광과 존귀로 관 쓰신 예수를 보니 이를 행하심은 하나님의 은혜로 말미암아 모든 사람을 위하여 죽음을 맛보려 하심이라"(9) 합니다.

㉠ 주님께서는 낮아만 지신 것이 아닙니다. "인자의 온 것은, 자기 목숨을 많은 사람의 대속물로 주려 함이니라"(마 20:28), 즉 대신 죽으시기 위해서 오셨다고 말씀하십니다. 본문에도 이점이 강조되어 있는데 9절 한 절속에만 해도 "곧 죽음의 고난 받으심과 모든 사람을 위하여 죽음을 맛보려 하심이라" 하고 죽으심이 강조되어 있습니다. 10절에서도 "저희 구원의 주를 고난으로 말미암아 온전케 하심이 합당하도다" 하고, 고난 받으심을 말씀합니다.

ⓛ 14절에서도 "사망으로 말미암아 사망의 세력을 잡은 자 곧 마귀를 없이 하시며" 하고, 사망을 말씀합니다. 하나님의 영광의 광채시요 그 본체의 형상이신(1:3) 하나님의 아들이 천사보다 잠깐 동안 낮아지셔야만 했던 이유는 한마디로 "모든 사람을 위하여 죽음을 맛보려 하심"에서였다는 것입니다.

ⓒ 그렇다면 왜 죽으셔야만 했는가? 그 이유를 17절은 밝히 말씀해 주고 있는데, "이는 하나님의 일에 자비하고 충성된 대제사장이 되어 백성의 죄를 구속하시기" 위해서라고 말씀합니다. "구속"이 끝이 아니라 10절에서는, "많은 아들을(성도들) 이끌어 영광에 들어가게" 하시기 위해서라고 말씀하는데, 이를 위해서 "저희 구원의 주를 고난으로 말미암아 온전케 하심이 합당하도다", 즉 이것이 하나님의 공의에 손상을 입히지 않는 유일한 방도라는 말씀입니다.

영광과 존귀로 관을 쓰심

ⓔ "9-10절을 다시 한 번 주목해 보시기를 바랍니다. 죽음을 맛보심이 끝이 아니라, "영광과 존귀로 관 쓰신 예수"(9, 승귀)라고 말씀합니다. 또한 많은 아들들도 그 영광에 들어가게 되었음을(10) 보여주고 있습니다. 시편 8:5절에서도, "저를 천사보다 조금 못하게 하시고 영광과 존귀로 관을 쓰셨나이다" 하고 말씀합니다. 이처럼 시편 8편이 하나님의 아들이 인간의 몸을 취하심으로 천사보다 조금 못하게 되시고, 죽음의 고난을 받으신 후에 부활 승천하심으로 "영광과 존귀로 관을 쓰신" 것으로 응하여 짐을 보면서 감복하게 되는 것입니다.

ⓜ 이 영광스러움이 우리에게 어떻게 적용이 되는가? 예수 그리스도의 구속으로 말미암아 우리가 하나님의 자녀가 되었습니다. 장래에 자녀가 되는 것이 아니라 "우리가 지금 하나님의 자녀"(요일 3:2)인

것입니다. 그러나 우리의 현재 모습은 천사(天使)보다 못합니다. 또한 여러 가지 고난에 직면해 있습니다. 그러나 형제여, 그것은 "잠깐 동안"(9)임을 생각하시기 바랍니다. 장차 받을 영원한 영광과는 족히 비교할 수가 없는 것입니다. 비천한 인간을 이처럼 높여 주시기 위하여 존귀하신 분이 스스로 낮아지셨던 것입니다.

2. 우리의 형제가 되려 하심

4) "거룩하게 하시는 자와 거룩하게 함을 입은 자들이 다 하나에서 난지라 그러므로 형제라 부르시기를 부끄러워 아니하시고"(11),

㉠ 둘째 단락에서는 하나님의 아들이 낮아지신 이유를 우리의 형제(兄弟)가 되시기 위해서라는 동일화(同一化)로 설명하고 있습니다. 14절에서도 "자녀들은 혈육에 함께 속하였으매 그도 또한 한 모양으로 혈육(血肉)에 함께 속하심은" 합니다. 17절에서도, "그러므로 저가 범사에 형제(兄弟)들과 같이 되심이 마땅하도다" 하고, "형제"가 되어 주셨다는 점을 거듭 말씀하고 있습니다. 그렇다면 존귀하신 하나님의 아들이 스스로 낮아지셔서 죄인 된 우리와 동일화를 이루셔서 왜 "형제"가 되어 주셨는가? 여기에는 구속사적인 경탄할 의미가 있는 것입니다.

형제 됨의 책임

5) "형제라 부르시기를 부끄러워 아니하셨다"(11)는 말씀은, 체면(體面)의 문제가 아닌 책임(責任)의 문제임을 명심해야만 합니다.

㉠ 하나님께서는, "너희 기업의 온 땅에서 토지 무르기를 허락할지니 만일 너희 형제가 가난하여 그 기업 얼마를 팔았으면 그 근족이 와

서 동족의 판 것을 무를 것이요"(레 25:24-25) 하고 명하셨습니다. 이를 가리켜 "기업 무를 자"라 합니다. 기업 무를 자란 빚값으로 넘어간 땅, 종으로 팔린 사람을 대신 값을 주고 사서 다시 찾아 주는 가까운 친척을 말합니다. 이렇게 명하신 하나님의 의도가 무엇인가?

㉡ 먼저 주님께서 "형제라 부르시기를 부끄러워 아니한 자들"의 처지(處地)와 형편이 어떠한 자들입니까? 15절을 보십시오. "또 죽기를 무서워하므로 일생에 매어 종노릇 하는 자들"이라고 말씀합니다. 죄의 종, 사탄의 노예가 된 자들입니다. 왜 사탄의 노예가 되었는가? 죄값에 팔렸기 때문입니다(롬 7:14).

㉢ 그러한 처지에 있는 자들을 부끄러워 아니하시고 찾아오셔서, "나는 저들의 형제 곧 맏형이요" 하고 나서 줄 자가 누구이겠습니까? 그렇게 한다는 것은 그들의 채무를 책임지고 대신 변제하겠다는 의사 표시인 것입니다.

아무개의 책임 회피

6) 룻기서의 주제 중 하나가 "기업 무를 자"인데 짧은 룻기서에 12번이나 등장합니다. 모압으로 내려갔다가 남편과 자식을 잃고 파산을 하고 돌아온 나오미에게 유일한 소망(所望)은 누가 "기업 무를 자"가 되어 줄 것인가에 있었던 것입니다. 기업 무를 자의 일 번 순위인 "아무개"라는 사람은 "내 기업에 손해가 있을까 하여 무르지 못하겠노라"(룻 4:6) 하고 거절을 합니다. 그는 나오미를 형제라 부르기를 부끄러워한 것입니다. 성령께서도 그 이름을 부끄러워하셔서 이름을 밝히지 않고 "아무개"(룻 4:1)라고 부르고 있는 것입니다. 그것을 보아스가 대신 자원을 합니다.

㉠ 보아스는 파산선고를 당한 나오미를 형제라 부르기를 부끄러워

아니하였던 것입니다. 잠언에서는 "가난한 자는 그 형제들에게도 미움을 받거든 하물며 친구야 그를 멀리 아니하겠느냐 따라가며 말하려 할지라도 그들이 없어졌으리라"(잠 19:7) 말씀합니다. 이것이 인심(人心)입니다. 지금 우리는 나오미의 이야기를 하고 있는 것이 아니라 바로 나 자신의 이야기인 것입니다. 그런데 하나님의 아들이 나의 기업 무를 자가 되어주셨다니 이보다 더 감복할 말씀이 무엇이란 말인가?

㉡ 하나님께서 보아스에게 어떤 존귀와 영광으로 관을 씌워 주시는가를 보십시오. 보아스가 룻을 아내로 맞이하여 함께 그리스도의 족보에 오르는(마 1:5) 존귀와 영광으로 관을 씌워주셨던 것입니다. 이처럼 예수 그리스도께서는 죄 값에 팔린 우리를 형제라 부르시기를 부끄러워 아니하시고 우리의 죄 값을 대신 담당해 주셨습니다. 우리를 죄에서 해방만 시켜 주신 것이 아니라 "많은 아들을 이끌어 영광에 들어가게"(10절) 해 주셨습니다. 이보다 더 선한 형제는 천상천하에 달리 없습니다.

나누어 봅시다

1. 그리스도께서 육신의 몸을 입고 오신 이유가 무엇입니까?
2. 왜 죽으셔야만 했습니까?
3. "형제라 부르기를 부끄러워 아니하셨다"는 의미가 무엇입니까?

2:14-18의 분석 도표

낮아지신 목적

마귀를 멸하시고 종노릇 하는 자를 놓아 주려 하심	14-16 자녀들은 혈육에 함께 속하였으매 그도 또한 한 모양으로 혈육에 함께 속하심은 사망으로 말미암아 사망의 세력을 잡은 자 마귀를 없이 하시며 죽기를 무서워하므로 일생에 매여 종노릇 하는 모든 자들을 놓아 주려 하심이니(14-15) 천사들을 붙들어 주려 하심이 아니요 아브라함의 자손을 붙들어 주려 하심이라(16)
대제사장이 되어 백성의 죄를 구속하려 하심	17-18 저가 범사에 형제들과 같이 되심이 마땅하도다 이는 자비하고 충성된 대제사장이 되어 백성의 죄를 구속하려 하심이라(17) 자기가 시험받아 고난을 당하셨은즉 시험받는 자들을 능히 도우시느니라(18)

도표 해설

본 단원의 주제는 하나님의 아들이 낮아지셔서 우리를 "형제라 부르시기를 부끄러워 아니하신" 목적(目的)에 있습니다. 첫 단락(14-16)에서는 "마귀를 멸하시고 종노릇 하는 자들을 놓아 주기 위해서"라고 말씀합니다. 둘째 단락에서는 "대제사장이 되어 백성의 죄를 구속하시기 위해서"라고 증거합니다.

도표 상에 나타난 연결된 세 줄을 보십시오. 왼쪽 연결선은 낮아지셔서 우리 죄인과 같이 동일화(同一化)되심을 보여주고, 가운데 연결선은 낮아지셔서 행해주신 일을 나타내 주며, 오른쪽 연결선은 낮아지신 목적이 천사를 위해서가 아니라 믿음의 자손들을 붙들어 주시기 위해서였으며, 그러므로 우리들을 능히 도우신다고 말씀합니다.

낮아지신 목적

[14] 자녀들은 혈과 육에 속하였으매 그도 또한 같은 모양으로 혈과 육을
함께 지니심은 죽음을 통하여 죽음의 세력을 잡은 자 곧 마귀를 멸하
시며 [15] 또 죽기를 무서워하므로 한평생 매여 종 노릇 하는 모든 자들을
놓아 주려 하심이니 [16] 이는 확실히 천사들을 붙들어 주려 하심이 아니
요 오직 아브라함의 자손을 붙들어 주려 하심이라 [17] 그러므로 그가 범
사에 형제들과 같이 되심이 마땅하도다 이는 하나님의 일에 자비하고
신실한 대제사장이 되어 백성의 죄를 속량하려 하심이라 [18] 그가 시험
을 받아 고난을 당하셨은즉 시험 받는 자들을 능히 도우실 수 있느니
라(히 2:14-18).

본 단원의 내용은 하나님의 아들이 낮아지셔서 행해주신 일을 말씀하고 있는데, 첫째는 사망의 세력을 잡은 자 마귀를 멸하시고, 종노릇 하는 자를 놓아 주려 하심이요(14-15), 둘째는 대제사장이 되어 백성의 죄를 구속하려 하심(17)이라고 말씀합니다.

1. 마귀를 멸하시고 종노릇 하는 자를 놓아 주려 하심

1) "자녀들은 혈육에 함께 속하였으매 그도 또한 한 모양으로 혈육에 함께 속하심은 사망으로 말미암아 사망의 세력을 잡은 자 곧 마귀

를 없이 하시며"(14),

㉠ "한 사람으로 말미암아 죄가 세상에 들어오고 죄로 말미암아 사망이 왔나니"(롬 5:12) 하심같이 사탄은 "사망의 세력을 잡은 자"입니다. 이 사망의 세력을 잡은 자 곧 마귀를 없이 하시기 위해서 하나님의 아들이 혈육을 입고 낮아지셨다고 말씀합니다. 그리스도께서는 육신의 몸을 입으시는 데까지 낮아지신 것만이 아니라 죽기까지 낮아지셨습니다.

㉡ 그리스도께서 십자가에 달려 죽으셨다는 것이 무엇을 의미하느냐 하면 사탄이 지배(支配)하는 사망의 영역(領域)까지 내려가신 것을 뜻합니다. 왜냐하면 사망의 세력을 잡은 자 마귀를 없이 하시기 위해서였습니다. 범을 잡기 위해서 범의 굴에 들어가신 셈입니다. 이 점을 로마서 6:9절에서는 "이는 그리스도께서 죽은 자 가운데서 사셨으매 다시 죽지 아니하시고 사망이 다시 그를 주장(主張)하지 못 할 줄을 앎이로다"라고 설명해 주고 있습니다. 그리스도께서 한때는 사망이 주장하는 영역에 들어가셨음을 말해 줍니다. 그러나 사망의 권세를 이기고 부활하심으로 "다시 그를 주장하지 못하게" 되었다는 것입니다. 예수 그리스도는 사망의 권세를 이기신 첫 열매가 되셨습니다.

㉢ 이렇게 하심으로 사탄이 왕 노릇 하고 있던 사망의 왕국을 파괴하셨던 것입니다. 이점은 이미, "여자의 후손은 네 머리를 상하게 할 것이라"(창 3:15) 하신 원복에 감추어져 있었던 것입니다. "오직 비밀한 가운데 있는 하나님의 지혜"(고전 2:7)라고 말씀합니다. 사탄은 자신이 여자의 후손에 의하여 멸망당하리라는 사실은 알고 있었으나 그의 "죽으시고 다시 사심"을 통해서 멸망당할 것은 알지를 못했던 것입니다. 그래서 예수 그리스도를 죽이면 자신이 승리할 줄로 알고 대적을 했던 것입니다. 이것이 "사망으로 말미암아 사망의 세력을 잡은

자 곧 마귀를 없이 하시며"의 뜻입니다.

종노릇 하는 자들을 놓아 주려 하심

2) 그리스도인들은 "나는 구원을 얻었다" 하고 말합니다. 그렇다면 무엇으로부터의 구원인가? 본문은 두 가지로 말씀하고 있는데,

㉠ 첫째는 죄의 권세 자 곧 사탄으로부터의 구원입니다. 이스라엘 백성들은 바로의 권세 하에 있던 자들입니다. 그런 처지에 있던 자들이 유월절 어린양의 피로 말미암아 바로의 권세로 부터 해방을 받았던 것입니다. 이는 사망의 세력을 잡은 자 곧 마귀의 지배 하에서 구원될 것의 예표였던 것입니다.

㉡ 둘째는 "죽기를 무서워하므로" 한, 죽음의 공포로부터의 구원입니다. 자고로 하나님으로부터 분리된 인간은 사탄의 노예가 되어서 죽음의 공포에 시달려 왔습니다. 주님께서는 죽음으로부터 부활하심으로 인간을 죽음의 공포로부터 해방시켜 주셨습니다. 바울 사도는 부활 장에서 "사망아 너의 이기는 것이 어디 있느냐"(고전 15:55) 하고 사망을 향해서 호통을 치고 있음을 봅니다.

㉢ 더 이상 사탄의 종노릇 하고 있는 자가 아니요, 죽음의 공포에 떨고 있지 않습니다. 죽어도 죽은 것이 아닙니다. 왜냐하면 영원한 생명이 그들 속에 있기 때문입니다. "이 썩을 것이 썩지 아니함을 입겠고 이 죽을 것이 죽지 아니함을 입을 때에는 사망이 이김의 삼킨바 되리라고 기록된 말씀이 응하리라"(고전 15:54) 합니다.

아브라함의 자손들

3) "이는 실로 천사들을 붙들어 주려 하심이 아니요 오직 아브라함의 자손을 붙들어 주려 하심이라"(16) 합니다.

㉠ 어찌하여 "아브라함의 자손"이라 하시는가? 아브라함은 믿음으로 의롭다함을 얻은 "믿음의 조상"(祖上)입니다. 그러므로 아브라함의 자손이란, 예수 그리스도를 믿는 우리를 가리키는 말씀입니다. "하나님이 범죄 한 천사들을 용서치 아니하시고 지옥에 던져 어두운 구덩이에 두어 심판 때까지 지키게 하셨다"(벧후 2:4) 하고 말씀하는데, 예수 그리스도께서는 "실로 천사들을 붙들어 주려 하심이 아니요 오직 아브라함의 자손", 즉 형제를 구원하시기 위하여 죽어주셨다는 말씀입니다.

㉡ 우리 주님께서는 천사들을 구원하시기 위해서 천사들의 모양으로 오신 것이 아니라, 인간을 구원하기 위해서 인간의 몸을 입고 오셨다는 말씀입니다. 이로 보건대 복음이란 천사들에게도 감취었던(엡 3:10) 비밀이었습니다. 베드로전서 1:12절에서는 "천사들도 살펴보기를 원하는 것이니라" 하고 말씀합니다. 영원히 멸망 받아 마땅한 배은망덕한 인간들을 위하여 하나님의 아들이 대신 죽으시는 것을 살펴보면서 천사들은 경탄과 부러움을 금하지 못했을 것입니다.

㉢ 1장에서는 하나님의 아들이신 그리스도께서 천사보다 얼마나 뛰어나신 지를 말씀했는데, 2장에서는 자녀 된 우리가 천사보다 더욱 사랑받고 있음을 대하게 됩니다. 하나님의 아들이 혈육을 입고 오셨습니다. 우리의 형제가 되어 주셨습니다. 우리 대신 죽어 주셨습니다. 그로 말미암아 우리는 해방되고 구원되었습니다. 그리고 장차 영광과 존귀로 관을 쓰게 될 것입니다. 천사들의 섬김을 받게 되리라고 말씀하십니다. 이것이 그리스도께서 낮아지신 목적입니다.

2. 대제사장이 되어 백성의 죄를 구속하려 하심

4) "그러므로 저가 범사에 형제들과 같이 되심이 마땅하도다 이는 하나님의 일에 자비하고 충성된 대제사장이 되어 백성의 죄를 구속하려 하심이라"(17) 합니다.

㉠ 성경은 더 나아가고 있습니다. 그리스도께서 인간의 몸을 입고 낮아지심으로 "자비하고 충성된 대제사장"이 되셨다고 말씀합니다. 낮아지시기 전에는 성자 하나님이셨습니다. 만일 우리와 같이 되심이 아니었다면 우리의 대제사장이 아니셨으며, 되시려고 해도 되실 수가 없었을 것입니다. 왜냐하면 대제사장이란 우리의 대표자가 되어서 하나님 앞에 나아가 우리 대신 제사를 드려 주는 분이기 때문입니다.

자비하고 충성된 대제사장

㉡ 그러나 우리 주님은 낮고 천한 인간에 대하여는 "자비로운 대제사장"이 되어주셨고, 하나님 아버지께 대하여는 "충성스런 대제사장"이 되셔서 "백성의 죄를 구속"해 주셨던 것입니다. 이를 위해서 그분은 우리와 동일(同一)화의 위치까지 낮아지셨던 것입니다.

㉢ 2장은, "자기가 시험을 받아 고난을 당하셨은즉 시험 받는 자들을 능히 도우시느니라"(18) 하고 마치고 있습니다. "능히 도우시느니라" 하심은, 17절에서 말씀한바, "백성의 죄를 구속"하심이 끝이 아니라는 뜻입니다. 우리의 죄만 구속하시고 손을 떼신 것이 아니라 사탄의 시험으로부터 계속적으로 보호해 주시며 견인하심을 의미하기 때문입니다. 이점을 출애굽기에서는, "주께서 그 구속하신 백성을 은혜로 인도(引導)하시되 주의 힘으로 그들을 주의 성결한 처소에 들어가게 하시나이다"(출 15:13) 하고 말씀합니다.

㉣ 그렇습니다. "죄의 구속"이 영혼 구원을 의미한다면, "시험을 받는 자"란 때를 따라 도우시는 범사를 의미한다고 하겠습니다. 이를 뒷받침하는 것이 "자기가 시험을 받아 고난을 당하셨은즉"이라는 말씀에 나타납니다. 주님께서 인간의 몸을 입고 받으신 고난은 모든 육신을 입은 인간들이 당하는 시험을 총괄하여 받으신 시험이었던 것입니다. 그 가운데는 굶주림, 헐벗음, 자지 못함, 비방, 배척, 유혹 등이 포함되어 있습니다. "그러므로 저가 범사(凡事)에 형제들과 같이 되셨다"(17) 하고 말씀하는 것입니다.

㉤ 이점을 4:15-16절에서는, "우리에게 있는 대제사장은 우리 연약함을 체휼하지 아니하는 자가 아니요 모든 일에 우리와 한결같이 시험을 받은 자로되 죄는 없으시니라, 그러므로 우리가 긍휼하심을 받고 때를 따라 돕는 은혜를 얻기 위하여 은혜의 보좌 앞에 담대히 나아갈 것이니라" 하고 말씀합니다. 예수 그리스도는 우리의 영혼만이 아닌 "범사에(17), 모든 일(4:15)에, 때를 따라 도우시는"(4:16) 분이십니다. 이러한 자비하고 충성된 대제사장이 되시기 위해서 영광을 비우시고 천사보다 잠깐 동안 못하심을 입으셨던 것입니다.

그리스도와의 동일화

5) 그리스도와의 동일화(同一化)의 법칙을 깨닫는다는 것은 대단히 중요한 요점입니다. 모든 그리스도인들이 이를 깨닫고 누리게 되기를 기원합니다.

㉠ 2장에서는 "하나님의 영광의 광채시요 그 본체의 형상"(1:3)이신 그리스도께서 낮고 천한 우리와 "같이" 동일화되셨음이 특별히 강조되고 있습니다.

㉮ "거룩하게 하시는 자와 거룩하게 함을 입은 자들이 다 하나에서

났다"(11절) 하고 말씀합니다.

㉯ 그러므로 "형제라 부르기를 부끄러워 아니하셨다"고 합니다.

㉰ "자녀들은 혈육에 함께 속하였으매 그도 또한 한 모양으로 혈육에 함께 속하셨다"(14절)고 말씀합니다.

㉱ "저가 범사에 형제들과 같이 되심이 마땅하도다"(17절) 합니다. 동일화의 법칙이란 먼저는 그리스도께서 우리와 같이 되시기 위해서 우리처럼 낮아지셨다는 것입니다.

㉡ 그런데 여기가 끝이 아니라, 이제는 낮고 천한 우리들이 그리스도와 동일화가 되었다고 더 나아가고 있습니다.

㉮ 주님께서 고난 후에 승귀(昇貴)하심으로 말미암아 이번에는 "낮고 천한 우리를 그와 같이 영광스럽게 높여 주셨다"고 성경은 말씀하고 있기 때문입니다. 이것이 2:10절에서 "많은 아들을 이끌어 영광에 들어가게 하시는 일에 저희 구원의 주를 고난으로 말미암아 온전케 하심이 합당하도다" 한 말씀 속에 함축된 의미입니다.

㉯ 1:2절에서는 "이 아들을 만유의 후사"로 세우셨다고 말씀하고 있는데, 그리스도의 구속으로 말미암아 성도들이 "구원 얻을 후사(後嗣)들"(1:14)이 되었습니다.

㉰ 그리스도께서 대제사장 되심이 스스로 영광을 취하심이 아니라 신적 권위에서 났듯이(5:4-5), 성도들이 "왕 같은 제사장"(벧전 2:9)들이 된 것도 스스로 취함이 아니요 택하시고 부르셔서 세워 주심으로 가능하여진 것입니다.

㉱ "그리스도께서 영광의 우편에 앉으심같이 성도들도 그리스도 안에서 함께 하늘에 앉히시니"(엡 2:5)라고 성경은 말씀합니다. 한마디로 그리스도에게 되어 진 일은 그 안에 있는 성도들에게도 동일하

게 되어 진 일이라는 말씀입니다. 이것이 "이 비밀이 크도다"(엡 5:32) 한 연합교리의 신비입니다.

적용

하나님의 영광의 광채시요, 그 본체의 형상이신 그리스도께서 우리같이 되심은 우리를 주님같이 되게 하시기 위해서임이 명백해졌습니다. 이를 합당하게 이루기 위하여 우리 주님께서는 고난도 죽음도 사양치 않으셨습니다. 이를 확신한다면 형제여, 이제는 우리가 그리스도의 몸 된 교회를 위하여 그리스도의 남은 고난을 우리의 육체에 채워야 할(골 1:24) 차례가 아니겠습니까?

하나님의 아들이 우리들을 형제라 부르기를 부끄러워 아니하시고 우리의 죄 값을 대신 갚아 주셨다면, 이제 우리들도 예수를 그리스도시오, 나의 주라고 부르기를 자랑스럽게 여기고 선전해야 마땅하지 않겠습니까(벧전 2:9)?

그리스도께서 비하하셨을 때에 "천사보다 잠깐 동안 못하게 하심을"(2:9) 입으신 때가 있었습니다. 우리는 이미 하나님의 자녀요 후사요, 왕 같은 제사장들이 되었으나 많은 문제와 고난과 시련 등에 당면해 있습니다. 하나님의 아들이시라도 이 세상에 계실 동안에는 시험을 당하셨습니다. 하물며 우리가 이를 마다하겠습니까? 그러나 형제여, 그런 것들은 우리 주님께서 천사보다 잠깐 동안 못하게 하심을 입으셨듯이 "잠깐 동안"만 당할 것들입니다.

그러므로 용기를 내십시오. "현재의 고난은 장차 우리에게 나타날 영광과 족히 비교할 수가 없습니다"(롬 8:18). 우리의 낮은 몸도 주님의 영광스러운 몸과 "같이" 변화될 것을 성경은 말씀합니다. "다시 사망이 없고 애통하는 것이나 곡하는 것이나 아픈 것이 다시 있지"(계 21:4) 아니할 것입니다.

"자기가 시험을 받아 고난을 당하셨은즉 시험 받는 자들을 능히 도우시느니라"(2:18) 하고 말씀합니다. 그분 앞에 나아가십시오. 자비롭고 충성된 대제사장이 계시지 않습니까? 그분께서 도와주신다고 말씀합니다.

나누어 봅시다

1. 그리스도께서 낮아지신 첫 번째 목적에 대해서,
2. 그리스도께서 낮아지신 두 번째 목적에 대해서,
3. 그리스도와의 동일화의 법칙에 대해서.

3장 개관 도표

예수를 깊이 생각하라

모세보다 더욱 영광스러운 예수

1-6

그러므로 형제들아 [예수를 깊이 생각하라] (1)

저가 충성하기를 ······ 모세가 한 것 같으니 (2)

모세보다 더욱 영광을 받을 만한 것이

집 지은 자가 ······ 그 집보다

더욱 존귀함 같으니라(3)

집 맡은 아들로 충성하였으니(6) ······ 사환으로 충성하였고(5)

너희 마음을 강퍅케 하지 말라

7-19

오늘날 너희가 [그의 음성을 듣거든] (7) 너희 열조가(9)

광야에서 시험하던 때와 같이

[너희 마음을 강퍅케 하지 말라] (8)

오직 오늘이라 일컫는 동안에
매일 피차 권면하여
죄의 유혹으로

[강퍅케 됨을 면하라] (13)

우리가 시작할 때에 확실한 것을

끝까지 견고히 잡으면 [그리스도와 함께 참여한] 자가 되리라(14)

듣고 격노케 하던 자가
누구뇨(16)
하나님이 누구에게
노하셨느뇨(17)
누구에게 안식에 들어오지
못하리라 하셨느뇨(18)

순종치 아니하던 자에게가 아니냐(18)
저희가 믿지 아니하므로
들어가지 못한 것이라(19)

도표 해설

3장의 주제는 "예수를 깊이 생각하라"는 말씀입니다. 이는 적극적인 면이고 부정적으로는, "너희 마음을 강퍅케 하지 말라"고 말씀합니다.

도표를 보시면 첫 단락에서는 "예수를 깊이 생각하라"는 말씀을 중심으로 좌우에 예수와 모세를 대조(對照)하여 "모세보다 더욱 영광스러운 예수"이심을 보여주고 있습니다. 집보다 집 지은 자가, 사환보다 아들이 더욱 영광스러움과 같다는 것입니다.

둘째 단원은 "그의 음성을 듣거든 너희 마음을 강퍅하게 하지 말라"는 것이 중심점입니다. 출애굽 당시의 실패를 예증으로 들어 모세보다 더욱 영광스러운 예수 그리스도의 말씀을 듣는 오늘날 강퍅케 됨을 면하라고 권면합니다. 그리하면 "그리스도와 함께 참여한 자가 되리라(14) 하고 말씀합니다.

3장 개관
예수를 깊이 생각하라

3장은 "그러므로 함께 하늘의 부르심을 입은 거룩한 형제들아 우리의 믿는 도리의 사도시며 대제사장이신 예수를 깊이 생각하라"(1) 하고 시작됩니다. "예수를 깊이 생각하라"는 말씀 속에는, ㉮ 그분이 어떠한 분이시며, ㉯ 그런 분이 우리를 위하여 행해주신 일이 무엇인가를 생각해야 할 것과, ㉰ 그렇다면 나는 어떻게 반응해야 마땅한가를 깊이 생각하라는 뜻이 들어 있는 것입니다. 그러므로 3장의 내용은 2장에서 증거한 교리에 근거하여 권면(勸勉)하는 말씀이 주된 내용입니다.

모세 당시에 열조들이 광야에서 그의 음성을 듣고도 마음을 강퍅케 하여 안식에 들어가지 못했음을 상기시키면서, 하물며 모세보다 우월하신 하나님의 아들로 말씀하신 마지막 계시를 듣고도 믿지 않고 순종치 않는다면 치명적인 죄악이 됨을 말씀합니다.

그러므로 "오늘이라 일컫는 동안에 매일 피차 권면하여 죄의 유혹으로 강퍅케 됨을 면하라"(13) 하고 권면합니다. "우리가 시작할 때에 확실한 것을 끝까지 견고히 잡으면 그리스도와 함께 참여한 자가 되리라"(14) 하고 격려합니다.

3:1–6의 분석 도표

모세보다 더욱 영광스러운 예수

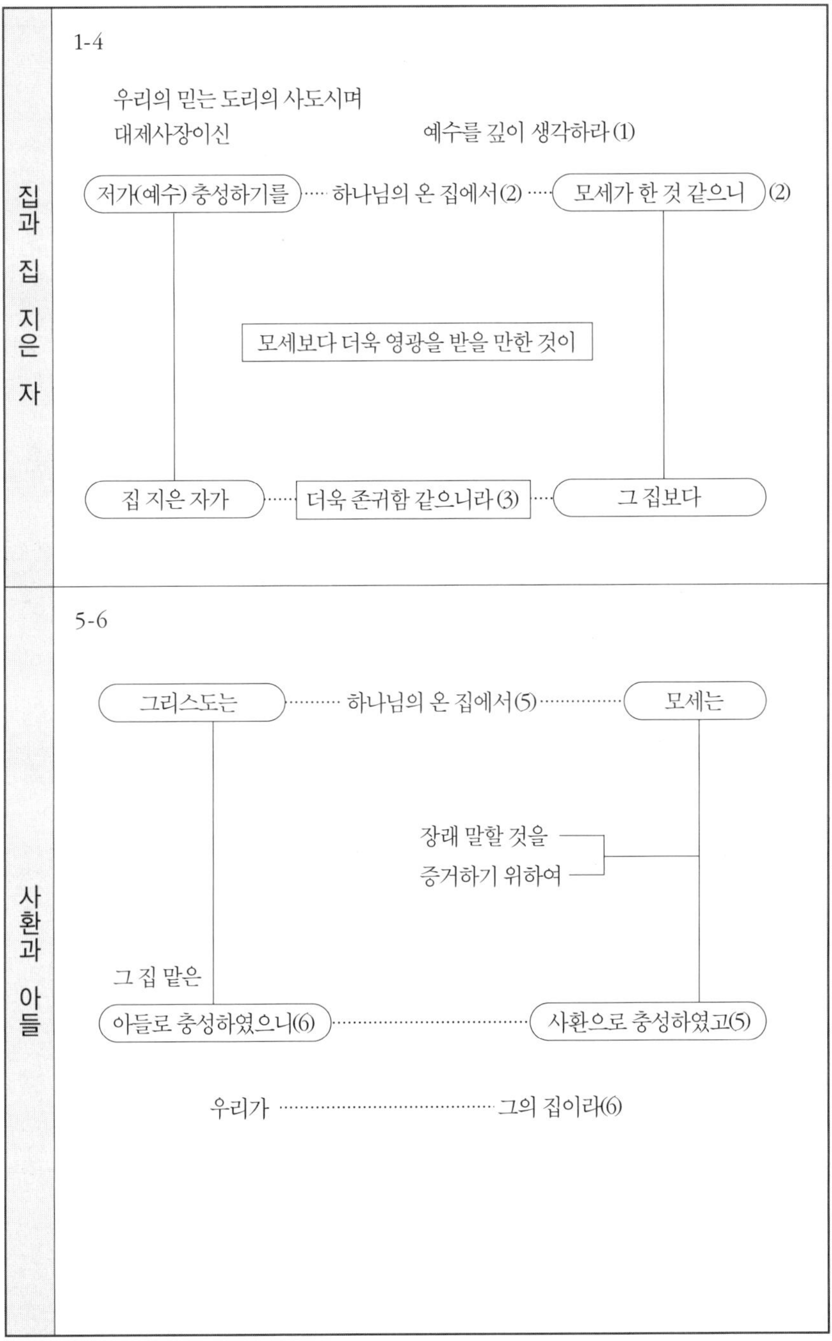

도표 해설

본 단원의 주제는 "모세보다 더욱 영광스러운 예수"입니다. 첫 단락에서는 집 지은 자가 그 집보다 더욱 존귀함 같다고 말씀하고, 둘째 단락에서는 사환과 아들을 대조해서 이 점을 증거하고 있습니다. 핵심은 "하나님의 온 집"이라는 말씀입니다. 이는 건설되어 가는 하나님의 나라를 의미하는 것으로 2절과 5절에 거듭 나옵니다.

모세는 하나님의 온 집의 구성원인 반면, 그리스도는 하나님의 온 집을 짓는 건축주이시며, 모세는 하나님의 온 집에서 사환으로 충성하였으나, 그리스도는 아들로 충성하셨다고 말씀합니다. 이 점이 모세보다 더욱 영광스러운 점이라는 것입니다.

모세보다 더욱 영광스러운 예수

1 그러므로 함께 하늘의 부르심을 받은 거룩한 형제들아 우리가 믿는
도리의 사도이시며 대제사장이신 예수를 깊이 생각하라 2 그는 자기를
세우신 이에게 신실하시기를 모세가 하나님의 온 집에서 한 것과 같이
하셨으니 3 그는 모세보다 더욱 영광을 받을 만한 것이 마치 집 지은 자
가 그 집보다 더욱 존귀함 같으니라 4 집마다 지은 이가 있으니 만물을
지으신 이는 하나님이시라 5 또한 모세는 장래에 말할 것을 증언하기
위하여 하나님의 온 집에서 종으로서 신실하였고 6 그리스도는 하나님
의 집을 맡은 아들로서 그와 같이 하셨으니 우리가 소망의 확신과 자
랑을 끝까지 굳게 잡고 있으면 우리는 그의 집이라(히 3:1-6).

1) "그러므로 함께 하늘의 부르심을 입은 거룩한 형제들아 우리의 믿는 도리의 사도시며 대제사장이신 예수를 깊이 생각하라"(1) 합니다.

㉠ 먼저 성경은, "생각하라" 하고, 우리가 알고 있는 것보다 훨씬 생각에 호소하고 있습니다. 그렇다고 아무 것이나 깊이 생각하라는 뜻이 아니라, 하나님의 말씀을 논리적으로 묵상함을 뜻합니다. 로마서 8:18절에서도 "생각건대 현재의 고난은 장차 우리에게 나타날 영광과 족히 비교할 수 없도다" 하고 생각해 보라고 말씀합니다. 베드로 사도도 "내가 힘써 너희로 하여금 나의 떠난 후에라도 필요할 때는 이런 것을 생각나게 하려 하노라"(벧후 1:12-15) 하고 생각에 호소하

고 있습니다. 어떤 점을 깊이 생각하라 하는가?

ⓛ "사도(使徒)시며, 대제사장(大祭司長)이신 예수"를 깊이 생각하라 하십니다. ㉮ 하나님의 보내심을 받았기 때문에 사도시며, ㉯ 우리의 대표자가 되어서 우리 대신 대속 제물로 드려주셨기 때문에 대제사장이 되신다는 것입니다. 이 점을 생각합시다. 그것도 깊이 생각하라고 하십니다.

ⓒ 또 어떤 점을 깊이 생각하라 하는가? "저가 자기를 세우신 이에게 충성하시기를 모세가 하나님의 온 집에서 한 것과 같으니"(2) 하고, 모세와 대조(對照)해서, 얼마나 우월하신가를 깊이 생각하라는 말씀입니다. 유대인들은 출애굽의 지도자인 모세를 역사상 가장 위대한 지도자로 여기고 있었습니다. 또한 그들이 그토록 자랑하고 있는 율법도 모세로 말미암아 주어진 것이었습니다. 그러므로 개종한 유대인들이 다시 유대교로 돌아간다는 것은 모세와 그 율법 아래로 돌아감을 의미합니다. 그래서 본 단원에서는 "그리스도와 모세"를 대조해서 그리스도께서 더욱 영광을 받을 만하시다는 점을 강조하고 있는 것입니다.

1. 집과 집 지은 자

2) 먼저 주목해야 할 점은 본문에는 "집"이라는 말이 강조되어 있다는 점입니다. 모두 7번이나 언급되어 있습니다. 그 중에서도 주목해야 할 점이 "하나님의 온 집"(2)이라는 표현입니다.

하나님의 온 집

㉠ "하나님의 온 집"이라는 말씀이 두 번(2, 5) 언급되어 있는데

"하나님의 온 집"이란 광의(廣義)로는 하나님의 나라요, 좁은 뜻으로는 "하나님의 교회"를 의미합니다. 그러니까 하나님의 온 집 속에는 구약교회와 신약교회, 그리고 천상교회와 지상교회가 다 들어 있는 것입니다. 그러므로 하나님의 온 집이란, "하나님의 나라라는 말과 같은 뜻입니다. 모세는 하나님의 온 집에서 출애굽 때에 충성하였고, 예수 그리스도는 영적 출애굽 때에 충성하셨으니, 이 점은 "…한 것과 같으니"(2) 하고, 같은 점이라 합니다.

㉡ 그러나 즉각적으로 "저는 모세보다 더욱 영광을 받을만한 것이 마치 집 지은 자가 그 집보다 더욱 존귀함 같으니라"(3) 하고, 집과 그 집 지은 자를 대조하여, 모세 자신은 그 집의 일부분을 이루는 구성원이지만, 그리스도께서는 집을 짓는 건축주가 되신다고 말씀합니다. 6절에서 "우리가 소망의 담대함과 자랑을 끝까지 견고히 잡으면 그의 집이라" 하고 말씀함과 같이, 모세뿐만 아니라 하나님의 모든 백성들은 하나님의 온 집의 지체들인 것입니다.

㉢ 교회론이 중심주제인 에베소서에서도, "너희도 성령 안에서 하나님의 거하실 처소가 되기 위하여 예수 안에서 함께 지어져 가느니라"(엡 2:22) 하고, 마치 벽돌이 연결되어 지어져 가듯이 그리스도인들은 독불장군이 아니라 연결하여 지어져 가는 구성원들이라고 말씀합니다. 그러나 예수 그리스도는 "내가 이 반석 위에 내 교회를 세우리라" 하심같이 그 집을 세우시는 건축자가 되신다는 말씀입니다. 그래서 "마치 집 지은 자가 그 집보다 존귀함같이"(3) 예수 그리스도가 모세보다 더욱 존귀하시다는 것입니다.

2. 사환과 아들

3) "또한 모세는 장래에 말할 것을 증거하기 위하여 하나님의 온 집에서 사환으로 충성하였고 그리스도는 그의 집 맡은 아들로 충성하였으니"(5-6) 합니다.

㉠ 둘째 단락에서는 예수가 모세보다 더욱 영광스러우신 이유를, 신분(身分)과 지위(地位)에 있어서 다르다고 말씀합니다. 모세는 하나님의 온 집에서 사환(使喚)으로 충성하였으나, 그리스도는 그 집 맡은 아들로 충성하셨기 때문이라는 것입니다.

㉡ 예수께서 "그의 집 맡은 아들"이라는 말씀은 1:2절에서 "이 아들을 만유의 후사로 세우시고"의 뜻입니다. 그러나 모세는 하나님의 온 집에서 일꾼으로 충성한 자라고 말씀합니다. 이처럼 신분과 지위에 있어서 모세와 그리스도는 본질적으로 다른 하늘과 땅의 차이입니다. 그러나 성경은 더 나아가고 있습니다. 그들이 맡은 사역(使役), 즉 사명(使命)의 차이를 보여주기를 원하고 있는 것입니다.

모세가 맡은 사명

4) 모세의 사명은 "장래에 말할 것을 증거하기 위하여"(5), 하나님의 온 집에서 사환으로 충성한 자라는 것입니다. 다시 말씀드리면 모세의 사명이 이스라엘 백성을 애굽에서 인도해내는 출애굽인 것 같으나, 그것은 예표적인 일이요, 그에게 부여된 궁극적인 사명은 "장래에 말할 것을 증거하기 위해서"라는 것입니다. 그렇다면 모세를 통하여 증거코자 하신 "장래에 말할 것"이란 무엇일까요?

㉠ 이를 알기 위해서 11:25-26절로 가보겠습니다. "도리어 하나님의 백성과 함께 고난 받기를 잠시 죄악의 낙을 누리는 것보다 더 좋아

하고 그리스도를 위하여 받는 능욕을 애굽의 모든 보화보다 더 큰 재물로 여겼으니 이는 상 주심을 바라봄이라" 하고 말씀합니다. 이는 참으로 놀라운 말씀입니다.

㉮ 모세가 받은 고난들을 "그리스도를 위한 고난"으로 보고 있다는 것과,

㉯ 애굽의 모든 보화보다 그 고난을 더욱 가치 있다고 여겼다는 믿음은 우리를 압도합니다.

이와 같은 영광스러움을 볼 수 있다는 것은 성경을 구속사의 맥락에서 볼 때만 가능한 것입니다. 주님께서 친히 말씀하시기를, "모세를 믿었더라면 또 나를 믿었으리니 이는 그가 내게 대하여 기록하였음이라"(요 5:46) 하십니다.

㉡ 그렇다면 "모세는 장래에 말할 것을 증거하기 위하여" 사환으로 충성하였다는 것은, 모세오경이 예수 그리스도를 증거하고 있다는 것과, 모세 당시에 되어 진 일들은 영적 출애굽 때에 성취될 모형과 그림자(8:5)로 제시되었다는 것을 뜻합니다. 이를 다른 말로 표현한 것이, "이같이 율법이 우리를 그리스도에게로 인도하는 몽학선생"(갈 3:24)이라는 말씀입니다. 이것이 모세가 맡은 궁극적인 사명이었던 것입니다.

그리스도가 맡은 사명

5) 그리스도는 "그 집 맡은 아들로 충성을 하였다"고 말씀합니다. 앞 단락에서는 "집 지은 자"로 말씀한 바 있습니다. 이러한 표현들은 예수 그리스도의 사명이 하나님의 나라 건설의 주역(집 지은 자)이요, 그 하나님 나라의 주권자(집 맡은 아들) 되심을 의미합니다.

㉠ 그래서 6절 끝에서는 우리가 "그의 집이다" 하고 말씀하는 것입

니다. 신구약의 모든 성도들은 그리스도의 구속으로 말미암아 하나님 나라의 구성원들이 되었고, 하나님께서 거하실 "그의 집으로 지어져 가고 있는 " 공동체인 것입니다.

㉡ 이러한 점은 주님께서 구속의 역사(歷史)를 비유를 통해서 말씀하신 마태복음 21:33-44절에서도 잘 나타납니다. 포도원에 종들을 보냈으나 악한 농부들은 그들을 때리고 죽이고 돌로 쳤습니다. 마지막으로 아들을 보내며 "내 아들은 공경하리라" 하였더니 농부들이 아들을 보고 "이는 상속자니 자, 죽이고 그 유업을 차지하자" 하고 포도원 밖에 내어 쫓아 죽였다는 것입니다.

예수 그리스도는 집을 건축하는 건축(建築) 주(主)가 되시며 그 집의 상속자(相續者)이십니다. 그러나 모세는 이를 증거하기 위하여 세움 받은 사환이었습니다. 이점이 그리스도께서 모세보다 더욱 영광스러운 점이라는 것입니다. 이 "예수를 깊이 생각"(1)해야만 합니다. 그런데도 유대교로 다시 돌아갈 테냐 하고 견책하는 셈입니다.

나누어 봅시다

1. 모세와 그리스도의 유사성과 상이성에 대해서,
2. 사환과 아들의 관계에 대해서,
3. 모세와 그리스도가 맡은 사명에 대해서.

3:7–19의 분석 도표

너희 마음을 강퍅케 하지 말라

광야에서처럼 오늘날

7-11

그의 음성을 듣거든

① 광야에서 시험하던 때와 같이(8) ……… ① 너희 열조가(9 모세 당시)

② 오늘날(7) ……… ② 너희가(7 다윗 당시)

너희 마음을 강퍅케 하지 말라(8)

저희는 내 안식에 들어오지 못하리라(11) 하였으니

오늘이라 일컫는 동안

12-19

③ 오직 오늘이라 일컫는 동안에(13) ……… ③ 형제들아(12 신약의 성도들)

매일 피차 권면하여 — 강퍅케 됨을 면하라(13)

죄의 유혹으로

시작할 때 확실한 것을

끝까지 견고히 잡으면 — 그리스도와 함께 참여한 자 되리라(14)

듣고 격노케 하던 자가
누구뇨(16)
하나님이 누구에게
노하셨느뇨(17)
누구에게 안식에 들어오지
못하리라 하셨느뇨(18)

순종치 아니하던 자에게가 아니냐(18)
저희가 믿지 아니하므로
들어가지 못한 것이라(19)

도표 해설

본 단원의 주제는 "너희 마음을 강퍅하게 하지 말라"(13)는 권면입니다.

도표 중앙의 연결선을 따라 "그의 음성을 듣거든 너희 마음을 강퍅케 하지 말라, 강퍅케 한다면 내 안식에 들어오지 못하리라 하였으니 강퍅케 됨을 면하라, 그리하면 그리스도와 함께 참여한 자 되리라" 하는 것이 중심점입니다.

도표 왼편에 보면 세 시기(時期)가 있는데 ① 광야에서 시험하던 때와 같이(8)는 모세 당시이고, ② 시편의 오늘날(7)은 다윗 당시이고 ③ 오직 오늘이라 일컫는 동안에(13)는 히브리서를 기록할 당시로부터 주님 오실 때까지의 시기입니다. 우리는 바로 이 ③의 시기, 즉 "오직 오늘이라 일컫는 동안에 매일 피차 권면하여 너희 중에 누구든지 죄의 유혹으로 강퍅케 됨을 면하라"(13) 하는 시기를 살아가고 있는 것입니다.

너희 마음을 강퍅하게 하지 말라

7 그러므로 성령이 이르신 바와 같이 오늘 너희가 그의 음성을 듣거든
8 광야에서 시험하던 날에 거역하던 것 같이 너희 마음을 완고하게 하
지 말라 9 거기서 너희 열조가 나를 시험하여 증험하고 사십 년 동안 나
의 행사를 보았느니라 10 그러므로 내가 이 세대에게 노하여 이르기를
그들이 항상 마음이 미혹되어 내 길을 알지 못하는도다 하였고 11 내가
노하여 맹세한 바와 같이 그들은 내 안식에 들어오지 못하리라 하였다
하였느니라 12 형제들아 너희는 삼가 혹 너희 중에 누가 믿지 아니하는
악한 마음을 품고 살아 계신 하나님에게서 떨어질까 조심할 것이요
13 오직 오늘이라 일컫는 동안에 매일 피차 권면하여 너희 중에 누구든
지 죄의 유혹으로 완고하게 되지 않도록 하라 14 우리가 시작할 때에 확
신한 것을 끝까지 견고히 잡고 있으면 그리스도와 함께 참여한 자가
되리라 15 성경에 일렀으되 오늘 너희가 그의 음성을 듣거든 격노하시
게 하던 것 같이 너희 마음을 완고하게 하지 말라 하였으니 16 듣고 격
노하시게 하던 자가 누구냐 모세를 따라 애굽에서 나온 모든 사람이
아니냐 17 또 하나님이 사십 년 동안 누구에게 노하셨느냐 그들의 시체
가 광야에 엎드러진 범죄한 자들에게가 아니냐 18 또 하나님이 누구에
게 맹세하사 그의 안식에 들어오지 못하리라 하셨느냐 곧 순종하지 아
니하던 자들에게가 아니냐 19 이로 보건대 그들이 믿지 아니하므로 능
히 들어가지 못한 것이라(히 3:7-19).

1) 본 단원의 내용은 경고적인 권면입니다. 앞에서도 말씀드렸습니다만 히브리서의 구조는 먼저 하나님께서 자기 아들을 통해서 행해주신 원리(原理)를 말씀한 다음에 이를 근거로 하여 우리가 힘써야할 권면을 하는 구조로 되어 있습니다. 본 단원은 두 번째 권면이요, 이 권면은 4:13절까지 계속되고 있습니다.

㉠ 두 번째 경고에서도 먼저 그 원리를 말씀(2:5-3:6)한 다음에, 이에 입각해서 권면하고 있습니다. 어찌하여 영광스러우신 하나님의 아들이 천사보다 잠깐 동안 못하게 하심을 입으셔야만 했으며, 그렇게 하셔서 행해주신 일이 무엇인지를 알았다면(2장), "예수를 깊이 생각하라"(3:1) 하고 원리적인 말씀을 먼저 합니다. 그런 후에 "오늘날 너희가 그의 음성을 듣거든… 강퍅케 하지 말라" 하고 권면하면서 이것이 "성령이"(7) 이르시는 바라고 말씀합니다.

1. 광야에서처럼 오늘날(다윗 당시 3:7)

2) "오늘날 너희가 그의 음성을 듣거든 노하심을 격동하여 광야에서 시험하던 때와 같이 너희 마음을 강퍅케 하지 말라"(8) 하고 말씀합니다.

㉠ 본 문단은 시편 95:7-11절에 근거하여 권면을 하고 있는데 그러므로 이 말씀 속에는 "광야 시기와 시편 시기" 두 시기가 들어 있습니다.

㉮ 먼저 "광야에서 시험하던 때와 같이" 라는 말이, 모세가 이스라엘 백성을 이끌고 출애굽 하던 광야 시기입니다. 그들은 광야 40년 동안 하나님을 시험하고 원망하며 불순종하다가 목적지인 가나안 땅에 들어가지를 못했습니다. 그 당시를 회상하고 있는 시편의 한 구절을

인용해 보겠습니다. “저희가 광야에서 그를 반항하며 사막에서 그를 슬프시게 함이 몇 번이고 저희가 돌이켜 하나님을 재삼 시험하며 이스라엘의 거룩한 자를 격동하였도다”(시 78:40-41), 이것이 광야교회의 모습이었습니다.

㉯ 다음은 “광야에서 시험하던 때와 같이 너희 마음을 강퍅케 하지 말라”(8) 하고 권면하는 시편(詩篇) 시기입니다. 시편 95편에는 “다윗의 시”라는 표제가 없지만 히브리서 4:7절에서는, “오랜 후에 다윗의 글에 다시 어느 날을 정하여 오늘날이라고 미리 이같이 일렀으되” 하고, “다윗의 글”이라고 말씀합니다. 그러니까 다윗도 “오늘날 너희가 그의 음성을 듣거든 너희 마음을 강퍅케 말라” 하고 권면했다는 말씀입니다. 그럼에도 불구하고 구약교회가 이 권면을 명심하지 않다가 결국 성전이 불타고 바벨론의 포로가 되는 징벌을 받았던 것입니다.

ⓛ 이점에서 우리가 유념해야할 점은 히브리서의 첫 번째 경고가, ㉮ “말씀을 등한히 여김”(2:1)에 대한 경고요, ㉯ 두 번째 경고는 “마음을 강퍅케 하지 말라”는 경고라는 점입니다. 말씀을 등한히 여기면 결국 그 마음은 강퍅해지고 마는 것입니다. 이는 비가 내리지 않으면 땅이 굳어짐과 같은 이치입니다. 히브리서 기자는 다윗이 권면한 시편 말씀을 인용하여 신앙의 퇴보를 보이고 있는 신약교회 성도들에게 경고적인 권면을 하고 있는 것입니다.

2. 오늘이라 일컫는 동안(주님이 오실 때까지)

3) “형제들아 너희가 삼가 혹 너희 중에 누가 믿지 아니하는 악심을 품고 살아 계신 하나님에게서 떨어질까 염려할 것이요”(12) 합니다.

㉠ "믿지 아니함과 악심"(惡心)이 결부가 되어 있습니다. 신앙이란 본질적으로 마음의 문제입니다. 우리는 본래 "마음에 하나님 두기를 싫어한(롬 1:28), 마음으로 원수 되었던"(롬 1:21) 자들입니다. 그런 우리가 은혜의 단비로 말미암아 황무지가 장미꽃같이 변화를 받은 것입니다. 그런데 "마음이 강퍅해진다"는 것은 다시 황무지가 되어간다는 뜻입니다. 많은 목회자들이 성도들이 변화되지 않는다고 고심을 합니다. 변화되지 않는 원인이 윤리에 있는 것이 아니라 원리(原理), 즉 강단에서 복음이 살아졌기 때문에 "단비가 그쳤고 늦은 비"(렘 3:3)가 내리지 않기 때문임을 깨달아야만 합니다.

㉡ 성도들은 몰라서 실천하지를 않는 것이 아니라 실천할 힘기 때문입니다. 그래서 예레미야 선지자는, "너희 묵은 땅을 갈고 가시덤불 속에 파종하지 말라"(렘 4:3) 권면하고, 호세아 선지자도 "지금이 곧 여호와를 찾을 때니 너희 묵은 땅을 기경하라 마침내 여호와께서 임하사 의를 비처럼 너희에게 내리시리라"(호 10:12) 하는 것입니다. "너희 마음을 강퍅케 하지 말라"는 본문의 권면도 같은 의미의 다른 표현인 것입니다.

4) 강퍅케 되는 것이 끝이 아니라 마침내, "살아 계신 하나님에게서 떨어질까 염려할 것이요"(12하) 합니다. "살아 계신 하나님"이라는 표현은 10:31절에서 보는 바대로 심판이 암시된 표현입니다.

㉠ "오늘이라 일컫는 동안"이라고 말씀합니다. 매일매일은 오늘의 연속입니다. 내일도 가 보면 "오늘"인 것입니다. 점이 움직이면 선이 되듯이 "오늘"을 충실하게 살아가면 주님과 나와의 최단거리인 직선(直線)의 삶이 되는 것입니다. 그러므로 "오늘이라 일컫는 동안"이란 주님 오시는 날까지를 말합니다.

ⓛ "피차 권면하라"고 말씀합니다. 왜냐하면 끊임없는 죄의 유혹이 있기 때문입니다. "한 사람이면 패하거니와 두 사람이면 능히 당하나니 삼 겹줄은 쉽게 끊어지지 아니하느니라"(전 4:12) 하십니다. "시작할 때 확실한 것을 끝까지 견고히 잡으면"(14),

ⓒ 그렇습니다. 출애굽 1세대들은 시작할 때 확실한 것을 끝까지 견고히 잡지를 못했습니다. 시작은 좋았는데 끝이 좋지 못했습니다. "그리스도와 함께 참여한 자가 되리라"고 말씀합니다. 그것은 육적 가나안 복지가 아니라 영원한 가나안, 즉 영원한 영광에 참여하게 될 것을 의미합니다.

믿음의 순종

5) 결론 부분에서 다시 한 번 "성경에 일렀으되"(15) 하고, 기록된 성경의 권위에 입각해서 권면하고 있습니다. 이것은 단순한 반복이 아니라 "듣고 격노케 하던 자가 누구뇨, 누구에게 노하셨느뇨, 누구에게 그의 안식에 들어오지 못하리라 하셨느뇨"(16) 하고 그렇게 한 자들이 누구란 말이냐 하고, "누구"에 강조점을 두어 읽는 이의 가슴을 두드립니다.

ⓐ 각자 돌이켜 보라는 것입니다. 너 자신도 그런 상태에 있지 아니하냐고 마음을 찌릅니다. "순종치 아니하던 자에게가 아니냐 이로 보건대 저희가 믿지 아니함으로 들어가지 못한 것이라"(18) 하고 불신앙(不信仰)을 지적함으로 결론에 이릅니다.

ⓛ 히브리서는 어떤 면에서는 야고보서처럼 "순종과 행위"를 촉구하고 있는 권면의 책입니다. 그러므로 다른 책에서 말씀하고 있는 성도의 견인 교리와 배치되는 듯한 말씀이 곳곳에 나옵니다. 그러나 이것은 권면에 강조점을 두었기 때문이지 이신득구(以信得救) 교리와

모순이 되는 것이 아닙니다.

㉮ 18-19절을 보십시오. 18절에서는 저들이 안식에 들어가지 못한 것은 순종(順從)치 아니했기 때문이라고 행위(行爲)를 강조하고 있는 듯이 여겨지나,

㉯ 19절에서는 "이로 보건대 저희가 믿지 아니하므로 능히 들어가지 못하였느니라" 하고, 구원은 믿음에 있음을 말씀합니다. 여기에 히브리서의 묘미가 있습니다. 결국 그들은 "믿음의 순종"이 없어서 들어가지 못했습니다. 믿는다는 것은 순종을 수반합니다.

4중적 권면

6) 본문을 통해서 4중적인 권면을 볼 수 있어야만 합니다.

㉮ 첫째는 모세 당시요,

㉯ 둘째는 다윗 당시요,

㉰ 셋째는 히브리서 당시요,

㉱ 마지막으로 우리들의 때입니다. 저는 지금 네 번째에 해당하는 권면을 하고 있는 셈입니다.

㉠ 명심합시다. 성경은 이를 가리켜 "성령이 이르신 바와 같이"(7) 하고, 성령이 교회들에게 하시는 말씀이라고 증거하고 있습니다. 그렇다면 오늘날 선포되는 말씀을 듣는 것은 다름 아닌 "오늘날 너희가 그의 음성을 듣거든"(7, 15 ; 4:7)이라고 반복적으로 말씀하신 하나님의 음성을 듣고 있는 것이 됩니다.

형제는 말씀을 들을 때에 길가나 돌밭이나 가시떨기에 뿌려진 씨가 결실을 못하는 것처럼 마음을 강퍅하게 하고 있지는 않습니까? 성경은 말씀합니다. "너희 묵은 땅을 갈고 가시덤불 속에 파종하지 말라"(렘 4:3).

적용

3장을 끝마치면서 목회자로서 고심하게 되는 것은 "저희에게 당한 이런 일이 거울이 되고 또한 말세를 만난 우리의 경계로 기록하였느니라"(고전 10:11) 한 말씀입니다. 약속의 땅에 들어가지 못한 출애굽 1세대들의 사건이 영적 출애굽을 당한 우리들에게 어떻게 적용이 되는가 하는 문제로 고심을 합니다. 현대교회에 이런 일이 일어난다면 어떻게 되겠는가를 생각만 하는 것으로도 비극적이 아닐 수가 없습니다.

그런데 우리를 더욱 두렵게 하는 것은 모세 당시보다도, 다윗 당시보다도, 초대교회 당시보다도 오늘 우리들의 시대가 마음 밭이 더욱 "강퍅"하게 되어 있지 않는가 하는 염려 때문입니다. 우리들의 시대가 저들 당시보다 낫다고 말할 수 있는가? 형제의 판단은 무엇입니까?

농부가 묵은 땅을 개간하노라면 처음에는 척박하다가도 해가 거듭됨에 따라 옥토가 되어 가는 것이 상례입니다. 목회가 다름 아닌 묵은 땅을 기경하고 씨를 뿌림과 같다 할진대 신앙 연조가 더해 갈수록 옥토가 되어서 30배, 60배, 100배로 결시하는 것은 당연한 일이 아니겠습니까? 그러나 그렇다고 장담할 수 없는 현대교회의 실상을 바라보면서 우리는 어떤 결단이 있어야만 하겠습니까?

1) "죄의 유혹"(13절)이 더욱 극심하기 때문에 강퍅해져 가는 것일까요? 2) "매일 피차 권면하는"(13절) 성도 상호 간의 수평적인 교제가 이루어지지 않기 때문일까요? 3) 목회자가 선포하고 있는 "그의 음성", 즉 말씀에 문제가 있다고 여겨지지는 않습니까? "예수를 깊이

생각하라" 하심같이 이 점을 깊이 생각해야 할 것입니다.

나누어 봅시다

1. 두 번째 권면이 무엇입니까?
2. 출애굽 1세대들이 실패한 이유가 무엇입니까?
3. 4중적 권면이 무엇입니까?

4장 개관 도표

영원한 안식을 주시는 대제사장

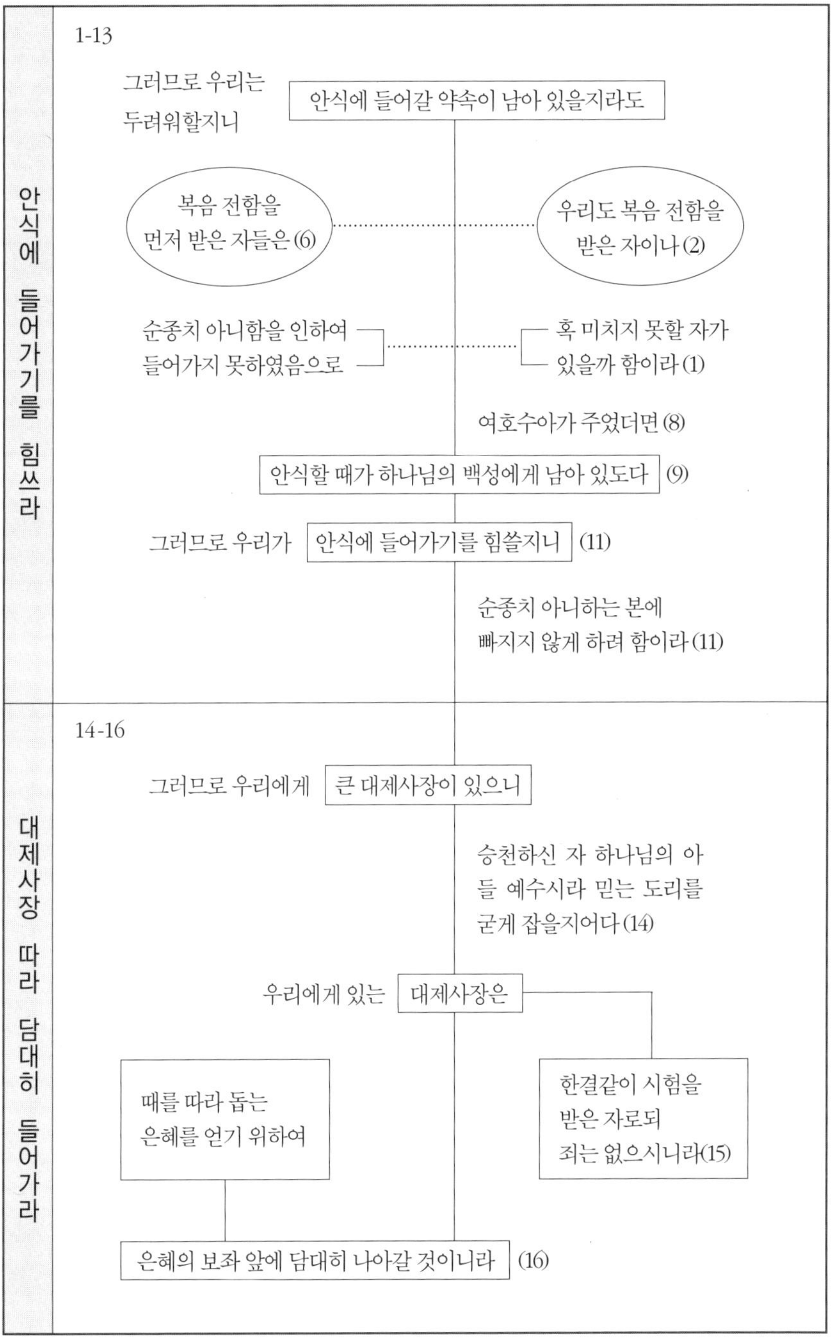

도표 해설

4장은 크게 두 부분으로 나누어집니다. 첫째 부분(1-13)의 주제는 "안식에 들어가기를 힘쓰라"는 "안식"(安息)이고, 둘째 부분(14-16)의 주제는 "대제사장 따라 담대히 들어가라"는 "들어감"입니다. 두 주제를 결합하면 우리에게 있는 대제사장은 "영원한 안식을 주시는 대제사장"이시라는 말씀이 됩니다.

도표는 "복음 전함을 먼저 받은 자들"이라 한 출애굽 1세대들과 "우리도 복음 진함을 받은 사이나" 한 신약의 성도들을 대칭(對稱)으로 보여줍니다. 출애굽 1세대들이 말씀을 듣고도 믿음으로 화합(和合)지 아니하다가 "들어가지 못한" 것을 거울삼아, 안식에 "들어가기를 힘쓰라"(11) 하고 권면하는 것이 중심점입니다.

둘째 부분(14-16)은 "우리에게 큰 대제사장이 있으니, 우리에게 있는 대제사장은" 하고, 우리에게 이러한 대제사장이 있음을 강조하고 있는데, 이렇게 하는 이유는 대제사장을 통해 영원한 안식에 들어갈 길이 열렸기 때문입니다. 그러므로 "은혜의 보좌 앞에 담대히 나아갈(들어갈) 것이니라"(16) 하는 것이 4장의 결론입니다.

4장 개관
영원한 안식을 주시는 대제사장

4장의 주제는 "영원한 안식을 주시는 대제사장"입니다. "안식"(安息)이라는 주제는 성경의 중심 주제 중 하나입니다. 창세기 2:2절에서 "안식하시니라" 한, 첫 창조 때의 안식(4)은 깨어졌고, 여호수아가 준 안식(8)은 예표였으며, 그러므로 안식할 때가 하나님의 백성에게 남아 있다(9)고 말씀합니다. 그 안식을 영적 여호수아 되시는 우리의 대제사장께서 주신다는 말씀입니다. "그러므로 우리에게 큰 대제사장이 있으니(14), 우리에게 있는 대제사장은"(15) 하고 이 점을 강조하고 있습니다.

또한 "들어감"이라는 주제도 대단히 중요한 주제입니다. 하나님 존전에서 추방을 당한 아담의 후예들에게 있어서 절체절명의 소원이 무엇이겠는가? "들어감"입니다. 하나님께서 시내 산에 강림하셨을 때에도 들어오지 못하도록 경계가 엄했고, 하나님의 임재를 상징하는 지성소는 휘장으로 굳게 닫혀져 있었습니다.

그런데 우리의 대제사장 되시는 예수 그리스도께서 십자가상에서 "다 이루었다" 하고 선언하셨을 때에 휘장은 비로소 찢어졌습니다

(10:19-22). 닫힌 휘장이 열렸다는 것은 "들어감"이 가능해졌음을 보여주는 것입니다.

4장 앞부분에서는 어떻게 하면 안식에 들어갈 수 있는가? "혹시 들어가지 못하는 것은 아닐까? 안식에 들어가기를 힘쓸지니" 하고 불안해했으나, 뒷부분에서는 "은혜의 보좌 앞에 담대히 나아갈 것이니라"(16) 하고 끝맺고 있습니다. 은혜의 보좌란 성막으로 하면 지성소를 의미합니다.

그러나 성도들은 땅에 있던 지성소에 들어가는 자들이 아니요, "참 하늘"(9:24)에 있는 은혜의 보좌 앞에 나아가는 자들입니다. 그래서 우리에게 큰 대제사장이 있으니 "승천하신 자 하나님의 아들 예수시라"(14) 하고, 승천하셔서 참 성소에 들어가셨음을 강조하고 있는 것입니다. 그 곳에 들어갈 수 있는 자는 영원한 안식에 들어가는 자입니다. 이것이 가능한 것은 "우리에게 큰 대제사장"이 계시기 때문입니다.

그래서 성도들에게 "믿는 도리를 굳게 잡을 지어다"(14) 하고 권면하는 것입니다. "믿는 도리", 즉 복음 진리를 굳게 붙잡고 있으라고 말씀합니다. 왜냐하면 이를 붙잡고 있는 자만이 은혜의 보좌 앞에 담대히 들어가게 되기 때문입니다. 그러므로 4장 전체의 주제는 "영원한 안식을 주시는 대제사장"이 될 수 있습니다.

4:1-13의 분석 도표

안식에 들어가기를 힘쓰라

들어가지 못한 원인	1-11 그러므로 우리는 두려워할지니 안식에 들어갈 약속이 남아 있을지라도 복음 전함을 먼저 받은 자들은(6) 우리도 복음 전함을 받은 자이나(2) 순종치 아니함을 인하여 들어가지 못하였음으로 혹 미치지 못할 자가 있을까 함이라(1) 들은 바 말씀이 유익되지 못한 것은 믿음으로 화합지 아니함이라(2) 하나님은 제칠일에 모든 일을 쉬셨다 하였으며(4) 또 다시 내 안식에 들어오지 못하리라 하였으니(5) 여호수아가 안식을 주었더면 다른 날을 말씀하지 아니하셨으리라(8) 안식할 때가 하나님의 백성에게 남아 있도다(9) 그러므로 우리가 안식에 들어가기를 힘쓸지니 순종치 아니하는 본에 빠지지 않게 하려 함이라(11)
들어가는 비결	12-13 하나님의 말씀은 살았고 운동력이 있어(12) ① 좌우에 날선 어떤 검보다 예리하여 ② 혼과 영과 관절과 골수를 찔러 쪼개기까지 하며 ③ 마음의 생각과 뜻을 감찰하나니(12) ④ 그 앞에 나타나지 않음이 없고 ⑤ 우리를 상관하시는 자의 눈앞에 ⑥ 벌거벗은 것같이 드러나느니라(13)

도표 해설

본 단원의 주제는 "안식에 들어가기를 힘쓰라"는 말씀입니다. 첫 단락에서는 먼저 "들어가지 못한 원인"이 어디에 있는가를 말씀하고, 둘째 단락에서는 "들어가는 비결"을 제시하고 있습니다. 도표의 중앙선을 따라 안식에 들어갈 약속이 남아 있으니, 안식에 들어가기를 힘쓰라 하고 말씀합니다.

왼편에서는 복음 전함을 먼저 받은 자들이 왜 못 들어갔는지 그 원인을 규명하고, 오른편에서는 우리도 복음 전함을 받은 자이나 혹 미치지 못할 자가 있을까 함이라고 경계하면서, 그러므로 "우리가 안식에 들어가기를 힘쓸지니" 하고 격려하고 있습니다.

결론적으로 들어가는 비결이, "하나님의 말씀은 살았고 운동력이 있다"(12) 하심으로 "하나님의 말씀"에 대한 순종이 들어가는 비결임을 보여줍니다.

안식에 들어가기를 힘쓰라

[1] 그러므로 우리는 두려워할지니 그의 안식에 들어갈 약속이 남아 있을
지라도 너희 중에는 혹 이르지 못할 자가 있을까 함이라 [2] 그들과 같이
우리도 복음 전함을 받은 자이나 들은 바 그 말씀이 그들에게 유익하
지 못한 것은 듣는 자가 믿음과 결부시키지 아니함이라 [3] 이미 믿는 우
리들은 저 안식에 들어가는도다 그가 말씀하신 바와 같으니 내가 노하
여 맹세한 바와 같이 그들이 내 안식에 들어오지 못하리라 하셨다 하
였으나 세상을 창조할 때부터 그 일이 이루어졌느니라 [4] 제칠일에 관하
여는 어딘가에 이렇게 일렀으되 하나님은 제칠일에 그의 모든 일을 쉬
셨다 하였으며 [5] 또 다시 거기에 그들이 내 안식에 들어오지 못하리라
하였으니 [6] 그러면 거기에 들어갈 자들이 남아 있거니와 복음 전함을
먼저 받은 자들은 순종하지 아니함으로 말미암아 들어가지 못하였으
므로 [7] 오랜 후에 다윗의 글에 다시 어느 날을 정하여 오늘이라고 미리
이같이 일렀으되 오늘 너희가 그의 음성을 듣거든 너희 마음을 완고하
게 하지 말라 하였나니 [8] 만일 여호수아가 그들에게 안식을 주었더라면
그 후에 다른 날을 말씀하지 아니하셨으리라 [9] 그런즉 안식할 때가 하
나님의 백성에게 남아 있도다 [10] 이미 그의 안식에 들어간 자는 하나님
이 자기의 일을 쉬심과 같이 그도 자기의 일을 쉬느니라 [11] 그러므로 우
리가 저 안식에 들어가기를 힘쓸지니 이는 누구든지 저 순종하지 아니
하는 본에 빠지지 않게 하려 함이라 [12] 하나님의 말씀은 살아 있고 활력
이 있어 좌우에 날선 어떤 검보다도 예리하여 혼과 영과 및 관절과 골
수를 찔러 쪼개기까지 하며 또 마음의 생각과 뜻을 판단하나니 [13] 지으
신 것이 하나도 그 앞에 나타나지 않음이 없고 우리의 결산을 받으실
이의 눈 앞에 만물이 벌거벗은 것 같이 드러나느니라(히 4:1-13).

본 단원(1-13)은 3:7절에서부터 시작된 권면의 계속입니다. 이는 히브리서에 나타난 두 번째 권면인데 결론은, "그러므로 우리가 저 안식에 들어가기를 힘쓸지니 이는 누구든지 저 순종치 아니하는 본(本)에 빠지지 않게 하려 함이니라"(11) 하는 말씀입니다. 그렇다면 저들이 들어가지 못한 원인은 무엇이며, 들어가는 비결은 무엇일까요?

1. 들어가지 못한 원인

1) "그러므로 우리는 두려워할지니 그의 안식에 들어갈 약속이 남아 있을지라도 너희 중에 혹 미치지 못할 자가 있을까 함이라"(1) 합니다.

㉠ "들어가지 못한 원인"을 보여주는 첫 단락은 "그러므로 우리는 두려워할지니, 혹 미치지 못할 자가 있을까 함이라"(1) 하는 경고으로 시작이 됩니다. 먼저 생각할 것은 "그의 안식에 들어갈 약속이 남아 있다"는 의미입니다.

안식할 때가 남아 있도다

㉡ "안식"이란 말이 성경에 처음 등장하는 것은 창세기 2:2절에서입니다. 하나님은 첫 창조를 완성하시고 "일곱째 날에 안식하시니라" 하고 말씀합니다. 이점을 본문 4절에서는, "세상을 창조할 때부터 그 일이 이루었느니라"(3하) 하고 말씀합니다. 그러나 첫 창조로 "이루신" 안식은 죄가 들어옴으로 깨어지고 말았던 것입니다. 하나님께서는 "내가 … 하리니"(창 3:15) 하고 일을 시작하셨습니다. 이런 맥락에서 "이루었느니라"는 표현 속에는 재창조의 목표가 영원한 안식을 다시 "이루시는 것"이라는 의미가 암시되어 있는 것입니다.

㉢ 성경은 "일을 행하는 여호와 그것을 지어 성취하는 여호와"(렘 33:2)라고 말씀하십니다. 주님께서도, "내 아버지께서 이제까지 일하시니 나도 일한다"(요 5:17) 하고 말씀하셨습니다. 하나님께서는 깨어진 안식을 회복하시기 위하여 역사하심을 보여줍니다. 그런데 성경은 이스라엘 백성이 출애굽하여 가나안에 정착하게 된 것을 "안식을 주셨다"(수 21:44; 23:1) 하고 말씀합니다.

㉣ 그래서 히브리서 기자는 "만일 여호수아가 저희에게 안식을 주었다면(8) 오랜 후에 다윗의 글에 다시 어느 날을 정하여(7) 오늘날 너희가 그의 음성을 듣거든 너희 조상들이 강퍅하게 하였다가 안식에 들어가지 못한 것처럼 강퍅하게 하지 말라"(8) 하고 다른 날을 말씀했을 리가 있겠느냐는 것입니다. "그런즉 안식할 때가 하나님의 백성에게 남아 있도다"(9) 하는 것입니다.

여호수아가 준 안식은 영원한 안식에 대한 예표에 불과했던 것입니다. 재창조가 완성되는 날 영원한 안식에 들어가게 될 것입니다. 영원한 안식은 영적 여호수아, 즉 예수 그리스도께서 주십니다. 그러므로 안식할 때가 아직 남아 있다는 말씀입니다.

복음 전함을 먼저 받은 자들

2) "저희와 같이 우리도 복음 전함을 받은 자이나 그러나 그 들은 바 말씀이 저희에게 유익되지 못한 것은 듣는 자가 믿음을 화합지 아니함이라"(2) 합니다.

㉠ 이점에서 먼저 6절을 보아야만 합니다. 왜냐하면 "복음 전함을 먼저 받은 자들은 순종치 아니함을 인하여 들어가지 못하였다" 하고 말씀하기 때문입니다. 여기서 말하는 "저희"란 출애굽 당시의 이스라엘 백성들을 가리킵니다. 그들을 가리켜 "복음 전함을 먼저 받은 자

들"(6)이라고 말씀하는 것을 이상하게 생각할지 모릅니다만 그렇지 않습니다.

㉡ 많은 분들이 "구약은 율법이고, 신약은 복음이다. 율법이 먼저 주어졌으나, 그것으로 안 되니까 복음을 주셨다"는 식으로 생각하는 경향이 있습니다. 그러나 하나님께서는 죄가 들어오자 먼저 복음(창 3:15)을 주셨습니다. 율법을 가리켜 복음과 복음 사이에 "가입(加入)한 것"(롬 5:20), 즉 끼어 넣은 것이라 말씀하는데 이는 율법으로 죄를 깨닫고 복음으로 인도하기 위한 몽학선생 역할로 첨부된 것이라는 뜻입니다.

㉢ 이스라엘 백성들이 바로의 권세 하에서 해방 될 수 있었던 것은 율법의 힘으로가 아니라 어린양의 구속(救贖, 출 6:6)으로 말미암았습니다. 그들은 만나를 먹었습니다. 이는 "생명의 떡"(요 6:35) 되시는 예수 그리스도의 모형이었습니다. 그들은 생수를 마셨습니다. 이는 반석 되시는 그리스도께서 치심(고난)을 당함으로써만 가능했던 것입니다. "만나와 생수"를 먹이고 마시게 한 역사적인 시점이 중요합니다. 율법을 주신 이후냐, 이전이냐 말입니다. 율법을 주시기 이전에 만나와 생수를 주신 하나님을 찬양합시다. 율법은 출애굽기 20장에서 주어졌으나 만나는 16장에서, 생수는 17장에서 주어졌습니다. 이는 복음이지 율법이 아닙니다. 그들은 율법을 받기 이전에 복음을 먼저 받았던 것입니다.

㉣ 하나님께서는 시내 산에서 십계명만을 주신 것이 아니라 성막 식양(式樣)도 주셨습니다. 왜냐하면 계명으로 죄를 깨닫고 성막에 있는 번제단에 와서 속죄제를 드림으로 사함을 받게 하시기 위해서입니다. 즉 성막(聖幕)은 문제에 대한 해답(解答)으로 주신 것입니다. 이것은 의문에 싸여 있는 복음(福音)이었던 것입니다. 궁극적인 해답은

그리스도이십니다.

㉤ 그러므로 출애굽의 여정은 영적 출애굽에 대한 오묘(奧妙)한 그림자로 주어진 것이었습니다. 그들은 그림자를 통해서 실체를 멀리서 바라봄으로 구원을 얻을 수가 있었습니다. 신구약을 막론하고 구원의 길은 오직 하나, 예수 그리스도의 대속의 피에 있음을 확신하는 데 거하기를 기원합니다. 그들도 복음을 들었습니다.

그러므로 11:26절에서 모세가 받은 고난이 그리스도를 위하여 받은 능욕이었다는 논리가 성립될 수 있는 것입니다. 복음 전함을 먼저 받은 자들은 들은 바 말씀에 대하여 "믿음으로 화합(和合)지 아니했다"(2)는 것입니다. "믿음"이란 말씀에 대한 화답(和答)입니다.

출애굽 1세대들은 복음을 듣고 화합하지 않았습니다. 그래서 들은 바 말씀이 저희에게 유익이 되지 못했다는 것입니다. 그들은 2:1절에서 경고하고 있는 대로 들은 말씀을 간절히 삼가지 않고 "흘러 떠내려"가고 말았던 것입니다. 결국 6절 말씀대로 "순종치 아니함을 인하여 들어가지 못한" 것입니다. 이것이 안식에 "들어가지 못한 원인"입니다.

순종치 아니한 본

3) 히브리서는 권면의 서신(13:22)임을 명심할 필요가 있습니다. 그러므로 히브리서는 전반에 걸쳐서 "순종과 순종치 아니함"이 대조적으로 강조되어 있습니다.

㉮ "순종치 아니함이 공변된 보응을 받았거든"(2:2)하고 상기시킵니다.

㉯ "순종치 아니하던 자에게가 아니냐"(3:18) 하고 경계합니다.

㉰ "순종치 아니함을 인하여 들어가지 못하였다"(4:6) 하고 경고합

니다.

㉣ "누구든지 순종치 아니하는 본에 빠지지 않게 하려 함"(4:11)이라고 권면합니다.

㉤ 반면에 "그가 아들이시라도 받으신 고난으로 순종함을 배워서"(5:8) 하고 그리스도의 순종의 본을 말씀합니다.

㉥ "자기를 순종하는 모든 자에게 영원한 구원의 근원이 되신다"(5:9) 하고 말씀합니다.

㉦ 그런가 하면 아브라함의 순종을 말씀하고(11:8),

㉧ 라합이 순종치 아니한 자와 함께 멸망 받지 않았음을 상기시킵니다.

㉠ 그렇다면 순종치 아니함으로 안식에 들어가지 못한 그 불순종이 무엇을 의미하는가를 규명한다는 것은 중요한 과제입니다. 히브리서가 지적하고 있는 순종은 윤리(倫理) 자체가 아니라는 점입니다. 그들은 복음(福音)을 순종치 않은 것입니다. 그들이 믿음으로 화합하지 않은 "들은 바 말씀"(2)이란 복음을 가리킵니다. 그들이 복음에 순종하지 않았다는 것은, 결국 복음을 믿지 않았다는 말입니다.

복음을 믿지 아니함

4) 그래서 "혹 너희 중에 누가 믿지 아니하는 악심을 품고 살아 계신 하나님에게서 떨어질까 염려"(3:12)하라고 경고했던 것입니다. 하나님께서는 열 족장의 악평에 대하여 "어느 때까지 나를 믿지 않겠느냐"(민 14:11) 하고 그들의 불신앙을 책망하셨습니다.

㉠ 히브리서는 일차적으로 복음을 배반하고 유대교로 다시 돌아가려는 무리들에게 경고하기 위하여 기록되었습니다. 그러므로 순종을

강조하고 있는 본문이 행위 구원론을 말하고 있는 것이 아닌 것입니다. 구원은 믿음으로 받습니다. 그러나 명심해야 할 것은 살아 있는 믿음은 순종을 수반한다는 점입니다. 행함이 없는 믿음은 믿음이 아니며 그 자체가 죽은 것이라고 말씀합니다.

㉡ 다시 한 번 3:18-19절을 확인하시기 바랍니다. 18절에서 출애굽 1세대들이 안식에 들어가지 못한 것은 순종치 아니하였기 때문이라고 말씀하고, 19절에서는 "이로 보건대 저희가 믿지 아니하므로 능히 들어가지 못한 것이라" 하심으로 불순종이 곧 불신앙임을 말씀하고 있습니다. 그렇습니다. 그들은 믿지 아니하므로 들어가지 못했습니다.

우리도 복음 전함을 받은 자이나

㉢ "두려워하라"(1) 하고 경고합니다. 왜냐하면 "너희 중에 혹 미치지 못할 자가" 있을지도 모르기 때문이라는 것입니다. "미치지 못할 자"란 출발은 했으나 도달하지 못할 자를 가리킵니다. 이를 2:1절에서는 "혹 흘려 떠내려갈까 염려하노라" 했고, 3:12절에서는 "살아 계신 하나님에게서 떨어질까 염려할 것이요" 라고 표현했습니다.

㉣ 그런데 4:1절에서는 "염려"가 아니라, "우리는 두려워할지니" 하고 강도가 더욱 높아짐을 봅니다. 결국 첫 단락은, "그러므로 우리가 저 안식에 들어가기를 힘쓸지니 이는 누구든지 저 순종치 아니하는 본에 빠지지 않게 하려 함이라"(11) 하는 결론에 도달하게 되는 것입니다.

그렇다면 순종은 무엇에 대한 순종이며, 어떻게 하는 것이 안식에 들어가기를 힘쓰는 것입니까? 답변이 뒤이어 나옵니다. 12절은 "하나님의 말씀은" 하고, 하나님의 말씀에 대한 반응 여부에 생사가 걸려 있음을 보여줍니다.

2. 들어가는 비결

5) "하나님의 말씀은 살았고 운동력이 있어 좌우에 날선 어떤 검보다도 예리하여 혼과 영과 및 관절과 골수를 찔러 쪼개기까지 하며 또 마음의 생각과 뜻을 감찰하나니"(12) 합니다.

㉠ 저들이 믿지 아니한 것은 "하나님의 말씀"이요, 그래서 불순종하기에 이른 것입니다. 그러하기 때문에 "오늘날 너희가 그의 음성을 듣거든 너희 마음을 강퍅케 말라" 하고 여러 번 경고했던 것입니다(3:7, 13, 15; 4:7).

㉡ 그렇다면 "들어가는 비결"은 분명해지는 것입니다. 이점이 11절과 12절의 연관에 나타나는데, "순종치 아니하는 본에 빠지지 않게 하려 함이라"(11) 한 후에 이어서, "하나님의 말씀은"(12)은 합니다. 문제는 하나님의 말씀을 들은 자들이 어떤 반응을 보이느냐에 따라서 "들어가느냐? 못 들어가느냐"가 갈라지게 된다는 말씀입니다.

순종은 말씀에 대한 순종

6) 예수 그리스도는 "말씀"이십니다. "모든 날 마지막에 아들로 우리에게 말씀하신" 마지막 계시입니다. 이 말씀에 순종하면 영원한 안식에 들어가고 순종치 아니하면 못 들어가게 된다는 말씀입니다.

㉠ 다시 말씀드립니다만 지금 행위 구원을 말하고 있는 것이 아니라, 오직 믿음의 순종을 말씀하고 있을 뿐입니다. 그렇다면 "믿음의 순종"이란 무엇을 의미할까요? 12-13절의 표현에서 받는 느낌은 마치 현대의학에서 현미경으로 들여다보면서 심장을 수술하고 있는 장면을 연상케 합니다.

㉡ 그렇습니다. 좌우에 날선 어떤 검보다도 더 예리한 메스(말씀)

로 혼과 영과 및 관절과 골수를 찔러 쪼개기까지 한다고 말씀합니다. 하나님께서 원하시는 순종은 입으로 "주여, 주여" 하고 외식 적으로 하는 순종이 아닙니다. 어찌하여 혼과 영과 관절과 골수를 찔러 쪼개기까지라 하시는가? "마음의 생각과 뜻을 감찰"(12하)하시기 위해서 입니다. 중요한 것은 마음과 생각이 누구에 의해서 지배를 받고 있느냐 하는 점입니다.

ⓒ 그러므로 순종이란 행위 이전에 마음을 드리는 것임을 명심하십시다. 복음 전함을 먼저 받은 자들을 향하여 책망하시는 말씀을 들어보십시오. "그러나 저희가 입으로 그에게 아첨하며 자기 혀로 저에게 거짓을 말하였으니 이는 하나님께 향하는 저희 마음이 정함이 없으며 그의 언약에 성실치 아니하였음이로다"(시 78:36-37) 합니다.

하나님께서는 "내 아들아 네 마음을 내게 주며"(잠 23:26) 하십니다. 누구에게 순종하고 있느냐를 가늠하는 여부는 마음을 누구에게 주고 있느냐에 달려있습니다. 인류의 시조는 사탄에게 주었습니다. 그 후에 선악과를 따먹는 행위가 뒤따랐을 뿐입니다. 믿음의 조상 아브라함을 보십시오. "내가 네게 지시하는 땅으로 가라"(창 12:1)는 말씀이 주어졌을 때 갈 바를 알지 못하였지만 아브라함은 "여호와의 말씀을 좇아갔다"(창 12:4) 하고 성경은 말씀합니다. 순종은 하나님의 말씀에 대한 순종입니다.

말씀 앞에 수술을 받아야

7) 하나님의 말씀을 가리켜, "살았고 운동력이 있는" 말씀이라 합니다. 믿는 자에게는 수술하여 치료하는 말씀으로, 불신자에게는 죄악을 벌거벗은 것같이 드러내는 심판하는 말씀으로 역사하십니다.

㉠ "혼과 영과 및 관절과 골수"란 수술하기 어려운 부위를 뜻합니다. 깊고도 은밀한 곳입니다. 인간의 죄성이 숨어 있을 법한 곳입니다. 그러나 하나님의 말씀은 이를 찔러 쪼개기까지 하신다고 말씀합니다. "마음의 생각과 뜻을 감찰하나니" 라는 말씀이 형제에게는 어떤 느낌으로 다가옵니까? 두렵고 거부감을 주는 말씀으로 느껴집니까? 아니면 복스러운 말씀으로 받아들여지십니까?

㉡ 시편 139:23-24절을 보십시오. "하나님이여 나를 살피사 내 마음을 아시며 나를 시험하사 내 뜻을 아옵소서 내게 무슨 악한 행위가 있나 보시고 나를 영원한 길로 인도하소서. "믿는 자에게는 건강을 체크하기 위하여 정밀검사를 받는 것과 같은 복스러운 말씀입니다. 아무리 숨긴다 해도 심판 날에 벌거벗은 것같이 드러날 터인데 그때는 치료 받기에는 이미 늦은 때가 될 것입니다.

하나님은 말씀합니다. "내 말이 불같지 아니 하냐 반석을 쳐서 부스러뜨리는 방망이 같지 아니 하냐"(렘 23:29). 그러하건만 살았고 운동력이 있는 말씀, 좌우에 날선 어떤 검보다도 예리한 말씀 앞에서도 드러나지 않고, 깨어지지 않고, 부서지지 않는다면 그 심령이 얼마나 "강퍅"(3:8, 13)한가를 짐작할 수 있을 것입니다.

㉢ 12절에는 "하나님의 말씀은 살았고" 하고 "말씀"이 있고, 13절에는 "그 앞에, 눈앞에" 하고 하나님이 계십니다. 하나님의 말씀과 하나님 자신이 동일시되고 있음을 봅니다. 하나님의 눈앞에 서기 전에 말씀 앞에 나아와 조명(照明)함을 받고 치료를 받아야만 합니다(시 107:20). 결국 말씀 순종이 하나님 순종이요, 말씀 불순종이 하나님 불순종임을 말해 줍니다. 오늘은 말씀 앞에서 치료를 받아야 할 시간입니다.

나누어 봅시다

1. 복음 전함을 먼저 받은 자들이란 어떤 사람들입니까?
2. 그들은 왜 안식에 들어가지 못했습니까?
3. 안식에 들어가는 비결이 무엇입니까?

4:14–16의 분석 도표

대제사장 따라 담대히 들어가라

우리에게 큰 대제사장이 있으니

14-15

그러므로 우리에게 큰 대제사장이 있으니 (14)

①승천하신 자
②하나님의 아들 예수시라

믿는 도리를 굳게 잡을지어다

우리에게 있는 대제사장은 (15)

①우리 연약함을 체휼하지 아니하는 자가 아니요
②한결같이 시험을 받은 자로되
③죄는 없으시니라

담대히 나아가라

16

그러므로 우리가

①긍휼하심을 얻고 (16)
② 때를 따라 돕는 은혜를 얻기 위하여

은혜의 보좌 앞에 담대히 나아갈 것이니라

도표 해설

본 단원의 주제는 "대제사장 따라 담대히 들어가라"는 말씀입니다. 어찌하여 이런 주제가 성립될 수가 있는가? 중앙의 연결된 선을 따라 "우리에게 큰 대제사장이 있으니, 우리에게 있는 대제사장은" 하고 거듭 말씀합니다. 그런 후에 결론에서 "은혜의 보좌 앞에 담대히 나아갈 것이니라" 하고 말씀하기 때문입니다. 은혜의 보좌 앞이란 땅에 있는 지성소가 아니라 하늘에 있는 성소를 가리킵니다.

14절에서 우리에게 있는 대제사장은 "승천하신 자"라고 말씀하고 있는데, 예수 그리스도께서 제1차로 은혜의 보좌에 들어가신 것을 뜻합니다(6:20). 그리고 우리도 뒤따라 영원한 영광에 들어가게 될 것입니다. 이는 우리에게 대제사장이 있기 때문에 가능해진 것입니다. 그러므로 첫 단락에서 "우리에게 큰 대제사장이 있으니"하고, 둘째 단락에서 "담대히 나아가라" 말씀합니다.

대제사장 따라 담대히 들어가라

[14] 그러므로 우리에게 큰 대제사장이 계시니 승천하신 이 곧 하나님의 아들 예수시라 우리가 믿는 도리를 굳게 잡을지어다 [15] 우리에게 있는 대제사장은 우리의 연약함을 동정하지 못하실 이가 아니요 모든 일에 우리와 똑같이 시험을 받으신 이로되 죄는 없으시니라 [16] 그러므로 우리는 긍휼하심을 받고 때를 따라 돕는 은혜를 얻기 위하여 은혜의 보좌 앞에 담대히 나아갈 것이니라(히 4:14-16).

4장의 구조를 보면 시작은, "그러므로 우리는 두려워할지니 그의 안식에 들어갈 약속이 남아 있을지라도 너희 중에 혹 미치지 못할 자가 있을까 함이라"(1) 하고, "미치지 못할 자"(들어가지 못할 자)로 시작이 되었으나, "은혜의 보좌 앞에 담대히 나아갈 것이니라"(16), 즉 담대히 들어가라는 말씀으로 마치고 있는 놀라운 구조입니다.

1) "그러므로 우리에게 큰 대제사장이 있으니 승천하신 자 곧 하나님 아들 예수시라 우리가 믿는 도리를 굳게 잡을 지어다"(14) 합니다.

㉠ "믿는 도리를 굳게 잡을 지어다" 말씀하는데 그러면, "믿는 도리"가 무엇인가? 그 내용이 2:5-3:6절에서 말씀한 원리(原理)인데, 한마디로 "충성된 대제사장이 되어 백성의 죄를 구속"(2:17)하셨다는

복음인 것입니다. 그래서 "그러므로 우리에게 큰 대제사장이 있으니—믿는 도리를 굳게 잡을 지어다" 한 것입니다. 다시 말하면 "믿는 복음"을 굳게 잡으라는 뜻입니다.

㉡ "믿는 도리를 굳게 잡고", "때를 따라 돕는 은혜를 얻기 위하여 은혜의 보좌 앞에 담대히 나아갈 것이니라"(16) 하는 격려입니다. "은혜의 보좌"란 다름 아닌 하나님의 존전인 것입니다. 죄로 말미암아 의로우신 하나님 존전에서 추방을 당했던 자들이 "은혜의 보좌" 앞에 나아가는 것이 어떻게 가능하여졌단 말인가? 그것도 "담대히" 들어가라고 말씀합니다. 이는 아무에게나 주어지는 축복이 아니라 오직 "믿는 도리를 굳게 잡고 있는 자"(14)에게만 주어진다고 말씀합니다. 이보다 더 크고 놀라운 축복은 달리 없습니다.

㉢ 그러므로 "들어감"의 주제는 히브리서에서 중요한 주제 중 하나입니다.

㉮ 6:19절에서는 "우리가 이 소망이 있는 것은 영혼의 닻 같아서 튼튼하고 견고하여 휘장 안에 들어가나니" 합니다. 휘장 안이란 지성소 곧 은혜의 보좌 앞을 의미합니다.

㉯ 10:19절에서도 "그러므로 형제들아 우리가 예수의 피를 힘입어 성소에 들어갈 담력을 얻었나니" 하고 같은 주제를 반복해서 강조하고 있습니다. "그 길은 휘장 가운데로 열어 놓으신 새롭고 산 길이요 휘장은 곧 저희 육체니라" 하고, 들어가는 것이 누구에 의해서, 어떻게 가능하여졌는가를 말씀합니다.

㉰ 휘장이 열려지자 1차로 들어가신 분이 누군지 아십니까? "그리로 앞서 가신 예수께서 멜기세덱의 반차를 좇아 영원히 대제사장이 되어 우리를 위하여 들어가셨느니라"(6:20) 하고 말씀합니다.

1. 우리에게 큰 대제사장이 있으니

2) 나 같은 죄인이 은혜의 보좌 앞에 담대히 나아갈 수 있게 된 것은 전적으로 "우리에게 큰 대제사장"이 있기 때문입니다. 거듭 말씀 드립니다만 우리에게 큰 대제사장이 있다는 것은 중대사이며 히브리서의 핵심적인 주제입니다. 만일 우리에게 이러한 대제사장이 없다면 만사는 끝장입니다.

㉠ 우리에게 있는 대제사장은 어떤 분이십니까? ㉮ 승천하신 자, ㉯ 하나님의 아들 예수(14) 시라고 말씀합니다. 우리에게 있는 대제사장은 ㉰ 우리 연약함을 체휼하지 아니하는 자가 아니요, ㉱ 모든 일에 우리와 한결같이 시험을 받은 자로되, ㉲ 그러나 죄는 없으시다(15) 하고 말씀합니다. 이와 같은 표현은 하나님의 아들 예수께서 우리의 대제사장이 되시기에 합당한 자격을 갖추셨음을 의미합니다. 그래서 7:26절에서는 "이러한 대제사장은 우리에게 합당하니" 하고 말씀합니다. 어떤 면에서 합당하신 대제사장이신가?

승천하신 자

3) "승천하신 자 곧 하나님의 아들"이라는 표현 속에 그 뜻이 함축되어 있습니다. 승천하셨다는 것이 왜 중요하냐면 그것은 그냥 승천하신 것이 아니라 잠깐 동안 천사보다 못하게 하심을 입으시고 내려오셔서 죽음의 고난을 받으사(2:9) 우리의 "죄를 정결케 하는 일을 하시고 높은 곳에 계신 위엄의 우편에 앉으셨기"(1:3) 때문입니다.

㉠ 이점을 2:17절에서는, "그러므로 저가 범사에 형제들과 같이 되심이 마땅하도다 이는 하나님의 일에 자비하고 충성된 대제사장이 되어 백성의 죄를 구속하려 하심이라" 하고 말씀합니다. 주님께서는 잡

히시던 날 밤에 근심하는 제자들에게, "내가 너희를 위하여 처소를 예비하러 가노니 가서 너희를 위하여 처소를 예비하면 내가 다시 와서 너희를 내게로 영접하여 나 있는 곳에 너희도 있게 하리라"(요 14:2-3) 하고 위로해 주셨습니다. 이러한 분이라면 우리의 대제사장이 되시기에 너무나 합당하신 분입니다.

㉡ 뿐만 아니라 "그리스도께서는 참 것의 그림자인 손으로 만든 성소에 들어가지 아니하시고 오직 참 하늘에 들어 가사 이제 우리를 위하여 하나님 앞에 나타나시고"(9:24) 합니다. 승천하신 것도 우리를 위해서요, 하나님 앞에 나타나신 것도 우리를 위해서라고 말씀한다는 점을 주목하시기를 바랍니다. 이는 그분의 승천으로 우리의 승천 길이 열렸고, 그분의 영광 받으심이 우리가 받을 영광의 보증이 된다는 뜻입니다. 이러한 대제사장은 우리에게 합당하십니다.

㉢ 또 있습니다. 우리를 위하여 하나님 앞에 나타나신 것만 아니라, "그러므로 자기를 힘입어 하나님께 나아가는 자들을 온전히 구원하실 수 있으니 이는 그가 항상 살아서 저희를 위하여 간구하심이니라"(7:25) 하고 말씀합니다. 이러한 대제사장은 우리에게 참으로 합당하십니다.

우리의 연약함을 체휼하신 분

4) "우리에게 있는 대제사장은 우리 연약함을 체휼하지 아니하는 자가 아니요 모든 일에 우리와 한결같이 시험을 받은 자로되 죄는 없으시니라"(15) 합니다.

㉠ "우리의 연약함을 몸소 경험"(체휼)하신 분이기 때문에 우리에게 합당한 대제사장이 되십니다. 체휼하셨다는 말은 누구보다도 우리의 처지와 형편을 대변하실 수 있는 대제사장이요, 우리의 사정을 알

고 도우실 수 있는 대제사장이라는 뜻입니다.

ⓛ 그러면서도 죄는 없으시다고 말씀합니다. 우리가 당하는 연약함이나 시련은 죄의 결과로 오는 경우가 많습니다. 그러나 우리에게 있는 대제사장은 모든 일에 우리와 한결같이 시험을 받은 자이나 죄는 없으신 분입니다. 만일 죄가 있는 분이라면 자신의 죄 문제도 해결할 수 없는 분이 어떻게 다른 사람의 죄를 담당해 주는 대제사장이 될 수 있겠습니까? 이 말씀 속에는 너희들에게는(유대교) 이러한 대제사장이 있느냐? 너희에게 있는 대제사장과 비교해 보라는 뜻이 암시되어 있습니다. 그렇다면 이러한 대제사장이 우리에게 있다는 것이 어떤 유익을 가져다주는가?

2. 은혜의 보좌 앞에 담대히 나아갈 것이니라

ⓒ "그러므로 우리가 긍휼하심을 받고" 합니다. 이는 우리에게 은혜의 보좌 앞에 담대히 나아갈 만한 자격이나 공로가 전연 없음을 의미합니다. 이것은 전적으로 우리에게 있는 대제사장의 피 공로를 의지해서만 가능해진 것입니다. 또한 우리는 이제까지 자격도 공로도 없었을 뿐만 아니라, 앞으로도 오직 긍휼히 여기심을 받을 것밖에는 달리 소망이 없다는 것입니다. 이것이 "긍휼히 여기심을 받고"의 뜻입니다.

때를 따라 돕는 은혜

5) 우리에게 있는 대제사장으로 말미암아 얻게 된 궁극적인 은혜는 영혼 구원에 있습니다만, "때를 따라 돕는 은혜"란 그것만을 가리키는 것이 아닙니다. 생활 속에서 필요한 것을 아시고 그때그때마다 채

워 주시는 은혜까지를 포함하고 있습니다. 이점이 "우리 연약함을 체휼하셨다, 한결같이 시험을 받은 자"(15)라는 표현이 말해줍니다.

㉠ 예를 들면 우리의 대제사장이신 하나님의 아들 예수님께서는 멸시와 천대와 무고뿐만 아니라, 유혹과 시험과 배고픔과 자지 못함과 목마르심을 친히 경험하신 분이었습니다. 그러므로 누구보다도 우리들을 때를 따라 도우실 수 있는 분이십니다. 2:18절에서도 "자기가 시험을 받아 고난을 당하셨은즉 시험 받는 자들을 능히 도우시느니라" 하고 이 점을 말씀해주고 있습니다. 우리의 대제사장은 우리들을 능히 도우실 수 있는 분이십니다.

㉡ 그러면 이 땅에 사는 동안에 "은혜의 보좌" 앞에 나아가는 것이 어떻게 이루어지는가? 예배를 드릴 때입니다. 우리의 몸은 이 땅에 있을지라도 우리 영은 믿음으로 은혜의 보좌 앞에 나아가 경배를 드리는 것이 예배입니다. 또한 기도를 드릴 때입니다. 형제가 하나님께 기도를 드린다는 것은 "예수의 피(의롭다함)를 힘입어, 휘장 가운데로 열어놓으신 새롭고 산 길을 따라 은혜의 보좌 앞에 나아가는 행위인 것입니다.

구약시대에는 "성소의 장 안 법궤 위 속죄소 앞에 무시(無時)로 들어오지 말아서 사망을 면하라"(레 16:2) 하고 금하셨으나, 우리의 대제사장께서 휘장을 열어놓으신 신약시대 성도들에게는, "모든 기도와 간구로 하되 무시(無時)로 성령 안에서 기도하라"(엡 6:18)고 무한정으로 허락이 된 것입니다. 문제는 때를 따라 도우시는 그분의 도우심을 얻기 위하여 은혜의 보좌 앞에 담대히 나아가기를 사모하고 있느냐에 있습니다.

대제사장과 큰 대제사장

6) 여기에 아주 예민한 말씀이 등장합니다. 우리에게 있는 분은 "큰 대제사장"(14)이라고 말씀합니다. 이 표현은 수사학적으로 맞지 않는 말입니다. 왜냐하면 "대제사장"(大祭祀長)이라는 말 자체가 큰 제사장이라는 뜻인데 그 앞에다 "큰" 자를 또 붙인다는 것은 "큰 큰제사장"이라는 말이 되기 때문입니다.

㉠ 그렇다면 왜 이러한 표현을 썼을까요? 그것은 16절에서 말씀한 "은혜의 보좌 앞에 담대히 나아갈 것이니라" 한 말씀 때문입니다. 은혜의 보좌 앞이란 다름 아닌 지성소를 의미하는데, 구약시대에는 휘장을 통과하여 지성소에 들어갈 수 있는 자는 "대제사장"뿐입니다. 그런데 "그 길은 우리를 위하여 휘장 가운데로 열어 놓으신 새롭고 산 길"이라 하심같이 이제는 우리가 지성소에 들어갈 수 있게 되었기 때문입니다.

그렇다면 먼저 앞서 들어가신(6:20) 예수 그리스도는 "큰 대제사장"이라고 표현할 수밖에는 달리 어휘가 부족했을 것입니다. 논리대로 말한다면 형제는 지성소에 들어갈 수 있는 대제사장이요, 우리 주 예수 그리스도는 "큰 대제사장"이 되십니다. 이러한 큰 대제사장이 우리에게 있다(모셨다)는 것은 무엇에 비할 수 없는 축복이 아닐 수 없습니다.

적용

히브리서에서 강조하고 있는 순종, 불순종을 율법적으로 적용하는 것을 조심해야만 합니다. 왜냐하면 주님께서는 수고하고 무거운 짐 진 자들을 쉬게 해 주셨는데 그의 종 된 우리가 "무거운 짐을 묶어 사람의 어깨에 지우되 자기는 이것을 한 손가락으로도 움직이려 하지 아니하는"(마 23:4) 자들이 될까 두렵기 때문입니다. 순종의 삶이란 무엇인가 쉬지 않고 열심히 일만 하라는 행동만을 의미하지 않습니다.

로마서 10:2-3절은 이에 관해 중요한 해답을 제시해 주고 있습니다. "저희가 하나님께 열심히 있으나 지식을 좇은 것이 아니라" 하고 그들의 열심이 잘못된 열심임을 지적합니다. "하나님의 의를 모르고 자기 의를 세우려고 힘써 하나님의 의를 복종치 아니하였느니라" 하여 불순종의 의미가 무엇을 뜻하는가를 제공해 줍니다. 불순종이란 하나님께서 자기 아들을 통해서 이루어놓으신 것을 거부하는 것을 의미합니다. 주님 당시의 유대인들이 그러했습니다. 그리고 히브리서 1차 독자들도 그러한 위험에 직면해 있었던 것입니다.

그러므로 순종이란 하나님의 언약(말씀)에 성실함을 의미합니다. 그래서 "믿는 도리(道理)를 굳게 잡을 지어다"(14절) 하십니다. "믿는 도리의 소망을 움직이지 말고 굳게 잡으라"(10:23) 하고 말씀합니다. 이는 복음 진리 안에 거하라는 뜻입니다. "시작할 때에 확실한 것을 끝까지 견고히 잡으면 그리스도와 함께 참여한 자가 되리라"(3:14)는 것이 히브리서가 말씀하고 있는 순종입니다. 순종이란 마음과 생각을 드리는 것입니다. 그에게는 자연스럽게 향내 나는 삶이 뒤따르게 마련입니다.

나누어 봅시다

1. 우리에게 있는 대제사장은 어떤 분이십니까?
2. 은혜의 보좌 앞에 나아가는 것이 어떻게 가능해졌습니까?
3. 때를 따라 돕는 은혜란 무엇을 의미합니까?

5장 개관 도표

멜기세덱의 반차를 좇은 대제사장

대제사장의 신적 권위

1-10

대제사장마다 사람 가운데서 취하신 자이므로 (1)

이 존귀는 아무나 스스로 취하지 못하고

아론과 같이

하나님의 부르심을 입은
자라야 할 것이니라 (4)

그리스도께서 대제사장 되심도

스스로 취하심이 아니요
오직 말씀하신 이가 너는 내 아들이니 (5)

네가 영원히 멜기세덱의 반차를 좇는 제사장이라 하셨으니 (6)

그가 아들이시라도 받으신 고난으로
순종함을 배워서 온전하게 되었은즉
자기를 순종하는 모든 자에게
영원한 구원의 근원이 되시고(8-9)

하나님께 멜리세덱의 반차를 좇은 대제사장이라 칭찬하심을 받았느니라 (10)

영적 미숙을 책망함

11-14

멜기세덱에 관하여는 너희의 듣는 것이 둔하므로 해석하기
어려우니라 (11)

때가 오래므로 마땅히
선생이 될 터인데

젖이나 먹고 단단한 식물은 못 먹을 자가
되었도다 (12)

단단한 식물은 장성한 자의 것이니
지각을 사용하므로 선악을
분별하는 자들이니라 (14)

도표 해설

5장의 주제는 그리스도께서 "멜기세덱의 반차를 좇은 대제사장"이라는 데 있습니다. 이는 우리에게 있는 대제사장이 구약시대 제사장, 즉 "아론"의 반차를 좇는 제사장에 비해 얼마나 영광스러운가 하는 점을 말씀하려는 것입니다. 첫 단원에서는 "대제사장의 신적 권위"에 관해서 말씀하고, 둘째 단원에서는 듣는 것이 둔한 "영적 미숙을 책망"하는 내용입니다.

도표 중앙의 연결선을 따라 대제사장의 "존귀는 아무나 스스로 취하지 못하고" 아론과 같이 부르심을 받은 자라야 할 것이라고 말씀합니다. 그리스도께서 대제사장 되심도 스스로 취하심이 아니요 말씀하신 이가 "네가 영원히 멜기세덱의 반차를 좇는 제사장이라"고 하신 신적 권위에 의해서라고 증거합니다.

둘째 단원에서는 "멜기세덱에 관하여는, 너희의 듣는 것이 둔하므로 해석하기 어려우니라" 하고, 논증을 계속하지 못하고 듣는 것이 둔한 그들의 미숙을 책망합니다.

5장 개관
멜기세덱의 반차를 좇은 대제사장

5장은 크게 두 부분으로 나누어집니다. 앞부분(1-10)에서는 그리스도께서 대제사장 되심의 신적 권위를 변증하고 있는데 "멜기세덱의 반차"를 좇은 대제사장이라고 말씀합니다. 뒷부분에서는 "멜기세덱의 반차"에 관한 논증을 계속하지 못하고 그들의 영적 미숙을 책망합니다. 먼저 구약의 대제사장도 아무나 스스로 되고 싶다고 되는 것이 아니라 아론과 같이 하나님의 부르심을 입은 자라야만 가능했음을 설명합니다.

그런 후에 그리스도께서 대제사장 되심도 스스로 영광을 취하심이 아니라(5), "오직 말씀하신 이가 저더러 이르시되" 하고 시편의 두 곳을 인용하여 입증합니다. 1) "너는 내 아들이라"(시 2:7) 하신 말씀과, 2) "네가 영원히 멜기세덱의 반차를 좇는 제사장"(시 110:4)이라 하신 말씀인데, 우리의 대제사장은 하나님께서 "자기 아들을, 멜기세덱의 반차를 좇는 제사장"으로 세우신 아주 특별한 제사장임을 증거하기 위해서입니다.

그런데 히브리서의 1차 독자들이 영적으로 어린아이 상태에 머물러 있었기 때문에 "해석하기 어려우니라" 하고 계속하지 못하고 책망하게 된 것입니다. 믿음의 연수로 볼 때 마땅히 선생이 되어야 함에도 젖이나 먹고 단단한 식물은 못 먹을 자의 상태에 머물러 있었던 것입니다.

그러므로 5:11-6:20절까지는 예수님께서 멜기세덱의 반차를 좇은 대제사장이시라는 논증을 잠시 멈추고 그들을 책망하고 경고하기 위한 삽입구라 할 수가 있습니다. 이는 히브리서에 나타난 세 번째 경고입니다.

5:1-10의 분석 도표

대제사장의 신적 권위

레위의 반차를 좇은 대제사장

1-4

대제사장마다 사람가운데 취하신 자이므로 (1)
이 존귀는 아무나 스스로 취하지 못하고 (4)

⑦ 자기를 위하여 속죄드리는 (3)
⑥ 예물과 속죄하는 제사 (1)
⑤ 연약에 쌓여 있음이라 (2)
④ 사람 가운데서(레위 반차) 취한 자 (1)
③ 부르심을 입은 자라야
② 스스로 취하지 못하고
① 아론과 같이 (4)

멜기세덱의 반차를 좇은 대제사장

5-10

① 그리스도께서도 (5)
② 스스로 취하심이 아니요
③ 말씀하신 이가 저에게 이르시되
④ 영원히 멜기세덱의 반차를 좇는 (6)
⑤ 육체에 계실 때에 (7)
⑥ 받으신 고난으로 순종 (8)
⑦ 그가 아들이시라도 (8)

자기를 순종하는 모든 자에게 영원한 구원의 근원이 되시고
멜기세덱의 반차를 좇은 대제사장이라 칭하심을 받았느니라(9-10)

도표 해설

도표에는 "레위의 반차를 좇은 대제사장"(첫 단락)과, "멜기세덱의 반차를 좇은 대제사장"(둘째 단락)을 7가지 방면으로 그 존귀가 하나님께로 말미암았음을 보여주고 있습니다. 7가지 중에는 유사성도 있고 상이성도 있습니다.

대제사장의 신적 권위

1 대제사장마다 사람 가운데서 택한 자이므로 하나님께 속한 일에 사람
을 위하여 예물과 속죄하는 제사를 드리게 하나니 2 그가 무식하고 미
혹된 자를 능히 용납할 수 있는 것은 자기도 연약에 휩싸여 있음이라
3 그러므로 백성을 위하여 속죄제를 드림과 같이 또한 자신을 위하여도
드리는 것이 마땅하니라 4 이 존귀는 아무도 스스로 취하지 못하고 오
직 아론과 같이 하나님의 부르심을 받은 자라야 할 것이니라 5 또한 이
와 같이 그리스도께서 대제사장 되심도 스스로 영광을 취하심이 아니
요 오직 말씀하신 이가 그에게 이르시되 너는 내 아들이니 내가 오늘
너를 낳았다 하셨고 6 또한 이와 같이 다른 데서 말씀하시되 네가 영원
히 멜기세덱의 반차를 따르는 제사장이라 하셨으니 7 그는 육체에 계실
때에 자기를 죽음에서 능히 구원하실 이에게 심한 통곡과 눈물로 간
구와 소원을 올렸고 그의 경건하심으로 말미암아 들으심을 얻었느니
라 8 그가 아들이시면서도 받으신 고난으로 순종함을 배워서 9 온전하
게 되셨은즉 자기에게 순종하는 모든 자에게 영원한 구원의 근원이 되
시고 10 하나님께 멜기세덱의 반차를 따른 대제사장이라 칭하심을 받으
셨느니라(히 5:1-10).

본 단원의 주제는 예수 그리스도께서 대제사장 되심의 신적 권위를 증거함에 있습니다. 그리스도께서 대제사장 되심의 신적 권위를 아론의 대제사장 됨의 권위와 대조해서 설명합니다.

여기에는 유사성도 있고 상이성도 있는데, 5장에서는 아론과 그리

스도의 유사성에 더 강조점을 두고 있고, 7장에서는 상이성, 즉 그리스도께서 구약의 제사장에 비해 얼마나 우월하신가를 증거를 합니다.

이제 일곱 가지 대조를 통해서 유사성과, 우월성을 보도록 하겠습니다. 도표의 번호 순서대로 상고해 보겠습니다.

유사성

①번, 아론이 대제사장 됨도 ②번, 이 존귀를 스스로 취한 것이 아니고, ③번, "하나님의 부르심을 입은 자라야 할지니라"(4절) 하고 신적 권위에 의해서였음을 먼저 말씀합니다. 출애굽기 28:1절에 의하면 "너는 이스라엘 자손 중 네 형 아론과 그 아들들을 네게 나아오게 하여 나를 섬기는 제사장 직분을 행하게 하라"는 하나님의 부르심이 있습니다. 사울 왕은 제사장이 아니었음에도 제사장 직무를 행했다가 폐위되었으며(삼상 13:9) 웃시야 왕은 문둥병에 걸렸습니다(대하 26:16). 이처럼 제사장의 존귀는 아무나 스스로 취하지 못하고 "오직 부르심을 입은 자라야 할 것이니라" 하고 말씀합니다.

"이와 같이 그리스도께서 대제사장 되심도, 스스로 영광을 취하심이 아니라, 말씀하신 이가 저더러 이르시되"(5) 하고 그 권위가 하나님께로 말미암았음을 증거합니다. 이는 아론과 그리스도의 유사성입니다.

다른 점

④번의 대조에서는 대제사장마다 "사람 가운데서 취한 자"(1)라 하심으로 유사성과 우월성이 같이 나타납니다. 왜냐하면 그리스도께서도 우리의 대제사장이 되기 위해서 "사람"이 되셨기 때문입니다. 그러나 아론은 레위의 반차를 좇은 사람이었으나, 그리스도는 하나님의 아

들로서 멜기세덱의 반차를 좇아 되셨기 때문에 이는 다른 점입니다.

㉠ 멜기세덱의 반차를 좇은 제사장은 "영원"하다고 말씀합니다(5:6; 6:20; 7:17; 21, 24, 28). 그러나 아론 계통은 죽음을 인하여 직분도 갈리고 수효도 많았습니다(7:23).

㉡ 또한 멜기세덱의 반차를 좇은 제사장은 왕이면서 제사장을 겸한 자입니다. 이는 다른 왕, 다른 제사장에게는 용납되지 않은 점입니다(참고. 대하 26:26). 오직 예수 그리스도만이 유일하신 분입니다. 그래서 7:11절에서는 "멜기세덱의 반차를 좇는 별다른 제사장"이라고 말씀하는 것입니다.

⑤번의 대조는 "저가 무식하고 미혹한 자를 능히 용납(容納)할 수 있는 것은 자기도 연약(軟弱)에 싸여 있음이니라"(2) 한 말씀에 나타납니다. "자기도 연약에 싸여 있다" 한 것은 1차적으로는 레위 반차의 제사장을 염두에 두고 한 말씀입니다만, 여기에는 가슴 저리도록 감동적인 의미가 내포되어 있는 것입니다. 왜냐하면 하나님의 아들께서도 우리의 대제사장이 되시기 위해서, 그리고 "무식하고 미혹한" 우리를 능히 용납하시기 위해서(2) 인간의 몸, 즉 연약에 싸여 있으시면서 친히, "우리 연약함을 체휼"(4:15)하셨기 때문입니다.

㉠ "연약"하다는 것이 좋은 것은 아니지만 백성의 대표자인 대제사장이 자기도 연약에 싸여 있기 때문에 연약한 백성의 사정을 알 수가 있고 "능히 용납"할 수 있다는 점을 생각한다면, 인간 편에서 생각할 때 이는 황공한 말씀이면서 반가운 일이기도 한 것입니다.

㉡ 우리 주님은 본래 연약에 싸여 있던 분이 전연 아니시었습니다. 그러하기는커녕 영광에 싸여 있던 분이셨습니다. 그분은 "하나님의 영광의 광채"(1:3)이셨습니다. 그러나 우리의 대제사장이 되시기 위

해서 천사보다 잠깐 동안 못하게 하심을 입고 "우리 연약함을 체휼"(4:15)하신 분입니다. 그러므로 그가 "육체에 계실 때에 심한 통곡과 눈물로 간구와 소원을 올리셨다"(7) 하고 말씀합니다. 이는 우리와 같이 연약에 싸여 있는 자의 모습입니다.

⑥번의 대조는 대제사장은 백성을 위하여 "예물과 속죄하는 제사"를 드리는 자라는 것입니다. 그러므로 그리스도께서도 "받으신 고난으로 순종"하셨다고 말씀합니다. 이는 십자가에서 죽기까지 복종하셨음을 의미합니다. 여기에는 같은 점과 다른 점이 동시에 나타납니다. 백성을 위한 속죄제를 드렸다는 점에서는 같으나, 아론은 생축으로 드렸으나, 그리스도께서는 자신을 제물과 생축(엡 5:2)으로 드리셨다는 점에서는 전연 다릅니다.

⑦번의 대조는 유사성이 없고 다른 점만이 드러납니다. 아론은 자신도 죄인(罪人)이므로 먼저 자기를 위하여 속죄제를 드려야만 했습니다(3). 그러나 그리스도는 "너는 내 아들이라"(5) 하신 대로 죄가 없는(4:15) 하나님의 아들이셨습니다(7:27-28). 그러므로 그렇게 "할 필요가 없으니"(7:27) 합니다. 이는 그리스도께서 아론과 본질적으로 다른 점입니다.

㉠ 본 단원의 결론은, "온전하게 되었은즉 자기를 순종하는 모든 자에게 영원한 구원의 근원이 되시고 하나님께 멜기세덱의 반차를 좇은 대제사장이라 칭하심을 받았느니라" 한, 9-10절입니다. 이상의 논증을 통해서 예수 그리스도는,

㉮ "자기를 순종하는(믿음) 모든 자에게 영원한 구원(救援)의 근원(根源)이 되시고"(9),

㉯ "하나님께 멜기세덱의 반차를 좇은 대제사장이라 칭함을 받으

신"(10절) 분이라는 것입니다.

나누어 봅시다

1. 아론과 멜기세덱의 반차의 유사성은 무엇입니까?
2. 두 반차 사이의 다른 점은 무엇입니까?
3. 연약에 싸여 있음으로 용납할 수 있다는 의미가 무엇입니까?

5:11–14의 분석 도표

영적 미숙을 책망함

영적 미숙자

11-13

멜기세덱에 관하여는 ①할 말이 많으나
②듣는 것이 둔하므로
③해석하기 어려우니라(11)
④때가 오래므로
⑤마땅히 선생이 될 터인데
⑥다시 초보가 무엇인지 가르침을 받아야 할 것이니

(젖이나 먹고) 단단한 식물을 못 먹을 자가 되었도다(12)

[젖을 먹는 자마다 어린아이니] 의의 말씀을 경험하지 못한 자요(13)

영적 성숙자

14

(단단한 식물은)

[장성한 자의 것이니]

①지각을 사용하므로
②연단을 받아
③선악을 분별하는 자들이니라(14)

도표 해설

본 단원의 주제는 "영적 미숙을 책망"하는 말씀입니다. 첫 단락에서 "영적 미숙자"에 대해 말씀하고, 둘째 단락에서는 "영적 성숙자"란 어떤 자인가를 말씀합니다. 도표에서 "젖을 먹는 자마다 어린아이니" 와 "단단한 식물은 장성한 자의 것이니" 하는 말씀이 대조(對照)되어 있습니다.

영적 미숙을 책망함

[11] 멜기세덱에 관하여는 우리가 할 말이 많으나 너희가 듣는 것이 둔하
므로 설명하기 어려우니라 [12] 때가 오래 되었으므로 너희가 마땅히 선
생이 되었을 터인데 너희가 다시 하나님의 말씀의 초보에 대하여 누구
에게서 가르침을 받아야 할 처지이니 단단한 음식은 못 먹고 젖이나
먹어야 할 자가 되었도다 [13] 이는 젖을 먹는 자마다 어린 아이니 의의
말씀을 경험하지 못한 자요 [14] 단단한 음식은 장성한 자의 것이니 그들
은 지각을 사용함으로 연단을 받아 선악을 분별하는 자들이니라(히
5:11-14).

히브리서 기자는 그리스도께서 대제사장이 되심에 대한 신적 권위를 말씀하고 나서 멜기세덱의 반차를 좇은 대제사장의 직분이 레위의 반차를 좇은 아론보다 얼마나 우월하고 영광스러운지를 말씀하려는 참입니다. 그러나 그들이 영적으로 미숙하기 때문에 설명하는 데 어려움을 느끼고 있습니다. 그래서 "멜기세덱에 관하여는 우리가 할 말이 많으나 너희의 듣는 것이 둔하므로 해석하기 어려우니라"(11절) 하고 답답해합니다.

그들이 성숙하지 못한 것은 신앙의 나이가 어려서가 아닙니다. "때가 오래므로 너희가 마땅히 선생이 될 터인데"(12), 그럼에도 불구하고 여전히 어린아이 상태에 머물러 있는 원인은 문맥적으로 볼 때 한

마디로 "게으르기"(6:12) 때문이라는 것입니다. 듣는 것이 "둔하므로"로 번역된 낱말은 6:12절에서는 "게으름"으로 번역된 같은 단어입니다. 그러므로 "우리가 간절히 원하는 것은 너희 각 사람이 동일한 부지런"(6:11)을 나타내라고 권면하고 있는 것입니다.

1. 영적 미숙자

1) "멜기세덱에 관하여는 우리가 할 말이 많으나 너희의 듣는 것이 둔하므로 해석하기 어려우니라"(11) 합니다.

㉠ 히브리서의 기록목적이 유대교로 다시 돌아가려는 자들을 권면하고 경고하기 위한 것만은 아닐 것입니다. 더 적극적인 목적은 게으르고 나태하여 영적으로 어린아이 상태에 머물러 있는 자들을 향해 경고하고 권면하기 위해서도 기록되었다고 보아야 할 것입니다. 전자가 소수였다면, 후자에 속한 자는 다수(多數)였으리라 여겨집니다.

히브리서의 1차 수신자들이 어떤 사람들이었는지는 정확히 알 길이 없지만 이처럼 게으르고 나태하여 영적으로 어린아이 상태에 머물러 있는 자들은 어느 시대, 어느 교회에나 다수를 점하고 있다 하겠습니다. 이점을 계시록에 나오는 라오디게아교회에 하신 책망에서도 볼 수가 있습니다. 그들은 차지도 아니하고 덥지도 않았습니다. 그래서 주님은 "네가 이같이 미지근하여 덥지도 아니하고 차지도 아니하니 내 입에서 너를 토하여 내치리라"(계 3:16) 하고 경고합니다.

㉡ 히브리서의 수신자들도 그러했던 것입니다. 그들이 처음 믿음을 가졌을 당시는 고난의 큰 싸움을 인내했으며, 심지어 산업을 빼앗기는 것도 기쁘게 당하기까지 했습니다(10:32-34). 그러나 시간이 흐를수록 그들은 열정을 잃어버려 갔던 것입니다.

그들은 말씀을 들을 때뿐이지 간절히 삼가지 않고 흘러 떠내려갔습니다(2:1). 그들의 마음은 점점 강퍅해졌으며(3:13), 하나님의 말씀에 대하여 믿음으로 화합(和合)지 않았습니다(4:2). 그리하여 그들은 어린아이 상태에 머물러 있었으며(5:12), 모이기를 폐하는 것이 습관화되어 가고(10:25) 있었습니다.

이러한 자들이 어찌 히브리서의 독자들뿐이겠습니까? 그런 의미에서 히브리서는 이 시대에 꼭 필요한 책입니다. 마치 현대교회를 위하여 기록된 책처럼 보입니다. 이들에게는 신학적인 교리뿐만 아니라, 엄하고도 무서운 경고도 필요했던 것입니다. 히브리서를 통해서 처음 사랑과 열심을 회복하게 되기를 기대합니다.

때가 오래므로 마땅히 선생이 될 터인데

2) "때가 오래므로 너희가 마땅히 선생이 될 터인데 너희가 다시 하나님의 말씀의 초보가 무엇인지 누구에게 가르침을 받아야 할 것이니 젖이나 먹고 단단한 식물을 못 먹을 자가 되었도다"(12) 합니다.

㉠ "때가 오래므로" 하는 것으로 보아 믿은 연수는 오래 된 것으로 여겨집니다. 그런대도 "단단한 식물은 못 먹을 자가 되었다"는 것입니다. 이런 무리는 초대교회에만 있었던 것이 아닙니다. 교회가 어려움을 겪게 되는 이유가 여기에 있습니다.

㉮ 믿은 연수는 오래되었으나 영적으로는 어린아이 상태인 자,

㉯ 믿은 지도 오래고 나이도 많으나 영적으로 미숙아인 상태인 자,

㉰ 때가 오래므로 직분은 맡았으나 영적으로 미숙하여 분별력이 없는 자, 이런 부류에 속하는 자들이 제직회의 일원이 되어 교회를 이끌게 되면 어려움이 끊일 날이 없게 됩니다. 한국교회가 이런 상태에 있지 아니 한가 심각하게 반성해보아야 할 것입니다.

하나님의 말씀의 초보

㉡ "하나님의 말씀의 초보"(初步)란 기초적인 지식을 의미합니다만 문자대로 하면 첫발을 의미합니다. 신앙생활에 있어서 첫발, 즉 초보를 어떤 흐름과 색채를 띤 교회에서 떼어 놓았느냐는 문제는 그에게 평생토록 영향을 미친다 해도 과언이 아닙니다. 신비적인 면을 강조하는 교회도 있고, 축복에만 치우치는 교회도 있으며, 불건전한 교회도 있습니다. 그런 흐름에서 신앙의 첫발을 내디딘 사람은 중도에 그것을 돌이키고 바로잡기란 거의 불가능에 가깝습니다. 말씀의 사역자들은 하나님의 말씀의 초보를 건전하게 가르치는 것이 얼마나 중요한 일인지를 깊이 인식해야 할 것입니다.

젖과 단단한 식물

㉢ "대저 젖을 먹는 자마다 어린 아이니 의의 말씀을 경험하지 못한 자요"(13)하는데, "의의 말씀을 경험하지 못한 자"(13)란, 들은 바 말씀을 삶에 적용을 시키지를 못하는 상태를 가리킵니다. 한마디로 영적 소아마비에 걸린 격입니다. "젖이나 먹고"란 쉽고 부드러운 말씀을 의미합니다. 물론 갓 태어난 어린아이에게는 젖이 필요합니다. 그러나 언제까지나 젖만 먹어서는 안 됩니다. 젖으로부터 시작했으나 점차 단단한 식물을 먹을 수 있도록 이끌어 주어야 할 책임이 말씀을 맡은 사역자들에게 있습니다. 아기를 양육해 보면 엄마의 젖을 떼고 단단한 식물을 먹이기란 여간 힘든 것이 아닙니다. 그처럼 우리나라 성도들은 언제까지나 젖만을 좋아합니다. 귀만 간지럽게 해 주기를 바랍니다(딤후 4:3). 그러나 이들에게 필요한 것은 단단한 식물입니다.

㉣ 형제는 복음, 즉 "구속, 중생, 칭의" 등에 관한 교리를 젖이라 생각합니까, 아니면 단단한 식물이라고 생각하십니까? 이는 그리스도

교의 초보입니다. 왜냐하면 진리의 말씀 곧 구원의 복음을 듣고 믿어 비로소 성령으로 거듭날 수가(엡 1:13) 있기 때문입니다. 그런데 어떤 모임에서 기독교의 기본 진리를 전했는데도 오늘 말씀은 어려웠다는 말을 듣게 될 때처럼 설교자를 낙망시키는 일은 없습니다.

그렇다면 하나님의 말씀의 초보가 무엇인지 가르침을 받아야 합니다. 그러면서도 고린도 교인들처럼 자신을 가장 신령한 자인 줄로 여기고 있다는 데 심각성이 있다 하겠습니다(참고. 고전 3:1-3).

㉤ 단단한 식물이란 멜기세덱론 같이 구약성경을 통해서 예표와 모형과 그림자(8:5)로 보여주셨던 계시가 실체(實體)를 통하여 성취되어 나가는 "비밀의 경륜"(엡 3:9)을 깨닫게 되는 것 등을 의미합니다. 성경을 단편적으로 보지 않고, 창세기에서 시작하여 계시록에서 완성되는 구속사의 파노라마를 한 눈에 바라본다는 것은 그 영광스러움에 압도되어 겸손히 하나님 앞에 무릎을 꿇고 그분의 인자하심과 신실하심에 찬양과 경배를 드리지 않을 수 없게 만듭니다.

주님은 지금도 "충성되고 지혜 있는 종이 되어 주인에게 그 집 사람들을 맡아 때를 따라 양식을 나눠 줄 자가 누구뇨"(마 24:45) 하고 찾으십니다. 때가 오래므로 마땅히 형제가 선생이 되어야 합니다.

2. 영적 성숙자

3) 그렇다면 영적 성숙자란 어떤 사람인가? "단단한 식물은 장성한 자의 것이니 저희는 지각을 사용하므로 연단을 받아 선악을 분변하는 자들이니라"(14), 단단한 식물은 장성한 자의 것이니"(14) 하고 말씀합니다. 그렇다면 성경 지식만 풍부하면 영적 성숙자일까요? 그렇지는 않습니다.

지각을 사용하는 자

㉠ 영적으로 성숙한 자는 지각을 사용할 줄 아는 자입니다. 신앙이란 지? 정? 의적인 전 인격의 결정체입니다. 그 중에 우선하는 것이 지적(知的)인 요소인데, 무엇을 믿는지 "아는 일"에 확고해야만 믿고 실천에 옮길 수가 있는 것입니다. 지각을 사용한다는 말은 생활 현장에서 하나님의 뜻을 분별(分別)하는 것과(롬 12:2), 선악을 분변(分辨)할 능력이 있는 것을 뜻합니다.

㉡ 분별력을 행사하기 위해서는 하나님의 말씀이 "마음과, 생각에 기록"(8:10, 10:16)이 되어 있어야만 가능한 것입니다. 그러므로 성경은 우리가 알고 있는 것보다 훨씬 인간의 지각에 호소하고 있습니다. "내 백성이 지식이 없어 망하는도다"(호 3:6) 한 호세아 선지자의 탄식은 대표적인 예입니다. "믿는 도리의 사도시며 대제사장이신 예수를 깊이 생각하라"(3:1) 합니다.

그런데 우리나라 성도들은 지각을 사용하기보다는 감정의 지배를 더 많이 받는 편입니다. 감정에 지배를 받게 되면 그 신앙이 조석변이 될 수밖에 없습니다. 왜냐하면 감정이란 그토록 변하기를 잘하기 때문입니다.

그러나 지각에 호소하는 주의 말씀은 세세토록 변함이 없습니다. 그러므로 영적 성숙 자가 되기 위해서는 단단한 식물, 즉 하나님의 깊은 사정(고전 2:11)을 알아야만 하는 것입니다. 바울 사도는 "누가 주의 마음을 알아서 주를 가르치겠느냐 그러나 우리가 그리스도의 마음을 가졌느니라"(고전 2:16) 하고 말씀합니다.

배우든지 가르치든지 하라

㉢ 그러므로 성숙한 그리스도인이 된다는 것은 하루아침에 저절로

되는 것은 아닙니다. "누구에게 가르침을 받아야 할 것이니"(12절)한 양육이 필요한 것입니다. ㉮ 때가 오래므로(12절) 한 시간이 필요합니다. ㉯ 연단을 받아(14절) 한 훈련이 있어야 합니다. ㉰ 의의 말씀을 경험(13절)하는, 즉 말씀을 삶에 적용하는 단계가 있어야 합니다.

이러한 영적 성숙 자를 양성한다는 것은 힘들고 때로는 낙심이 되는 사역입니다. 그렇기 때문에 단단한 식물을 공급하기를 포기하고 회피하려 합니다. 이런 저런 이유를 들어 변명하려 합니다. 그러나 그렇게 한다면 자신에게 부탁하신 하나님의 자녀들을 평생토록 가련하고 가엾은 자들로 만들고야 말 것입니다.

㉣ 13:17절에 "너희를 인도하는 자들에게 순종하고 복종하라"는 말씀이 있습니다. 히브리서의 1차 수신자들을 인도하던 교회 지도자들이 본 서신을 받았을 때 얼마나 부끄러워했을까를 생각해 봅니다. 자신에게 맡겨진 양 무리들이 젖이나 먹고 단단한 식물은 못 먹을 어린아이 상태에 머물러 있다는 것은 목회자의 책임이기 때문입니다.

사도 바울의 고백을 들어 보십시오. "우리가 그를 전파하여 각 사람을 권하고 모든 지혜로 각 사람을 가르침은 각 사람을 그리스도 안에서 완전한 자로 세우려 함이니 이를 위하여 나도 내 속에서 능력으로 역사하시는 이의 역사하심을 따라 힘을 다하여 수고하노라"(골 1:28-29) 하고 말씀합니다.

적용

"우리가 할 말이 많으나 너희의 듣는 것이 둔하므로 해석하기 어려우니라"(11) 한 말씀은, 하나님께서 주신 영광스러움과 은혜와 축복을 모르고 있다는데 대한 답답함에서 한 말입니다. 옥중 바울이 밖에 있는 성도들을 위한 기도 제목이 무엇인지 아십니까? 지혜와 계시의 정신을 주사 그들도 "하나님을 알게" 해 달라고 기도합니다. 하나님께서 나 같은 죄인을 택하시고 불러 주셨다는 "부르심의 소망"을 알게 해 달라고 구합니다. 우리에게 주려고 예비해 놓으신 "기업의 영광의 풍성"이 무엇인지 알게 해달라고 간구합니다. 우리를 사망에서 생명으로 옮겨 주실 때 베푸신 "능력의 지극히 크심"이 어떠한 것을 저희로 알게 해 달라는(엡 1:17-19) 것입니다.

모르기 때문에 평생을 가련하고 가난한 그리스도인으로 살아가게 되는 것입니다. 마치 하나님은 아무 것도 주신 것이 없고, 자신은 받은 것이 없는 양 "주십시오, 주십시오" 하기만 합니다.

"네가 네 자신과 가르침을 삼가 이 일을 계속하라 이것을 행함으로 네 자신과 네게 듣는 자를 구원하리라"(딤전 4:16) 하십니다. 배우든지 가르치든지 하십시오. 다른 지름길은 없습니다.

나누어 봅시다

1. 영적 미숙자로 있게 되는 제일 큰 이유가 어디에 있습니까?
2. 영적 성숙자란 어떤 자들입니까?
3. 영적 성숙자가 되기 위해서는 어떤 과정이 필요합니까?

6장 개관 도표

후퇴하지 말고 전진하여 들어가라

완전한 데 나아가라(전진)	1-3 그리스도의 초보를 버리고(1) (완전한 데 나아갈지니라)(2)
후퇴에 대한 경고와 구원에 대한 확신	4-12 비췸을 얻고 / 은사를 맛보고 / ⫽ / 성령에 참여한 바 되고(4) / 하나님의 선한 말씀과 / 내세의 능력을 맛보고 — (타락한 자들은) 다시 새롭게하여 회개케 할 수 없나니(6) 우리가 이같이 말하나 / 너희에게는 이보다 나은 것과 (구원에 가까운 것을 확신하노라)(9) 우리가 간절히 (원하는 것은)(11) 게으르지 아니하고 믿음과 오래 참음으로 — 약속들을 기업으로 받은 자들을 본받는 자 되게 하려는 것이다(12)
휘장 안으로 들어가라	13-20 하나님의 〈약속 / 맹세〉 이 두 가지 변치 못할 사실을 인하여(18) 우리로 〈 큰 안위를 받게 / 이 소망이 있는 것은 / 튼튼하고 견고하여 〉 [휘장 안에 들어가나니](19) 앞서 가신 예수께서 멜기세덱의 반차를 좇아 [들어 가셨느니라](20)

도표 해설

도표에서 보시는 대로 6장은 다양한 내용들을 담고 있습니다. 첫째 단원은 "완전한 데 나아가라"고 명합니다. 이는 5:11-14절에 대한 결론에 해당이 됩니다.

둘째 단원은 "후퇴에 대한 경고와 구원의 확신"인데, 먼저 "타락한 자들"에 대한 무서운 경고(4-8)가 나오는데, 이는 유대교로 돌아가려는 자들을 염두에 두고 후퇴하면 죽는다는 뜻입니다. 그런 후에 "너희에게는 구원에 가까운 것을 확신하노라"(9-12) 하고 격려가 뒤따릅니다.

셋째 단원은 소망을 주는 내용인데 우리에게 두 가지 변치 못할 사실(언약과, 맹세)이 있다는 것과, "예수께서 멜기세덱의 반차를 좇아" 그리로 앞서 들어가셨기(20절) 때문에 우리도 "휘장 안으로 들어가나니"(19) 합니다.

6장 개관
후퇴하지 말고 전진하여 들어가라

6장은 각 단락의 제목이 말해 주듯이 "전진(前進)하라, 후퇴(後退)하지 말라, 들어가라"(進入)는 내용으로 되어 있습니다. 중심점은 "휘장 안에 들어가나니"(19) 하는 진입(進入)에 있습니다. 다시 상기시키면서 강조합니다만 "들어감"이 히브리서의 중심적인 주제라 해도 과언이 아닙니다. 하나님의 아들이 어찌하여 육신을 입으시고 낮아지셔서 죽으셔야만 했는가? "우리를 하나님 앞으로 인도하려 하심이라"(벧전 3:18)고 말씀합니다. 어찌하여 우리에게 대제사장이 필요한가? 죄로 말미암아 막혔던 휘장을 열어서 우리로 들어가게 해주시기 때문입니다.

20절에는 "앞서 들어가신" 예수님이 있고, 19절에서는 우리들이 "휘장 안으로 들어가고" 있는 것입니다. 첫째와 둘째 단원은 낙오하지 않고 들어가게 하기 위한 권면입니다. 이 권면은 5:11절에서 시작이 되어, 6:12절까지 계속이 됩니다. 그러니까 5:11절에서 중단되었던 멜기세덱론이 6:20절에 가서 연결되는 문맥입니다.

그렇다면 "들어가라"는 주제가 왜 그렇게 중요할까요? 인류의 시조는 에덴에서 추방을 당했습니다. 그 후예들의 가장 절박한 소원이 무엇이겠습니까? 어떻게 하면 하나님 앞으로 돌아갈 수가 있는가 하는 문제입니다. 그런데 19절에서는 "우리가 이 소망이 있는 것은 영혼의 닻 같아서 튼튼하고 견고하여 휘장 안에 들어가나니" 하고 말씀합니다. 드디어 들어갈 수 있게 되었다는 것입니다. 우리는 에덴으로 돌아가는 것이 아닙니다. 가나안 땅으로 들어가는 것이 아닙니다. 그렇다고 그림자인 땅에 있는 지성소에 들어가는 것도 아닙니다. 하늘에 있는 은혜의 보좌 앞에 담대히 들어가게 된 것입니다. 이는 추방당했던 인간이 들을 수 있는 그 이상은 없는 지고지선(至高至善)의 기쁜 소식입니다.

6:1-3의 분석 도표

초보에서 완전한 데 나아가라(전진)

초보를 버리고	1-2상 그리스도 도의 초보 ①죽은 행실을 회개함과 ②하나님께 대한 신앙과 ③세례들과 ④안수와 ⑤죽은 자의 부활과 ⑥영원한 심판 — 에 관한 교훈
완전한 데 나아갈지니라	2상-3 터를 다시 닦지 말고 완전한 데 나아갈지니라 하나님이 허락하시면 우리가 이것을 하리라

도표 해설

본 단원의 주제는 "초보(初步)에서 완전(完全)한 데 나아가라"는 말씀입니다. 첫 단락에서 "초보를 버리라"고 합니다. 버리라는 말은 필요 없다는 뜻이 아니라, 거기 머물러 있지 말고 전진(前進)하라는 말씀입니다.

둘째 단락에서는 "완전한 데 나아갈 지니라" 하십니다. "완전"이란 완전무결을 의미하지 않습니다. 이 단어는 5:14절의 "장성한 자"와 같은 낱말입니다. 그러므로 성숙한 자가 되라는 의미입니다. 다른 말로 표현하면 신앙의 진보를 보이라는 명령입니다. 그렇다면 초보는 무엇이며 완전은 무엇을 의미하는가?

초보에서 완전한 데 나아가라(전진)

[1] 그러므로 우리가 그리스도의 도의 초보를 버리고 죽은 행실을 회개함
과 하나님께 대한 신앙과 [2] 세례들과 안수와 죽은 자의 부활과 영원한
심판에 관한 교훈의 터를 다시 닦지 말고 완전한 데로 나아갈지니라 [3] 하
나님께서 허락하시면 우리가 이것을 하리라(히 6:1-3).

1) 본 단원을 바르게 접근하기 위해서는 "초보와 완전"이 무엇을 의미하는가를 규명하는 데서 풀어야만 할 것입니다. 초보는 기초교리를 의미하고, 완전이란 깊은 교리를 의미한다고 쉽게 규정할 그런 문맥이 아니기 때문입니다. 이를 잘못 다루다가는 사도 바울이 그토록 심혈을 기울여 닦으려 했던(고전 3:10) 기초교리에 대하여 소홀히 여기게 될 염려가 있는 것입니다.

신앙에 있어서 중요한 것은 기초(基礎)입니다. 그러므로 기초적인 교리는 버려서는 안 되는 것입니다. 버리기는커녕 자주자주 강조해야 할 기본적인 교리입니다. 많은 성도들이 신앙의 기초가 잘못되었기 때문에 그 후에 계속적으로 어려움을 겪고 있는 것을 무수히 대하게 됩니다. 말하자면 첫 단추를 잘못 끼었기 때문에 옷이 뒤틀리는 것에 비할 수가 있습니다.

㉠ "도의 초보를 버리고 … 완전한 데 나아갈지니"라는 뜻이, 히브

리서의 1차 독자들이 기초교리에는 문제가 없다는 말인가 하는 점입니다. 바로 앞의 5:12절은 이에 대해서 이의를 제기하고 있습니다. “때가 오래므로 너희가 마땅히 선생이 될 터인데 너희가 다시 하나님의 말씀의 초보가 무엇인지 누구에게 가르침을 받아야 할 것이니” 하고 그들의 신앙의 기초가 허약함을 지적하고 있기 때문입니다.

ⓛ 그렇다면, “그리스도 도의 초보를 버리고” 한, 버려야 할 초보는 무엇을 의미하는가 하는 점입니다. 이는 히브리서라는 전체 문맥을 통해서 볼 때 저들이 기독교로 개종하기 이전에 유대교에서 배웠던 율례와 예법 (9:10) 등을 의미하는 것으로 볼 수가 있습니다. 다시 말하면 구약성경을 통해서 예시하신 “모형, 그림자”(8:5) 예표 등으로 여겨집니다. 히브리서의 1차 독자들은 오늘날의 불신자들과 같이 교회에 나와서 처음으로 성경의 가르침을 받은 사람들이 아닙니다. 그들 머리 속에는 어려서부터 가르침을 받은 “조상들의 유전과 규례와 예법” 등으로 꽉 차 있었던 것입니다.

ⓒ 어찌하여 그들이 유대교로 다시 돌아가려고 하는가? 이 “초보”를 탈피하지 못했기 때문입니다. 그 한 예를 예루살렘 종교회의를 통해서 볼 수가 있는데, “바리새파 중에 믿는 어떤 사람들이 일어나 말하되 이방인에게 할례 주고 모세의 율법을 지키라 명하는 것이 마땅하다”(행 15:5) 하고 주장한 사실입니다. 바리새인이었다가 개종한 이 사람들도 “초보”를 버리지 못한, 즉 떠나지 못한 상태라 할 수가 있습니다.

ⓡ 그렇다면 이를 어찌하여 “그리스도 도의 초보”라 하는가? “구원이 유대인에게서 남이니라”(요 4:22) 하신 대로 유대교는 기독교의 뿌리(참고. 롬 11:18)였기 때문입니다. 구약성경이라는 뿌리가 없이

는 신약성경이라는 싹은 날 수가 없으며, 반면 신약성경 없이 구약성경은 온전할 수가 없는 것입니다. 그래서 히브리서 서두에서 "옛적에 선지자들로 여러 부분과 여러 모양으로 우리 조상들에게 말씀하신 하나님이 이 모든 날 마지막에 아들로 우리에게 말씀하셨다"(1:1-2) 했던 것입니다.

ⓜ 그러나 "모형, 그림자, 예표" 등은 "개혁(改革)할 때까지만 맡겨둔 것"(9:10)이었습니다. 참 것으로 개혁이 되었는데도 유대교적인 교훈에 머물러 있으려는 자들에게, 초보를 버리고, 완전한 데 나아가라고 촉구합니다. 이 점을 사도 바울은 "오늘까지도 모세의 글을 읽을 때에 수건이 오히려 그 마음을 덮었도다"(고후 3:15) 하고 말씀합니다.

수건이 모세의 얼굴에서 발하던 광채를 가리듯이, 초보에 머물러 있기 때문에 그리스도의 영광의 복음의 광채를 보지 못하고 옛날로 돌아가려 한다는 것입니다. 그들을 향해서 "나아갈 지니라", 즉 전진하라고 명합니다. 신앙에 있어서 현상 유지란 있을 수 없습니다. 전진 아니면 후퇴가 있을 뿐입니다. 1-3절에서는 전진할 것을 권하고, 4-8절에서는 후퇴에 대해 경고하고 있는 것입니다.

1. 초보를 버리고

2) 초보적인 교리로 열거한 여섯 가지 교리들은 둘씩 짝을 이루고 있습니다. ㉮ "회개와 신앙"은 하나님과의 관계성에 대한 교리요, ㉯ "세례들과 안수"는 교회 공동체와 관련된 것이고, ㉰ "부활과, 심판"은 미래에 있을 종말적인 교리입니다.

㉠ 이 여섯 가지는 대단히 중요한 교리임에는 틀림이 없습니다만,

그런데 기독교의 기본 교리인 "대속과 칭의와 중생" 등은 전연 언급되고 있지 않다는 점입니다. 그러므로 여섯 가지 교리를 기독교의 "초보", 즉 기초교리라고 말할 수는 없는 것입니다. 그것은 기독교로 개종하기 이전에 그들이 가지고 있던 유대교적인 교훈들임을 알 수 있습니다. 그 하나의 예가 "세례들"이라는 단어에서 엿볼 수가 있습니다.

주경가들은 이를 해석하는 데 어려움을 겪고 있습니다. 왜냐하면 단수가 아닌 "세례들"이라고 복수로 말씀하고 있기 때문입니다. 어떤 해석은 세례 받은 자들이 많기 때문이라고 합니다. 또 다른 해석은 물세례, 성령세례, 피 흘리는 순교의 세례들을 의미한다고 말합니다. 이 주장에는 무리와 억지가 있어 보입니다. 그보다는 유대교에서 조상의 유전을 좇아 행하던 여러 가지 결례들을 의미한다고 보는 것이 타당성이 있습니다. "버리고"란 말은 필요가 없다는 의미이기보다는 거기서 "떠나서"라는 뜻입니다.

㉡ 기독교는 "율법이나 선지자를 폐하고"(마 5:17; 롬 3:31) 세워진 것이 아닙니다. 오히려 "완전케 하려 함이로다" 하고 말씀합니다. 그래서 "교훈의 터를 다시 닦지 말고 완전한 데 나아갈 지니라"(2) 말씀하고 있는 것입니다.

2. 완전한 데 나아갈 지니라

3) "완전"이란 5:14절에서 말씀한 "장성한 자"와 같은 단어입니다.

㉠ "유업을 이을 자가 모든 것의 주인이나 어렸을 동안에는 종과 다름이 없어서"(갈 4:1) 율법이라는 몽학 선생의 인도를 받아야만 했습니다(갈 3:24). 그러나 언제까지나 몽학 선생 밑에 머물러 있어서는 안 됩니다. 완전한 데로 나아가는 자, 즉 성숙한 자가 되어야만 하는

것입니다. "하나님이 허락하시면 우리가 이것을 하리라"(3) 말씀하는데, 이는 하나님이 허락하시지 않을지도 모른다는 뜻이 아니라, 하나님이 역사하심으로써만 "초보를 버리고, 완전한 데로 나아갈 수가" 있다는 뜻입니다.

㉡ 이는 고린도전서 3:6-7절에서, "오직 하나님은 자라나게 하셨나니 그런즉 심는 이나 물주는 이는 아무것도 아니로되 오직 자라나게 하시는 하나님뿐이니라" 한 말씀과 같은 뜻입니다. 이는 히브리서 1차 독자들에게만 해당이 되는 말씀이 아니라 오늘 현대교회에 더욱 적실성이 있는 말씀인 것입니다. "축복, 간증, 예화" 등을 선호하는 초보에서 완전한 데로 나아가야만 하겠습니다.

나누어 봅시다

1. 버려야 할 초보는 무엇을 가리킵니까?
2. 완전한 데 나아가라는 뜻은 무엇입니까?
3. 형제의 신앙 상태는 어떤 상태인가에 대해서.

6:4-12의 분석 도표

타락에 대한 경고와 구원에 대한 확신

타락에 대한 경고

4-8

한 번 비침을 얻고
하늘의 은사를 맛보고
성령에 참여한 바 되고(4)
하나님의 선한 말씀과
내세의 능력을 맛보고(5)

타락한 자들은

다시 새롭게 하여 회개케 할 수 없나니 이는 하나님의 아들을 십자가에 못 박아 현저히 욕을 보임이라(6)

땅이 자주 내리는 비를 흡수하여

가시와 엉겅퀴를 내면

그 마지막은 불사름이 되리라(8)

구원에 대한 확신

9-12

사랑하는 자들아 (우리가 이같이 말하나)

너희에게는

이보다 나은 것과 구원에 가까운 것을 확신하노라(9)

하나님이

너희 행위와 성도를 섬기는 것을 잊어버리지 아니하시느니라(10)

우리가 간절히 원하는 것은

너희 각 사람이

동일한 부지런을 나타내어
끝까지 소망의 풍성함에 이르러 (11)
게으르지 아니하고
믿음과 오래 참음으로
약속들을 기업으로 받는 자들을
본받는 자 되게 하려는 것이라 (12)

도표 해설

본 단원은 두 단락으로 나누어집니다. 그리고 전후 단락이 일견 상반된 내용을 보여주고 있습니다. 첫 단락은 타락(墮落)에 대한 경고요, 둘째 단락은 구원(救援)에 대한 확신이기 대문입니다. 어찌하여 성경은 경고와 확신을 함께 말씀하고 있는 것일까요?

신앙이란 진공상태(眞空狀態)를 용납하지 않습니다. 두 큰 세력 중의 어느 한 세력이 그를 소유하여 지배하게 마련입니다. 그런 뜻에서 신앙이란 전진(前進) 아니면 후퇴(後退)이지 정지상태(停止狀態)란 없는 것입니다.

히브리서의 1차 독자들은 완전한 데 나아가고자 하는 전진하는 상태가 아니라 "뒤로 물러가 침륜에 빠질"(10:39) 위험한 상태에 처해 있었습니다. 그들에겐 경고와 격려가 함께 필요했던 것입니다. 그래서 앞 단락에서는 후퇴, 즉 타락한다는 것이 얼마나 무서운 결과를 가져오는가에 대한 일반적(一般的) 원리에 입각한 경고를 하고, 둘째 단락에서는 "사랑하는 자들아 우리가 이같이 말하나(경고) 너희에게는 이보다 나은 것과 구원에 가까운 것을 확신하노라"(9절) 하고 격려를 합니다.

타락에 대한 경고와 구원에 대한 확신

[4] 한 번 빛을 받고 하늘의 은사를 맛보고 성령에 참여한 바 되고 [5] 하나
님의 선한 말씀과 내세의 능력을 맛보고도 [6] 타락한 자들은 다시 새롭
게 하여 회개하게 할 수 없나니 이는 그들이 하나님의 아들을 다시 십
자가에 못 박아 드러내 놓고 욕되게 함이라 [7] 땅이 그 위에 자주 내리는
비를 흡수하여 밭 가는 자들이 쓰기에 합당한 채소를 내면 하나님께
복을 받고 [8] 만일 가시와 엉겅퀴를 내면 버림을 당하고 저주함에 가까
워 그 마지막은 불사름이 되리라 [9] 사랑하는 자들아 우리가 이같이 말
하나 너희에게는 이보다 더 좋은 것 곧 구원에 속한 것이 있음을 확신
하노라 [10] 하나님은 불의하지 아니하사 너희 행위와 그의 이름을 위하
여 나타낸 사랑으로 이미 성도를 섬긴 것과 이제도 섬기고 있는 것을
잊어버리지 아니하시느니라 [11] 우리가 간절히 원하는 것은 너희 각 사
람이 동일한 부지런함을 나타내어 끝까지 소망의 풍성함에 이르러 [12] 게
으르지 아니하고 믿음과 오래 참음으로 말미암아 약속들을 기업으로
받는 자들을 본받는 자 되게 하려는 것이니라(히 6:4-12).

자고로 본문은 난해한 구절로 여겨져 왔습니다. 그것은 4-5절에서 말씀하고 있는 그토록 은혜를 입은 자가 6절의 말씀과 같이 그렇게 타락할 수도 있느냐는 기독교의 견인교리와의 상충 때문입니다.

성경 해석의 원리는 큰 진리에서 보다 작은 진리로, 명확한 진리에서 보다 덜 명확한 진리로 나아가는 것입니다. 그렇다면 황금 고리(미

리 아심, 미리 정하심, 부르심, 의롭다 하심, 영화롭게 하심, 롬 8:29-30)는 끊어지지 않는다는데 확고해야만 합니다. 그러면 본문은 무엇을 말씀하고 있을까요?

1. 타락에 대한 경고

1) 이 난제를 해결하기 위해서, "한번 비췸을 얻고 하늘의 은사를 맛보고 성령에 참예한바 되고 하나님의 선한 말씀과 내세의 능력을 맛보고" 한 4-5절을 아직 중생한 상태에는 이르지 못하고 비췸만 받은 개명(開明) 상태를 의미한다고 해석하기도 합니다. 그러나 4-5절은 은혜를 입은 참 신자를 가리키고 있다고 보는 것이 지배적입니다.

망극하신 은혜를 입은 자

㉠ 참 신자를 의미할 뿐만 아니라 은혜를 입어도 너무나 망극하고 지극한 은혜를 입은 자로 보아야 할 것입니다. 견인교리와 상충한다 하여 이를 거부하거나 깎아내리려 해서는 안 됩니다. 허물과 죄로 죽어서 에스겔 골자기의 마른 뼈와 같았던 심령이 "한 번 비췸을 얻고 하늘의 은사를 맛보고 성령에 참여한바 되고 하나님의 선한 말씀과 내세의 능력"을 맛보았다면, 그는 더할 수 없는 황공한 은혜를 입은 것이 분명한 것입니다. 그리고 이렇게 느끼기를 바라는 것이 본문이 의도하는 바이기도 합니다. 왜냐하면 그래야만 6절과의 대조가 선명하게 드러나게 될 것이기 때문입니다.

㉡ 생각해 보십시오. 나무에 조금 올라갔던 사람이 떨어졌다면 아무런 충격도 받지 않습니다. 그러나 높이, 아주 높이 올라갔던 사람의 경우는 전연 다릅니다. 그것은 치명상을 입을 수가 있는 것입니다. 본

문은 이런 대조를 보여주기를 원하고 있습니다. 은혜를 입어도 더할 수 없는 망극하신 은혜를 입은 경지를 보여주려고 신령한 말씀을 다 동원하고 있는 듯이 여겨집니다.

그렇다고 4-5절의 사람이 하나님은 "나만을 특별히 사랑하신다"고 여기는 그런 사람을 의미한다는 뜻은 아닙니다. 실로 천사를 붙들어 주려 하심이 아니요, 죽기를 무서워하므로 일생에 매여 종노릇 하는 나를 해방시켜 주기 위해서 천사보다 잠깐 동안 못하게 하심을 입으시고 십자가에서 죽기까지 해주셨다면, 우리 모두는 4-5절과 같은 더할 수 없는 극진하신 은혜를 입은 자인 것입니다.

배은망덕

2) 그런 우리가 타락을 한다면, "다시 새롭게 하여 회개케 할 수 없나니 이는 자기가 하나님의 아들을 다시 십자가에 못 박아 현저히 욕을 보임이라"(6) 합니다. 이는 구원 얻은 자도 타락할 수 있느냐 하는 견인 교리를 말씀하는 문맥이 아니라 원리적으로 하는 말씀인 것입니다.

생각해 보라는 것입니다. "저를 십자가에 못 박게 하소서, 못 박게 하소서" 하고 외치던 우매한 군중들처럼 하나님의 아들을 거부하고 배신하여 타락한다면 어떻게 무엇으로 "다시 새롭게 하여 회개케" 할 수가 있겠느냐는 것입니다.

㉠ "다시 새롭게 하여 회개케 할 수 없다"는 말씀을 교회를 떠났던 자는 다시 받아 줄 수 없다든가, 한 번은 가능하나 두 번은 안 된다든가 하는 식으로 보아서는 안 될 것입니다. 그런 해석이 가해진 적이 있었습니다. 하지만 이 말씀은 두 번의 기회는 없다는 아주 단호한 말씀입니다.

그러므로 이 말씀이 의미하는 바는 1:2절의 "모든 날 마지막"이라는 말씀과 9:26절의 "세상 끝에 나타나셨다"는 말씀 등이 증거 하듯이 하나님의 아들이 찾아오심은 마지막 계시요, 마지막 기회이지 이를 거부하는 자들에게 다른 날, 다른 기회, 다른 중보자란 없다는 단호한 말씀으로 이해해야만 하는 것입니다.

ⓛ 물론 어떤 신자가 탕자처럼 일시 아버지 집을 떠나고, 오네시모처럼 주인을 버리고 도망칠 수도 있습니다. 그러나 그들을 떠나도록 허용한 것은 아버지 집의 귀중성과 그 사랑을 더욱 깨닫게 하기 위해서였을 뿐이며, "잠시 떠나게 된 것은 이를 인하여 저를 영원히 두게"(몬 1:15) 하기 위한 사랑의 섭리에서였을 뿐입니다. 본문은 이런 경우를 두고 하는 말씀이 아닙니다.

3) 이점이 "땅이 그 위에 자주 내리는 비를 흡수하여 밭 가는 자들의 쓰기에 합당한 채소를 내면 하나님께 복을 받고 만일 가시와 엉겅퀴를 내면 버림을 당하고 저주함에 가까와 그 마지막은 불사름이 되리라"(7-8) 한, 밭의 예화에 나타나 있습니다. 두 경우를 대조해서 보여주고 있는데 이는, "채소와 엉겅퀴, 복과 불사름"을 대조하여, "그 마지막"이 다르다는 종말론적인 말씀인 것입니다.

㉠ 그러니까 8절의 불사름이 마지막에 있을 최종적인 심판을 의미한다면, 7절의 복도 마지막에 얻을 구원의 복을 의미하고 있음이 분명합니다. 그러므로 4-6절의 상태는 일시적(一時的)인 타락이 아니라 영구적인 배교(背敎)를 가리키는데, 그럴 경우 달리는 소망이 없다는 점을 경고하고 있는 것입니다.

또 한 가지 명심해야 할 것은, 본문의 주제가 은혜 받고 구원 얻었던 사람도 영구히 타락할 수 있느냐는 견인교리를 다루고 있는 문맥이 아니라는 점입니다. 본문의 문맥은 예수 그리스도의 십자가를 떠나서는 달리 구원이 없다는 일반론적인 경고인 것입니다.

㉡ 히브리서의 중심주제는 "우리의 믿는 도리의 사도시며 대제사장이신 예수를 깊이 생각하라(3:1), 믿음의 주요 또 온전케 하시는 이인 예수를 바라보자"(12:2)는 말씀에서 알 수 있듯이 예수 그리스도이십니다. 예수를 믿으면 구원이 있고 예수를 떠나서는 구원이 없다는 것이 핵심적인 메시지입니다.

경고와 격려

4) 선지서들을 보아도 앞부분은 죄에 대한 경고요, 뒷부분은 자기 백성에 향한 위로와 격려로 되어 있음을 봅니다. 이것은 다름 아닌 하나님 아버지의 마음이기도 합니다.

㉠ 히브리서의 패턴도 동일합니다. 이점을 조화롭게 관찰한다는 것은 대단히 중요합니다. 왜냐하면 경고 부분만을 따로 떼어서 전한다든가 부각시킨다면 우리는 큰 난제(難題)와 혼란에 부딪히게 될 것이기 때문입니다. 반면에 경고 부문을 도외시하고 격려 부분만을 강조한다면 하나님 두려운 줄 모르고 나태와 안일에 빠지게 되고 말 것입니다.

㉡ 6장의 구조도 경고 뒤에 위로와 격려와 확신을 주는 구조임을 유의하시기 바랍니다. 신앙생활에 있어서 좌로나 우로나 치우치지 아니하고 균형과 조화를 유지해 나간다는 것은 대단히 어려운 일이지만 그만큼 중요한 요점입니다.

히브리서에 경고와 격려가 함께 나타나고 있는 몇 곳을 예로 들어보겠습니다.

㉠ 2:1절은 "혹 흘러 떠내려갈까 염려하노라"는 경고로 시작하였

으나,

㉮ "백성의 죄를 구속하시고, 능히 도우시느니라"(17-18) 하는 격려로 마치고 있습니다.

ⓛ 4:1절도 "혹 미치지 못할 자가 있을까 함이라" 하는 경고로 시작하였으나,

㉯ "은혜의 보좌 앞에 담대히 나아갈 것이니라"(4:16) 하고 격려로 마칩니다.

ⓒ 6:4-6절에서도 "타락한 자들을 다시 새롭게 하여 회개케 할 수 없나니" 하는 경고로 시작하여,

㉰ "우리가 이 소망이 있는 것은 영혼의 닻" 같아서 튼튼하고 견고하여 휘장 안에 들어가나니"(6:19) 하고 격려로 끝맺고 있습니다.

ⓡ 10:26-27절에서도 "다시 속죄하는 제사가 없고, 대적하는 자를 소멸할 맹렬한 불만 있으리라"는 무서운 경고가 있는가 하면,

㉱ "그러므로 형제들아 우리가 예수의 피를 힘입어 성소에 들어갈 담력을 얻었나니"(10:19-22) 하는 소망과 격려도 함께 있습니다.

이 두 가지를 함께 주셔서 좌로나 우로나 치우침이 없이 "너희 발을 위하여 '곧은 길' 을 만들어 저는 다리로 하여금 어그러지지 않고 고침을 받게 하라"(12:13) 하신 하나님을 찬양합시다.

2. 구원에 대한 확신

둘째 단락에서는 앞 단락에서 제기되었던 은혜 입은 자도 타락할 수 있느냐는 의문에 답을 제공해 줍니다. 한마디로 그렇지 아니함을 "확신하노라"고 말씀합니다. 무서운 경고를 발한 성령께서는 "사랑하는 자들아"(9) 하고 지극히 자애로운 음성으로 부르고 계십니다. 이런

호칭은 히브리서 전체에서 이곳에 단 한번만 나타나는 호칭입니다.

확신하노라

5) "사랑하는 자들아 우리가 이같이 말하나 너희에게는 이보다 나은 것과 구원에 가까운 것을 확신하노라"(9) 합니다. 우리말 성경에는 나타나 있지 않지만 원문에는 "그러나" 하고, 앞에서 말씀한 것을 뒤집는 접속사로 시작이 됩니다.

㉠ "그러나 우리가 이같이 말하나"(9) 한 "이 같이"는, 4-8절에서 말씀한 두려운 경고를 가리킵니다. 두려운 경고를 하고 난 히브리서 기자는, "너희에게는 이보다 나은 것과 구원에 가까운 것을 확신하노라" 하고 말씀해 줍니다. 이 한마디 말씀이 앞에서 의아해하던 모든 의구심을 말끔히 씻어 줍니다. "확신"(確信)한다는 말은, ㉮ 첫째로 그들을 구원하시려고 택하시고 부르신 하나님께 대한 확신일 뿐만 아니라, ㉯ 둘째로 성도들을 믿는다는 확신이기도 합니다.

㉡ 그렇다면 앞에서 발한 경고는 목회자로서 성도들을 사랑하기 때문에 한 일반적인 경고였을 뿐 너희가 그렇게 된다는 뜻은 아니라는 것이 됩니다. 그들의 구원은 확실할 뿐만 아니라, "하나님이 불의치 아니하사 너희 행위와 그의 이름을 위하여 나타낸 사랑으로 이미 성도를 섬긴 것과 이제도 섬기는 것을 잊어버리지 아니하시느니라"(10) 하고, 그들의 봉사에 대하여 보상해 주실 것임을 첨부하고 있습니다.

간절히 원하는 것은

6) 이어서 "우리가 간절히 원하는 것은 너희 각 사람이 동일한 부지런을 나타내어 끝까지 소망의 풍성함에 이르러 게으르지 아니하고

믿음과 오래 참음으로 말미암아 약속들을 기업으로 받는 자들을 본받는 자 되게 하려는 것이니라"(11-12) 합니다.

㉠ "우리가 간절히 원하는 것은" 하고, 그들을 향한 간절한 소원과 기대하는 바가 있다고 말씀합니다. 이는 그들의 현재 신앙 상태가 전적으로 만족할 만한 것은 아니라는 뜻도 됩니다. 소원하는 바를 두 가지로 요약할 수가 있는데,

㉮ 첫째가 부지런 하라(11)는 말씀입니다. 이점을 이번에는 부정적으로 "게으르지 아니하고" 하고 재차 강조합니다. "거짓말" 같은 것은 해서는 아니 될 죄(罪)인 줄 알고 있으나 믿는 자에게 "게으름"이 얼마나 치명적인 병인가는 인식하지 못하는 것 같습니다. "좀 더 자자, 좀 더 졸자 손을 모으고 좀 더 눕자하면 네 빈궁이 강도 같이 오며 네 곤핍이 군사같이 이르리라"(잠 6:10-11) 하고 경종을 울립니다.

육적으로도 빈궁해지거니와 더욱 치명적인 것은 영적인 빈궁입니다. 히브리서의 수신자들이 이 게으름 때문에 듣는 것이 둔하게 되었고, 현대교회 성도들도 "게으름이라는 사탄의 군사"에게 붙잡혀 있는 상태라 할 것입니다.

㉯ 둘째로, "끝까지 소망의 풍성함에 이르러 약속들을 기업으로 받는 자들을 본받는 자" 되기를 소원한다는 것입니다." 형제는 우리에게 있는 "소망의 풍성"함이 어떠한지 알고 있습니까? 이점을 사도 바울은, "하늘에 속한 모든 신령한 복"(엡 1:3)이라 말씀하면서, "그 기업의 영광의 풍성이 무엇인지"(엡 1:18) 알게 해달라고 간구합니다. 하나님께서 자녀 된 우리들을 위하여 예비해 놓으신 "기업의 영광의 풍성", 이것이 본문이 말씀하는 "소망의 풍성"함인 것입니다.

이 "소망의 풍성"함을 어떻게 알 수가 있는가? 약속의 말씀(성경)

을 부지런히 살펴보아야만 하는 것입니다. 선지자(先知者)들이라고 해서 눈만 감으면 모든 것을 알 수 있는 것이 아니라, 선지자들도 "연구(研究)하고 부지런히 살펴서"(벧전 1:10) 증거했다면 하물며 우리는 더욱 부지런히 살펴야하지 않겠습니까?

㉡ 이 "소망의 풍성"함을 알아야할 만큼 알지를 못하기 때문에 "곤고하고, 가련하고, 가난하고, 눈멀고, 벌거벗은 자"(계 3:17) 같이 되는 것입니다. 그런데 "부지런"하기 위해서는 "믿음과 오래 참음"이 있어야 한다는 것입니다. 어떤 분은 시작은 잘하는데 "오래 참음"이 없어서 얼마 가지 않아서 중단하고 마는 것을 봅니다. 그러지 말고 시작이나, 중간이나, 끝이 동일한 부지런을 나타내어 끝까지 소망의 풍성함에 이르러 믿음과 오래 참음으로 약속(約束)들을 기업으로 받은 자가 되게 하려는 것이 간절히 원하는 바라는 것입니다.

㉢ 왜냐하면 신앙의 결승점은 "약속들을 기업으로 받는" 데 있기 때문입니다. 히브리서 기자는 "약속"이라는 말씀에 이르자, "하나님이 아브라함에게 약속하실 때에"(13상) 하고, 이내 아브라함을 거론합니다. 왜냐하면 아브라함은 "믿음과 오래 참음"(12)으로 약속을 기업으로 받은 본(本)이 되기 때문입니다. 이를 다음 단원에서 보게 될 것입니다.

나누어 봅시다

1. 경고하는 의도가 무엇인가에 대해서,
2. 구원에 대한 확신이 어떻게 표현되어 있습니까?
3. 간절히 원하는 바가 무엇입니까?

6:13-20의 분석 도표

두 가지 변치 못할 사실을 들어 격려함

첫 번째 변치 못할 사실	13-15 하나님이 아브라함에게 약속하실 때에 (13) 내가 반드시 너를 복 주고 복 주며 너를 번성케 하리라 하셨더니 (14) 저가 이같이 오래 참아 약속을 받았느니라 (15)
두 번째 변치 못할 사실	16-17 사람들은 자기보다 더 큰 자를 가리켜 맹세 하나니 맹세는 최후 확정이 니라 (16) 하나님은 약속을 맹세로 보증하셨 나니 (17)
앞서 가신 주님을 뒤따라 들어감	18-20 하나님이 거짓말 하실 수 없는 이 두 가지 변치 못할 사실을 인하여 앞에 있는 소망을 얻으려고 피하여 가는 우리로 큰 안위를 받게 하려 하심이라 (18) 우리가 이 소망이 있는 것은 영혼의 닻 같아서 튼튼하고 견고하여 휘장 안에 들어가나니 (19) 앞서 가신 예수께서 멜기세덱의 반차를 좇아 영원한 대제사장이 되어 우리를 위하여 들어가셨느니라 (20)

도표 해설

본 단원의 중심점은 하나님의 "두 가지 변치 못할 사실"에 있습니다. 저자는 이를 들어서 성도들을 격려해 주고 있습니다. 두 가지 변치 못할 사실이란 무엇인가? 도표를 보시면 세 개의 연결된 선을 따라 "하나님, 약속, 맹세"가 부각되어 있습니다. 첫 번째 변치 못한 사실(첫 단락)은 하나님의 "약속"입니다. 두 번째 변치 못할 사실(둘째 단락)은 그 약속을 보증하여 주신 하나님의 "맹세"입니다.

하나님께서 언약해주신 "약속"(約束) 하나만으로도 황공하고 충족하나 인간의 불신앙을 인하여 하나님께서는 약속하신 바를 "맹세"로 보증하여 주시기까지 하셨습니다. 그렇다면 이것은 제목 그대로 "두 가지 변치 못할 사실"이 아닐 수가 없습니다. 이 두 가지 변치 못할 사실을 굳게 붙잡고, "앞서 가신 주님을 따라 들어가라"(세 번째 단락) 하고 격려해 주고 있습니다.

두 가지 변치 못할 사실을 들어 격려함

[13] 하나님이 아브라함에게 약속하실 때에 가리켜 맹세할 자가 자기보다
더 큰 이가 없으므로 자기를 가리켜 맹세하여 [14] 이르시되 내가 반드시
너에게 복 주고 복 주며 너를 번성하게 하고 번성하게 하리라 하셨더
니 [15] 그가 이같이 오래 참아 약속을 받았느니라 [16] 사람들은 자기보다
더 큰 자를 가리켜 맹세하나니 맹세는 그들이 다투는 모든 일의 최후
확정이니라 [17] 하나님은 약속을 기업으로 받는 자들에게 그 뜻이 변하
지 아니함을 충분히 나타내시려고 그 일을 맹세로 보증하셨나니 [18] 이
는 하나님이 거짓말을 하실 수 없는 이 두 가지 변하지 못할 사실로 말
미암아 앞에 있는 소망을 얻으려고 피난처를 찾은 우리에게 큰 안위를
받게 하려 하심이라 [19] 우리가 이 소망을 가지고 있는 것은 영혼의 닻
같아서 튼튼하고 견고하여 휘장 안에 들어 가나니 [20] 그리로 앞서 가신
예수께서 멜기세덱의 반차를 따라 영원히 대제사장이 되어 우리를 위
하여 들어 가셨느니라(히 6:13-20).

하나님의 "언약과 맹세"는 둘이 아니라 결국 하나인 것입니다. 지금 히브리서는 하나님의 "약속과 맹세" 자체를 증거 하려는데 있는 것이 아닙니다. 하나님의 약속에 근거하여 예수 그리스도께서 멜기세덱의 반차를 좇은 대제사장이 되셨음을 증거 하는데 초점이 맞춰져 있는 것입니다.

완전한 데 나아가라(2) 하고 독려한 것도, 타락을 경고(4)하고, 권

면을 한(11) 것도, 멜기세덱의 반차를 좇아 영원한 대제사장이 되셔서 앞서 들어가신 예수님을 뒤따라 우리들도 들어가게 되었음(셋째 단락)을 확신시켜 주기 위해서인 것입니다. 천지는 변하고 없어질지언정 이 두 가지 변치 못할 사실에 근거하여 "앞서" 들어가신 대제사장 되시는 예수님을 좇아 우리도 휘장 안에 들어가게 되었다는 것은 큰 안위(安慰)와 튼튼하고 견고한 소망(所望)이 아닐 수 없습니다.

1. 첫 번째 변치 못할 사실

1) "하나님이 아브라함에게 약속하실 때에 가리켜 맹세할 자가 자기보다 더 큰이가 없으므로 자기를 가리켜 맹세하여"(13), 13절 안에는 "약속과 맹세"가 있습니다.

㉠ 첫 번째 변치 못할 사실은 하나님의 "약속"입니다. 이 주제는 여기서 뿐만 아니라 언제 어디서든 첫 번째로 변치 못할 위치에 두어야만 합니다. 하나님의 맹세가 첫째가 아닙니다. 기사와 이적이 아닙니다. 체험이 아닙니다. 하나님의 약속이 첫째입니다. 모든 것은 그 뒤를 따라야만 하는 것입니다. 만일 약속이 없다면 믿음도, 소망도, 은혜도, 구원도, 하나님과의 관계도, 전부가 없게 됩니다.

㉡ 선민 유대인들이 이방인들에 비해 나은 점이 무엇이었습니까? "첫째는 저희가 하나님의 말씀을 맡았음이니라"(롬 3:2) 하고 말씀합니다. 하나님의 약속의 말씀을 받아 간직했다가 우리에게 전해준 것, 이것이 유대인의 가장 큰 특권이었던 것입니다. 목사가 평신도에 비해 나은 점이 무엇입니까? 성도들은 제사장이고, 목사는 대제사장이라도 된다는 것인가요? 아닙니다. 대언할 "하나님의 약속의 말씀을 맡은" 말씀의 사역자라는 점입니다. 그리고 이것이 중요한 것은 양 무

리를 살리는 생명의 꼴이 될 수도 있고, 죽이는 독초가 될 수도 있기 때문입니다(참고. 사 56:9-12).

2) 하나님께서 아브라함에게 약속하시기를, "내가 반드시 너를 복 주고 복 주며 너를 번성케 하고 번성케 하리라 하셨더니 저가 이같이 오래 참아 약속을 받았느니라"(14-15) 합니다.

㉠ 그러면 아브라함은 얼마나 오래 참아 약속을 받았는가?

㉮ 육적으로는 75세에 부름을 받아 100세에 이삭을 낳은 25년 간 오래 참았던 것입니다.

㉯ 그러나 구속사의 맥락으로 하면 아브라함에게 약속하신 지 2천 년 만에 그의 자손으로 그리스도가 오심으로 성취된 점을 생각해야하는 것입니다.

㉡ 그래서 11:13절에서는 "이 사람들(아브라함, 이삭, 야곱, 사라 등)은 다 믿음을 따라 죽었으며 약속을 받지 못하였다" 하고 말씀하는 것입니다. 이점이 왜 중요하냐 하면, "주의 (재림)약속은 어떤 이의 더디다고 생각하는 것같이 더딘 것이 아니라" 하는 점 때문입니다. 베드로 사도는, "사랑하는 자들아 주께는 하루가 천 년 같고 천 년이 하루 같은 이 한 가지를 잊지 말라"(벧후 3:9, 8) 하고 당부합니다.

인간은 하나님의 "때와 기한"(행 1:7)에 대해서는 알지를 못합니다. 그러므로 하나님의 약속을 믿는 자에게 요청되는 바는 "믿음과 오래 참음"(12), 즉 신뢰하고 기다리는 자세인 것입니다.

㉢ "저(아브라함)가 이같이 오래 참아 약속을 받았다"는 말씀은 6:12절에서, "믿음과 오래 참음으로 말미암아 약속들을 기업으로 받은 자들을 본받는 자 되게 하려는 것이라" 한 권면과 결부가 되는 말씀인 것입니다. 그러니까 아브라함은 ㉮ "믿음"의 조상만이 아니라,

㉯ "오래 참음"의 본도 된다는 말씀입니다.

결국 히브리서 독자들은 약속에 대한 "오래 참음"이 부족했다는 것이 되고, "오래 참음"이 부족했다는 것은 "믿음"이 부족했다는 결론에 이르게 되는 것입니다. 그래서 10장에 이르러서는, "잠시 잠간 후면 오실 이가 오시리니 지체하지 아니하시리라 오직 나의 의인은 믿음으로 말미암아 살리라"(10:37-38) 하는 것입니다.

2. 두 번째 변치 못할 사실

3) 두 번째 변치 못할 사실은 약속에 대한 보증(保證)으로 주신 "맹세"입니다. 13-17절의 다섯 절 안에는 "맹세"라는 말이 5번이나 나옵니다.

㉠ 통상적으로 맹세는 자기보다 능력 있고 큰 자를 가리켜 하는 법인데 하나님 자신은 "자기보다 큰 이가 없으므로 자기를 가리켜 맹세"(13)하셨다는 것입니다. 그리고 맹세란 "모든 다투는 일에 최후 확정이니라"(16) 합니다. 성경은 맹세를 함부로 해서는 아니 될 신성불가침으로 여기고 있습니다.

㉡ 유대인들은 시비가 벌어졌을 때 어느 쪽에서 "내가 맹세한다" 하고 말하면 확정판결(確定判決)과 같은 권위로 여겼는데 이것이 "최후 확정"이라는 뜻입니다. 이처럼 인간의 맹세도 반드시 지켜야 한다면 하나님께서 자신의 거룩하신 이름을 두고 하신 맹세는 더욱 변치 못할 사실이라는 것입니다.

㉢ 그래서 하나님의 약속과 맹세를 가리켜 "하나님이 거짓말하실 수 없는 이 두 가지 변치 못할 사실"이라고 말씀합니다. 이점을 사도 바울은, "우리는 미쁨이 없을지라도 주는 일향 미쁘시니 자기를 부인

하실 수 없으시리라"(딤후 2:13) 하고 말씀합니다. 하나님께서 약속하신 바를 지켜주시지 않는다면 거룩하시고, 의로우신 "자기를 부인하는 것"이 된다는 것입니다.

㉣ 구약성경에서도 "너희는 능히 낮에 대한 나의 약정과 밤에 대한 나의 약정을 파하여 주야로 그때를 잃게 할 수 있을진대 내 종 다윗에게 세운 나의 언약도 파할 수"(렘 33:20) 있으리라 합니다. 이는 언약의 불변성을 강조하는 표현인데 그러므로 천지는 변하여도 하나님의 말씀은 절대로 "변치 못할 사실"이라는 것입니다.

3. 앞서 들어가신 주님을 뒤따라 들어감

4) 세 번째 단락에서는 "이는 하나님이 거짓말을 하실 수 없는 이 두 가지 변치 못할 사실"에 근거하여, 위로하고 격려를 합니다.

㉠ 첫째로 "앞에 있는 소망(所望)을 얻으려고 피하여 가는 우리로 큰 안위를 받게 하려 하심이라"(18하) 하고, "안위"(安慰)를 합니다.

㉮ 먼저 성도의 상태를 묘사하기를 "앞에 있는 소망을 얻으려고 피하여 가는 우리"(18)라고 말씀합니다. "피하여 간다"고 표현한 히브리서 저자는, 목숨을 보존하기 위해서 "도피성"으로 피하여 가는 장면을 염두에 두고 한 말임이 분명합니다. 왜냐하면 구약에서 계시하신 도피성이란, 피난처 되시는 예수 그리스도의 모형으로 주어진 것이기 때문입니다. 그러므로 그리스도인들이란 도피성을 향해서 전력질주를 하는 자들과 같다는 것입니다. 왜냐하면 나를 잡으려는 사탄이 뒤에서 쫓아오고 있기 때문입니다.

도피성 되시는 예수 그리스도

㉡ 참으로 성경은 충족된 계시입니다. 하나님께서는 복음을 "옛적에 선지자들로 여러 부분과 여러 모양"(1:1), 즉 "언약, 예표, 그림자, 모형" 등으로 말씀하여주신 후에 실체(實體)이신 그리스도를 보내주신 것입니다. 그러므로 믿지 않는 것은 증거가 부족하기 때문이 아니라 마음이 강퍅하기 때문인 것입니다.

㉮ "앞에 있는 소망"이라고 말씀합니다. 도피성(소망)은 앞에 있지 뒤에 있지 않습니다. 그러므로 앞에 있는 도피성을 향하여 저곳에 가기만 하면 살 수 있다는 소망을 가지고 전심전력으로 전진하는 것이 성도들이라는 말씀입니다.

㉯ "피하여 가는"이라고 말씀합니다. 왜 피하여 간다 하는가? 뒤에서는 그를 잡으려고 "너희 대적 마귀가 우는 사자같이"(벧전 5:8) 좇아오기 때문입니다.

㉰ "큰 안위를 받게 하려 하심이라"고 말씀합니다. 도피성에 당도한 그는 숨을 내쉬면서 이제는 살았구나 하고 안위를 받게 됩니다.

㉱ "우리"라고 말씀합니다. 이것이 성도들인 우리들의 영적인 모습이라는 말씀입니다.

지성소 안으로 우리들을 인도하시는 예수 그리스도

5) "우리가 이 소망이 있는 것은 영혼의 닻 같아서 튼튼하고 견고하여 휘장 안에 들어가나니"(19) 합니다.

㉠ 이 말씀은 영광스러움으로 가득하기 때문에 한마디, 한마디를 음미해보아야만 합니다.

㉮ "영혼의 닻 같다"는 표현은 2:1절에서 "혹 흘러 떠내려갈까 염려하노라" 한 말과는 상반된 표현으로 절대적으로 안전하다는 뜻입

니다.

㉯ 그래서 "튼튼하고 견고하여" 라고 말씀하는 것입니다. 얼마나 튼튼하고 견고한지 형제는 말해줄 수가 있습니까?

㉰ "휘장 안에 들어가나니" 합니다. "휘장 안"이란 하나님이 임재하시는 지성소를 의미합니다. 여기가 절정(絶頂)입니다. 18절에서는, "피하여 가는"(18) 하고, 도피성 모형을 들어 말씀했는데 19절에서는, "휘장 안에 들어가나니"(19) 하고 성소(聖所)라는 모형으로 전환(轉換)시키고 있는 이 절묘함을 놓치지 마시기 바랍니다. "휘장 안으로 들어간다" 하면 그곳은 누구도 근접하지 못하는 "지성소"(至聖所)이기 때문입니다.

시편(詩篇)에서는 지성소에 들어간 자의 안정성을 이렇게 노래합니다.

지존자의 은밀한 곳에 거하는 자는 전능하신 자의 그늘 아래 거하리로다
내가 여호와를 가리켜 말하기를 저는 나의 피난처요
나의 요새요 나의 의뢰하는 하나님이라 하리니

이는 저가 너를 새 사냥꾼의 올무에서와
극한 염병에서 건지실 것임이로다
저가 너를 그 깃으로 덮으시리니
네가 그 날개 아래 피하리로다
그의 진실함은 방패와 손 방패가 되나니
너는 밤에 놀램과 낮에 흐르는 살과
흑암 중에 행하는 염병과 백주에
황폐케 하는 파멸을 두려워 아니하리로다

천인이 네 곁에서, 만인이 네 우편에서 엎드러지나
이 재앙이 네게 가까이 못하리로다(시 91:1-7).

㉡ 영접하심을 받아 지성소에 들어간 그를 끌어낼 자가 누구입니까? 누가 감히 해할 수가 있단 말입니까? 그 곳은 튼튼합니다. 그 곳은 견고합니다. 그러면 지성소에 들어가는 일이 언제 일어납니까? 예배드릴 때입니다. 기도할 때입니다. 임종시입니다. 그리고 주님께서 재림하실 때에 하나님이 계시는 영광에 영원히 들어가게 되는 것입니다.

㉢ 다시 상기시키면서 강조합니다만 하나님 존전에서 추방(追放)당하였던 원죄 하에 있는 자들이 "지존(至尊)자의 은밀한 곳"인 "지성소"(至聖所)에 "들어가게" 되었다는 것보다 더 놀랍고도 기쁜 소식은 없는 것입니다. 이 "믿어지지 않는 사실"을 어떻게 확신할 수가 있는가? "이 두 가지 변치 못할 사실", 즉 "언약과, 맹세"에 근거해서인 것입니다.

6) "그리로 앞서 가신 예수께서 멜기세덱의 반차를 좇아 영원히 대제사장이 되어 우리를 위하여 들어 가셨느니라"(20) 합니다.

㉠ 본문을 주목해보십시오. "우리를 위하여"라 말씀하십니다. 이는 우리가 하나님 존전(尊前)에 들어가게 되었다는 최종적인 증거라 할 수가 있습니다.

㉮ 그렇습니다. 천사보다 잠간 동안 낮아지심도 우리의 형제가 되시기 위하여(2:11),

㉯ 십자가에 달려 죽어 죽으심도 우리의 죄를 구속(2:17), 즉 "우리를 하나님 앞으로 인도하려 하심이라"(벧전 3:18) 합니다.

㉰ 다시 살아나심도 우리를 위하여서입니다. "그리스도께서 다시 사신 것이 없으면 너희의 믿음도 헛되고 너희가 여전히 죄 가운데 있을 것이요"(고전 15:17) 합니다.

㉱ "휘장 가운데로 새롭고 산 길을 열어주신" 것도 우리를 들어가게 하시기 위하여(10:20),

㉲ 하늘에 있는 성소에 들어가신 것도 우리의 영광을 위하여(6:20),

㉳ "그가 항상 살아서 간구하심도"(7:25) 우리의 믿음 떨어지지 않게 하시기 위하여,

㉴ 그리고 "구원에 이르게 하기 위하여, 자기를 바라는 자들에게 두 번째 나타나시리라"(9:28) 하십니다.

㉡ 이 모든 것이 가능하게 된 것은, "예수께서 멜기세덱의 반차를 좇아 영원히 대제사장이 되어 우리를 위하여 앞서 들어가셨기"(20) 때문이라는 것입니다. 히브리서 기자는 5:10절에서 중단했던 "멜기세덱의 반차를 좇은 대제사장"이라는 주제로 다시 돌아온 것입니다. 그러므로 5:11-6:19절까지는 1차 독자들의 듣는 것이 둔하게 된 것을 시정해 주기 위해서 책망하고, 권고하며, 격려하기 위하여 첨부된 삽입구라 할 수가 있습니다. 이제 우리는 멜기세덱의 반차를 좇는 대제사장이라는 깊고 오묘한 말씀을 들을 준비가 된 것입니다.

적용

6장에는 상반된 두 가지 개념, 즉 타락에 대한 경고(6)와 구원에 대한 확신(9)이 함께 있습니다. 말씀의 사역자들은 6장을 다룰 때에 타

락에 대한 경고에 열을 더 올리기가 쉽습니다. 왜냐하면 그렇게 하는 것이 성도들을 정신 차리게 하고 열심 있게 하리라는 생각에서입니다. 그렇게 하는 것이 목회를 편하게 하는 방법이라고 생각할 수도 있을 것입니다.

그러나 그렇게 한다면 주님께서 속전을 지불하시고 해방하여 자유케 하신 성도들을 눌리게 하고 결박당하게 할 위험이 있습니다. 그것은 목회자로서 갖추어야 할 중요한 요소를 상실한 것이 됩니다. 목자장께서 우리에게 부탁하신 것은 "사랑하는 자들아"(9) 하고, 양 무리를 위해서 목숨을 주라는 사랑입니다. 그들은 목회자의 사랑하는 자일뿐만 아니라 주님의 "사랑하는 자들"입니다. 이 점에서 깨닫게 되는 것은 4-8절까지의 무서운 경고도 결국 사랑에 대한 다른 표현이라는 점입니다.

본문에는 나타나 있지 않습니다만 저자의 심정은, "내가 여러 번 너희에게 말하였거니와 이제도 눈물을 흘리며 말하노니(빌 3:18), 내가 큰 환난과 애통한 마음이 있어 많은 눈물로 너희에게 썼노니"(고후 2:4) 한, 심정으로 하는 눈물의 권면임을 짐작하기가 어렵지 않습니다.

형제여, 우리는 성도들을 책망할 때 눈물로 하고 있습니까? 만일 "사랑하는 자들아" 하고 진심에서 부를 수 있는 사랑이 없다면, 차라리 입을 다물고 잠잠함이 나을 것입니다. 분량으로 보아도 경고 부분보다는 확신을 주는 부분이 몇 배나 더 많은 것을 생각합시다. 확신 부분에는 하나님의 "약속과 맹세", 이 두 가지 변치 못할 사실이 있습니다. 큰 안위가 있고(18) 튼튼하고 견고함(19)이 있고, 무엇보다도 "휘장 안에 들어감"이 있습니다.

"사랑하는 자들"이란 앞서 가신 예수 그리스도를 따라 지존자의 은밀한 곳, 휘장 안에 들어갈 수 있는 은총을 입은 자들입니다. 이것을 전해 주어야 합니다. 이것을 확신시켜 주어야 합니다. 그렇게 할 때 "늘 울어도 눈물로써 못 갚을 줄 알아 몸밖에 드릴 것 없어 이 몸 바칩니다" 하고 자원하는 마음, 즐거운 마음으로 헌신하는 자들이 될 것입니다. 사랑만이 우리의 굳은 마음을 변화시킬 수 있습니다.

나누어 봅시다

1. 첫 번째 변치 못할 사실이 무엇입니까?
2. 두 번째 변치 못할 사실이 무엇입니까?
3. 앞서 들어가심, 휘장 안에 들어감, 안위 등에 대해서.

7장 개관도표

유다 지파를 좇아 나신 별다른 대제사장

<table>
<tr><td rowspan="1">멜기세덱의 존귀</td><td colspan="2">1-10

멜기세덱은 살렘 (왕이요) 하나님의 (제사장이라)
의의 왕이요 (1)
평강의 왕이요 (2)

어떻게 높은 것을 생각하라 아브라함이 십분의 일을 주었느니라 (4)
아브라함을 만나 복을 빈 자라 (1)</td></tr>
<tr><td rowspan="2">제사 직분의 변역</td><td>11-25 레위 계통의 제사 직분</td><td>별다른 제사장</td></tr>
<tr><td>온전함을 얻을 수 있었으면

제사 직분이 변역한즉

육체에 상관된 계명의 법을 좇지 아니하고

예수는
영원히 계시므로 제사 직분도 갈리지 아니하나니 (24)</td><td>별다른 제사장을 세울 필요가 있느뇨 (11)

율법도 변역하리라 (12)

우리 주께서 유다로 좇아 나신 것이 분명하도다 (14)

무궁한 생명의 능력을 좇아 된 것이니 (16)</td></tr>
<tr><td></td><td colspan="2">그가 항상 살아서 저희를 저희를 위하여 간구하심이니라 (25)</td></tr>
<tr><td rowspan="2">우리에게 합당한 대제사장</td><td colspan="2">26-28
이러한 대제사장은 우리에게 합당하니 (26)</td></tr>
<tr><td>(율법은) (28)

약점을 가진 사람을 제사장으로 세웠거니와

영원히 온전케 되신 아들을 세우셨느니라</td><td>(맹세의 말씀은) (28)</td></tr>
</table>

도표 해설

7장의 주제는 제사 직분이 변역(變易)되었다(12)는데 있습니다. 도표를 보시면 첫째 단원에서는 먼저 "멜기세덱의 존귀"를 말씀하고, 둘째 단원에서는 "제사 직분의 변역"을 진술하고 있는데, "레위 계통의 제사 직분에서, 멜기세덱의 반차를 좇은 별다른 제사장"으로 변역되었음을 보여줍니다. 별다른 제사장 직분은, "유다로 좇아 나시고, 맹세로 된 것이고, 갈리지 아니하나니" 하고 영원함을 말씀합니다. 그러므로 "자기를 힘입어 하나님께 나아가는 자들을 온전히 구원하실 수 있으시다" 하고 말씀합니다.

마지막 단원에서 이러한 대제사장은 "우리에게 합당한 대제사장"이라고 말씀하면서 그분이 바로 "영원히 온전케 되신 아들"이시라고 결론을 맺고 있습니다.

7장 개관
유다 지파를 좇아 나신 별다른 대제사장

7장은 "이 멜기세덱은"(1) 하고 시작이 됩니다. 이 말씀은 5:10절과 연결되는 말씀입니다. 성경에 멜기세덱에 대한 언급은 본문 외에 창세기 14:17-20절과, 시편 110:4절 두 곳에만 나옵니다. 창세기 14장에서는 그를 왕이요 제사장으로(창 14:18) 소개하고 있습니다.

시편 110:4절에서는 메시아를 가리켜 "너는 멜기세덱의 반차를 좇아 영원한 제사장이라 하셨도다" 하고 예언적으로 말씀하고 있습니다. 이 말씀이 히브리서에서 얼마나 중요하게 다루어지고 있느냐 하면 5:6, 6:20, 7:11, 17, 21절, 이처럼 5번이나 반복적으로 인용하고 있는 것만 보아도 알 수가 있습니다. 이 점에서 분명히 밝혀 두어야 할 것은, 복음은 율법이 주어지기 전에 먼저 주어졌다는 사실입니다.

많은 분들이 생각하고 있듯이 구약은 율법이고, 신약은 복음인 것이 아닙니다. 구약도 원 복음(창 3:15)으로 시작하여 아브라함에게 하신 언약(갈 3:8) 등 복음이 먼저 주어졌고, 신약에서 복음이 성취되기까지 그 사이에 율법이 가입(加入)하게 된(롬 5:20; 갈 3:19) 것뿐입니다.

그러니까 율법은 복음과, 복음 사이에 임시적으로 끼어든 것이 됩니다. 이점이 왜 중요한가 하면 율법으로 말미암아 제사장 된 레위 계통의 제사장이 있기 이전에 벌써 은혜로 말미암은 멜기세덱의 반차를 좇은 "지극히 높으신 하나님의 제사장"(창 14:18)이 있었다는 점 때문입니다.

㉮ 먼저는 복음이 주어지고 율법이 가입되었다가 폐해지고 다시 복음으로 돌아감과 같이,

㉯ 먼저는 멜기세덱이 제사장이었으나 율법이 끼어들자 레위 계통이 제사장이 되었다가 폐하여지고 다시 멜기세덱의 반차를 좇는 제사장이 등장하게 되었다는 것이 구속사적인 맥락인 것입니다.

이것이 7장에서 강조하고 있는 신학적(神學的)인 논증입니다. 이 점을 12절에서는, "제사 직분이 변역(變易)한즉 율법도 반드시 변역하리니" 하고 말씀하는 것입니다. 그러므로 7장의 주제는 "멜기세덱의 반차를 좇는 별다른 제사장"입니다. 이 말씀이, 11절과 15절에서 두 번 언급하고 있어서 단연 중심 주제임을 알 수가 있습니다.

7:1-10의 분석 도표

멜기세덱의 존귀

왕이요 제사장	1-3 멜기세덱은 살렘 (왕이요) 지극히 높으신 하나님의 (제사장이라) 아브라함을 만나 복을 빈 자라 (1) 아브라함이 십분의 일을 그에게 나눠 주니라 (2) (의의 왕이요) (평강의 왕이요) (2) 아비도 없고 어미도 없고 족보도 없고 시작한 날도 없고 생명의 끝도 없어 [하나님의 아들과 방불하여 항상 제사장으로 있느니라 (3)]
레위 계통보다 높은 자	4-10 이 사람이 어떻게 높은 것을 생각하라 아브라함이 십분의 일을 저에게 주었느니라 (4) 레위도 십분의 일으 바쳤다 할 수 있나니 (9) 레위는 아직 자기 조상의 허리에 있었음이니라 (10) 약속 얻은 자를 위하여 복을 빌었나니 (6) 낮은 자가 높은 자에게 복 빎을 받느니라 (7)

도표 해설

본 단원의 주제는 "멜기세덱의 존귀"를 증거 하는데 있습니다. 이렇게 하는 의도는 멜기세덱의 존귀를 드러내기 위해서가 아니라 예수 그리스도께서 대제사장 되심이 레위 계통의 제사장보다 얼마나 우월하신가를 증거하기 위해서인 것입니다.

첫 단락에서는 그가 "왕이요 제사장"이었음을 증거하고, 둘째 단락에서는 그가 "레위 계통보다 얼마나 높은 자"(4)인가를, 아브라함이 그에게 십분의 일을 주었으며, 그는 아브라함에게 복을 빌었다는 성경을 들어 논증합니다.

멜기세덱의 존귀

[1] 이 멜기세덱은 살렘 왕이요 지극히 높으신 하나님의 제사장이라 여러
왕을 쳐서 죽이고 돌아오는 아브라함을 만나 복을 빈 자라 [2] 아브라함
이 모든 것의 십분의 일을 그에게 나누어 주니라 그 이름을 해석하면
먼저는 의의 왕이요 그 다음은 살렘 왕이니 곧 평강의 왕이요 [3] 아버지
도 없고 어머니도 없고 족보도 없고 시작한 날도 없고 생명의 끝도 없
어 하나님의 아들과 닮아서 항상 제사장으로 있느니라 [4] 이 사람이 얼
마나 높은가를 생각해 보라 조상 아브라함도 노략물 중 십분의 일을
그에게 주었느니라 [5] 레위의 아들들 가운데 제사장의 직분을 받은 자들
은 율법을 따라 아브라함의 허리에서 난 자라도 자기 형제인 백성에게
서 십분의 일을 취하라는 명령을 받았으나 [6] 레위 족보에 들지 아니한
멜기세덱은 아브라함에게서 십분의 일을 취하고 약속을 받은 그를 위
하여 복을 빌었나니 [7] 논란의 여지 없이 낮은 자가 높은 자에게서 축복
을 받느니라 [8] 또 여기는 죽을 자들이 십분의 일을 받으나 저기는 산다
고 증거를 얻은 자가 받았느니라 [9] 또한 십분의 일을 받는 레위도 아브
라함으로 말미암아 십분의 일을 바쳤다고 할 수 있나니 [10] 이는 멜기세
덱이 아브라함을 만날 때에 레위는 이미 자기 조상의 허리에 있었음이
라(히 7:1-10).

본 단원은 두 단락으로 나누어집니다. 첫째 단락에서는 멜기세덱이 어떠한 분인가를 소개합니다. 그리고 둘째 단락에서는 그가 레위 계통의 제사장보다 얼마나 더 높은 자인가를 말씀하고 있습니다.

1. 왕이요 제사장

1) "멜기세덱은 살렘 왕이요 지극히 높으신 하나님의 제사장이라"(1) 하고, 창세기 14:18-20절에 근거하여 증거합니다. 그는 살렘 왕 즉 평화의 왕이요, 멜기세덱 즉 의의 왕이었습니다.

㉠ 그는 왕과 제사장을 겸하고 있었습니다.

㉮ 멜기세덱의 예표가 말해주듯이 본래는 "왕과, 제사장"이 하나였습니다. 인류의 시조에게 "모든 생물을 다스리라"(창 1:28) 하심은 왕적인 사명이요, "자기 형상 곧 하나님의 형상대로 사람을 창조"(창 1:27)하셨다는 것은 만물을 대표하여 하나님을 섬길 제사장으로 세우셨음을 나타냅니다.

㉯ 그런데 율법시대에는 "왕과, 제사장" 직분을 갈라놓으셨습니다. 권력의 집중에서 오는 횡포(참고, 삼상 8:9)를 막으시기 위함으로 여겨집니다.

㉰ 그러다가 그리스도가 오시게 되면, "이 두 사이에 평화의 의논이 있으리라"(슥 6:13) 하고, 둘이 하나로 다시 합쳐지게 될 것이 예언되어 있습니다.

㉡ 멜기세덱은 성경의 기록상 "아비도 없고, 어미도 없고, 족보도 없고, 시작한 날도 없고, 생명의 끝도 없어 마치 하나님의 아들과 방불하다"고 말씀합니다. 태어난 날도 없고 죽은 날도 없다면 그는 "항상 제사장으로 있다"(3)는 논리가 성립이 된다는 것입니다.

2. 레위 계통보다 높은 자

2) "이 사람의 어떻게 높은 것을 생각하라 조상 아브라함이 노략물

중 좋은 것으로 십분의 일을 저에게 주었느니라"(4) 합니다.

㉠ "이 사람이 어떻게 높은 것을 생각하라" 합니다.

㉮ 첫째로 십분의 일을 취했다는 점을 듭니다. 십일조는 본래 하나님께 드리는 것입니다. 하나님은 그것을 받아 하나님을 섬기는 제사장 지파인 레위 인들에게 응식으로 주셨던 것입니다. 그런데 율법이 명하기 이전에 레위 계통이 아닌 멜기세덱에게, 믿음의 조상(약속 얻은 자, 6) 아브라함은 십일조를 드리고, 멜기세덱은 취하였다는 사실은 범상(凡常)한 일이 아니라는 것입니다.

㉯ 둘째로 멜기세덱이 얼마나 높은 지위에 있는가 하면, 멜기세덱은 아브라함에게 축복을 했고, 아브라함은 축복을 받았다는 점을 듭니다. "폐일언하고 낮은 자가 높은 자에게 복 빎을 받느니라"(7) 합니다. 이 예표를 들어서 아브라함의 자손인 레위 계통의 제사장보다, 멜기세덱의 반차를 좇아 제사장이 되신 그리스도의 우월성을 증거 하고 있는 것입니다.

십분의 일을 드리고, 축복을 받음

㉰ 성경의 논증은 이에 머물지 않고, "또한 십분의 일을 받는 레위도 아브라함으로 말미암아 십분의 일을 바쳤다 할 수 있나니 이는 멜기세덱이 아브라함을 만날 때에 레위는 아직 자기 조상의 허리에 있었음이니라"(9-10) 합니다. 무슨 뜻이냐 하면, 백성들로부터 십분의 일을 받는 레위도 멜기세덱에게 십분의 일을 바쳤다고 할 수가 있다는 것입니다. 왜냐하면 레위는 그때 아브라함의 허리, 즉 그 안에 있었기 때문이라는 것입니다.

ⓐ 이것은 결코 이상한 일이 아닙니다. 시조 아담이 범죄 할 때에 그의 모든 후손은 그 허리에 있었으며(원죄교리),

ⓑ 인류의 새로운 시조 예수 그리스도께서 십자가에 달리셨을 때 그의 영적 후손들은 그 안에 있었다는 연합교리를 믿는 자들이라면 이해 못할 바가 아닌 것입니다. 이로 보아서 제사장 멜기세덱이 레위 계통의 제사장보다 얼마나 더 높은지를 알 수 있다는 것입니다.

유념해야 할 점은, 지금 멜기세덱을 증거하려는데 목적이 있는 아니고, 이 예표를 들어서 레위 계통을 좇지 않고 멜기세덱의 반차를 좇아 대제사장이 되신 예수 그리스도께서 얼마나 존귀하신 분인가를 증거하기 위해서라는 점입니다.

나누어 봅시다

1. 멜기세덱은 신분에 대해서,
2. 멜리세덱의 지위에 대해서,
3. 멜기세덱의 예표에 대해서.

7:11-25의 분석 도표

제사 직분의 변역

<table>
<tr><td>레위 계통의 제사장</td><td>11-13

레위 계통의 제사 직분으로 온전함을 얻을 수 있었으면</td><td>별다른 한 제사장을 세울 필요가 있느뇨(11)</td></tr>
<tr><td>별다른 제사장</td><td>14-19

육체의 상관된 계명의 법을 좇지 아니하고</td><td>우리 주께서 유다로 좇아 나신 것이 분명하도다(14)

별다른 제사장이 일어난 것을 보니 더욱 분명하도다(15)

생명의 능력을 좇아 된 것이니(16)

네가 영원히 멜기세덱의 반차를 좇은 제사장이라 하였도다(17)</td></tr>
<tr><td rowspan="2">영원한 제사장</td><td>20-25

맹세 없이 제사장 되었으되(21)

제사장 된 수효가 많은 것은 죽음을 인하여 항상 있지 못함이로되(23)</td><td>맹세로 된 것이니(21)

영원히 제사장이라 하셨도다

예수는 영원히 계시므로 제사 직분도 갈리지 아니하나니(24)</td></tr>
<tr><td colspan="2">그러므로 자기를 힘입어 하나님께 나아가는 자들을 온전히 구원하실 수 있으니 그가 항상 살아서 저희를 위하여 간구하심이니라(25)</td></tr>
</table>

도표 해설

도표의 중앙선을 따라 왼쪽에서는 "레위 계통의 제사 직분"의 연약함과 무익성을 논증하고, 오른쪽에서는 그러므로 이를 폐하시고 "별다른 한 제사장"을 세우셨다고 말씀하고 있습니다. 이처럼 7장은 두 계통의 제사 직분을 대조(對照)하여 보여주는 데 있습니다.

"레위 계통의 제사장"(첫 단락)과, "별다른 제사장"(둘째 단락), 항상 있지 못한 제사장과, "영원한 제사장"(셋째 단락)이 대조되어 있습니다.

제사 직분의 변역

11 레위 계통의 제사 직분으로 말미암아 온전함을 얻을 수 있었으면 (백
성이 그 아래에서 율법을 받았으니) 어찌하여 아론의 반차를 따르지
않고 멜기세덱의 반차를 따르는 다른 한 제사장을 세울 필요가 있느냐
12 제사 직분이 바꾸어졌은즉 율법도 반드시 바꾸어지리니 13 이것은 한
사람도 제단 일을 받들지 않는 다른 지파에 속한 자를 가리켜 말한 것
이라 14 우리 주께서는 유다로부터 나신 것이 분명하도다 이 지파에는
모세가 제사장들에 관하여 말한 것이 하나도 없고 15 멜기세덱과 같은
별다른 한 제사장이 일어난 것을 보니 더욱 분명하도다 16 그는 육신에
속한 한 계명의 법을 따르지 아니하고 오직 불멸의 생명의 능력을 따
라 되었으니 17 증언하기를 네가 영원히 멜기세덱의 반차를 따르는 제
사장이라 하였도다 18 전에 있던 계명은 연약하고 무익하므로 폐하고
19 (율법은 아무 것도 온전하게 못할지라) 이에 더 좋은 소망이 생기니
이것으로 우리가 하나님께 가까이 가느니라 20 또 예수께서 제사장이
되신 것은 맹세 없이 된 것이 아니니 21 (그들은 맹세 없이 제사장이 되
었으되 오직 예수는 자기에게 말씀하신 이로 말미암아 맹세로 되신 것
이라 주께서 맹세하시고 뉘우치지 아니하시리니 네가 영원히 제사장
이라 하셨도다) 22 이와 같이 예수는 더 좋은 언약의 보증이 되셨느니라
23 제사장 된 그들의 수효가 많은 것은 죽음으로 말미암아 항상 있지 못
함이로되 24 예수는 영원히 계시므로 그 제사장 직분도 갈리지 아니하
느니라 25 그러므로 자기를 힘입어 하나님께 나아가는 자들을 온전히
구원하실 수 있으니 이는 그가 항상 살아 계셔서 그들을 위하여 간구
하심이라(히 7:11-25).

본 단원의 주제는 "제사 직분의 변역", 즉 제사 직분이 개혁이 되었다는데 있습니다. "제사 직분이 변역한즉 율법도 반드시 변역하리니"(12) 합니다. 제사장, 서기관들의 소경됨과 우매는 이 변역이 일어나야 한다는 점을 몰랐다는데 있는 것입니다. 그러면 어떻게 변역되었는가? 레위 계통의 제사 직분(첫 단락)에서 별다른 제사 직분(둘째 단락)으로 변역되었으며, 셋째 단락에서는 그 직분은 또다시 변역될 염려가 없는 "영원한 제사장"이라고 말씀합니다. 그렇다면 왜 변역되지 않으면 안 되었을까요?

1. 레위 계통의 제사장(11-13)

1) "레위 계통의 제사 직분으로 말미암아 온전함을 얻을 수 있었으면 (백성이 그 아래서 율법을 받았으니) 어찌하여 아론의 반차를 좇지 않고 멜기세덱의 반차를 좇는 별다른 한 제사장을 세울 필요가 있느뇨"(11) 합니다.

㉠ 둘째 단원(11-25)의 핵심은 12절에 두 번 등장하는 "병역"에 있습니다. 그러면 제사장 직분이 어떻게 변역이 되었는가?

㉮ 하나님께서는 모세에게, "네 형 아론과 그 아들들을, 나를 섬기는 제사장 직분을 행하게 하라"(출 28:1) 하고 명하셨습니다. 그래서 제사장 직분이 아론의 반차로 계승되어 내려온 것입니다.

㉯ 그런데 다윗을 통하여, "여호와는 맹세하고 변치 아니하시리라 이르시기를 너는 멜기세덱의 반차를 좇아 영원한 제사장이라"(시 110:4) 하고 말씀을 하셨던 것입니다. 이는 제사장 직분이 "아론의 반차에서, 멜기세덱의 반차"로 변역(變易)이 되었음을 의미한다는 것입니다.

㉡ 왜 변역이 되었는가? "레위 계통의 제사 직분으로 말미암아 온전함을 얻을 수"(1상) 있었다면 어찌하여 "멜기세덱의 반차를 좇는 별다른 한 제사장을 세울 필요가 있느뇨"(하) 하고 묻는 것입니다. 그러면 도대체 "멜기세덱"은 누군가? 그래서 첫째 단락(1-1-10)에서, 멜기세덱의 신분, 지위, 존귀 등을 증거했던 것입니다.

2) "제사 직분이 변역한즉 율법도 반드시 변역하리니"(12), 즉 제사 직분이 변역되었다면 아론의 반차를 좇아 제사장된 자들의 "제사법", 즉 의문(儀文)에 속한 율법도 반드시 변역된다는 것은 필연적인 사실이라는 것입니다.

㉠ 그러니까 제사 직분도 레위 계통에서, 멜기세덱의 반차로 변역되었고,

㉡ 율법도 옛 언약에서, 새 언약인 복음으로 변역되었다는 것입니다.

히브리서는 이점을 계속적으로 변증하고 있습니다. 생축으로 드려지는 "제사로는 나아오는 자들을 언제든지 온전케 할 수 없느니라, 온전케 할 수 있었다면 어찌 (제사) 드리는 일을 그치지 아니하였으리요" (10:1, 2) 하고 반문합니다. 그렇습니다. 율법도 제사 직분도 온전치 못했으며 또한 온전케 할 수 없었기 때문에 변역되어야만 했습니다. 온전한 것이 올 때 온전치 못한 것은 폐하여질 수밖에 없었던 것입니다.

2. 별다른 제사장(14-19)

3) 그런 후에 "우리 주께서 유다로 좇아 나신 것이 분명하도다 이 지파에는 모세가 제사장들에 관하여 말한 것이 하나도 없고"(14) 합

니다.

㉠ 이점에서 주목해야 할 점은 이제까지 그리스도께서, 멜기세덱의 반차를 좇아오셨다 하고 증거 하다가 불쑥, "유다로 좇아 나신 것이 분명하도다"(14) 하고 논증의 근거를 전환(轉換)하는 의도가 무엇인가 하는 점입니다.

㉮ 첫째는, "이 지파에는 모세가 제사장들에 관하여 말한 것이 하나도 없기"(14하) 때문에, "멜기세덱과 같은 별다른 한 제사장이 일어난 것이 더욱 분명하다"(15)는 점을 강화하기 위해서입니다.

㉯ 둘째는 그리스도께서 유다 지파 다윗의 자손으로 오시리라는 구약성경의 풍부한 약속과 결부시키기 위함으로 볼 수가 있습니다. 왜냐하면 "멜기세덱"과 결부된 근거는 한 절(시 110:4)에 불고하지만 그리스도께서 "유다 지파"로 오시리라는 증거는 구약성경의 일관(一貫)된 약속이기 때문입니다.

㉡ 지금 히브리서 기자는 아론의 반차를 좇은 구약의 레위 계통의 제사장과, 멜기세덱의 반차, 즉 유다 지파를 좇아 제사장이 되신 그리스도의 차별화를 말씀하고 있는 중입니다. 그래서 "멜기세덱과 같은 별다른 한 제사장이 일어난 것을 보니 더욱 분명하도다"(15) 하고, "분명하다"는 점을 힘을 주어 증언합니다. 그러면 어떤 점이 다른가?

㉮ "그는 육체에 상관된 계명의 법", 즉 혈통을 따라 세습적(世襲的)으로 되었으나(16상),

㉮, 별다른 한 제사장은 "오직 무궁한 생명의 능력을 좇아 된 것이라"(16하) 하고 이점이 다르다고 역설합니다. 어찌하여 "무궁한 생명의 능력"이라고 말씀하는가? 주님께서는 제사장이 되어 죽어만 주신 것이 아니라, 죽으셨다가 부활 승천하셔서 영원한 대제사장이 되셨기 때문에 "무궁"(無窮)한 생명의 능력을 좇아"라고 말씀하는 것입니다.

3. 영원한 제사장(20-25)

4) 셋째 단락의 핵심 단어는 "영원"입니다. 별다른 한 제사장은, "영원한 제사장이요(21), 영원히 갈리지 아니하는 제사장이요(24), 항상 살아서 저희를 위하여 간구하시는 제사장이라"(25절) 하고, "영원"(永遠)이 강조되어 있습니다.

㉯ "저희는 맹세 없이 제사장이 되었으되"(21),

㉯, "예수께서 제사장 된 것은 맹세 없이 된 것이 아니니(20), 주께서 맹세하시고 뉘우치지 아니하시리니 네가 영원히 제사장이라 하셨도다"(21하) 합니다.

이점에서 유념할 점은 레위 계통의 제사장만이 맹세 없이 된 것이 아니라, 율법(律法) 자체도 맹세 없이 된 것이라는 점입니다. 만일 율법이 맹세로 된 것이라면 변역될 수가 없기 때문입니다. 그러나 아브라함에게 세워주신 메시아언약은 "내가 나를 가리켜 맹세하노니"(창 22:16) 하고 맹세로 주어진 폐할 수 없는 하나님의 일방적인 언약이었던 것입니다. 같은 맥락에서 다윗에게 세워주신 메시아언약도, "내가 나의 거룩함으로 한번 맹세하였은즉 다윗에게 거짓을 아니 할 것이라"(시 89:35) 한 맹세로 주어진 것입니다.

율법은 행위 언약이었기 때문에 하나님께서 일방적으로 이루실 맹세가 해당되지 않으나, 메시아언약은 하나님께서 주권적으로 이루시겠다는 은혜언약이었기에 맹세로 주어졌고, 성취자로 오신 예수 그리스도께서 제사장되심도, "맹세로 되신 것이라 주께서 맹세하시고 뉘우치지 아니하시리니 네가 영원히 제사장이라 하셨도다"(11) 하고 말씀하는 것입니다.

너무나 중요하고 영광스러운 말씀이기에 다시 강조합니다만 주님께서 제사장 되심만 맹세로 되신 것이 아니라, 복음 자체가 맹세로 되었음을 명심할 필요가 있습니다. 6:13절에서, "하나님이 아브라함에게 약속하실 때에 가리켜 맹세할 자가 자기보다 더 큰 이가 없으므로 자기를 가리켜 맹세하여 가라하대" 하고, 맹세로 주셨다 말씀했는데, 아브라함에게 하신 약속과 맹세가 다름 아닌 복음이라(갈 3:8)고 말씀합니다.

㉰ 레위 계통의 제사장들은 그 수효가 많았고 자주 바뀌었습니다(23). 왜냐하면 죽음을 인하여 항상 있지 못했기 때문입니다.

㉰, 그러나 "예수는 영원히 계신 고로 그 제사 직분도 갈리지 아니하나니"(24) 합니다.

㉱ 이상 논거를 통해서 볼 때, "전엣 계명이 연약하며 무익하므로 폐하고 (율법은 아무 것도 온전케 못할지라)"(18-19상),

㉱, "이에 더 좋은 소망이 생기니 이것으로 우리가 하나님께 가까이 가느니라"(19하) 하는 결론에 이르게 되는 것입니다.

5) "그러므로 자기를 힘입어 하나님께 나아가는 자들을 온전히 구원하실 수 있으니 이는 그가 항상 살아서 저희를 위하여 간구하심이니라"(25) 하고 이 단원의 결론을 맺고 있습니다.

㉠ "항상, 살아서, 저희를 위하여 곧 나를 위하여, 간구"하시는 대제사장 직분은 영원히 변역되지 않습니다. 그러면 주님은 무엇을 간구하고 계실까요? 요한일서 2:1절에서는, "만일 누가 죄를 범하면 아버지 앞에서 우리에게 대언자가 있으니 곧 의로우신 예수 그리스도시라" 하고 말씀합니다. 이로 보건대 우리가 연약하여 넘어지면 이를 회

복시켜 주시기 위해서 간구하고 계심을 알 수 있습니다. 참으로 이러한 대제사장은 우리에게 없어서는 아니 될 "합당"(26)한 대제사장이십니다.

나누어 봅시다

1. 레위 계통 제사장과 그리스도께서 제사장되심의 차별화에 대해서,
2. 별다른 한 제사장과 맹세의 의미에 대해서,
3. 멜기세덱의 예표에서 유다 지파로 전환하는 의도에 대해서.

7:26-28의 분석 도표

우리에게 합당한 대제사장

죄가 없으신 대제사장	26 이러한 대제사장은 우리에게 합당하니 거룩하고 악이없고 더러움이 없고 죄에서 떠나 계시록 하늘보다 높이 되신 자라 (26)
단번에 자기를 드린 대제사장	27 저가 저 대제사장들이 ① 먼저 자기 죄를 위하고 ② 다음에 백성의 죄를 위하여 ③ 날마다 제사드린 것과 같이 할 필요가 없으니 저가 단번에 자기를 드려 이루셨음이니라 (27)
영원히 온전케 되신 대제사장	28 율법은 약점을 가진 사람을 제사장으로 세웠거니와 맹세의 말씀은 영원히 온전케 되신 아들을 세우셨느니라

도표 해설

본 단원의 중심점은 "우리에게 합당한 대제사장"이라는데 있습니다. 어떠한 분이 우리를 구원하시기에 합당한 제사장일까요? 도표를 보시면 "죄가 없으신 대제사장"(첫 단락), "단번에 자기를 드리신 대제사장"(둘째 단락), "영원히 온전케 되신 대제사장"(셋째 단락)이라고 말씀합니다.

이러한 자격을 갖춘 대제사장이 누구일까요? 성경은 "영원히 온전케 되신 아들을 세우셨느니라" 하고 말씀합니다.

우리에게 합당한 대제사장

[26] 이러한 대제사장은 우리에게 합당하니 거룩하고 악이 없고 더러움이 없고 죄인에게서 떠나 계시고 하늘보다 높이 되신 이라 [27] 그는 저 대제사장들이 먼저 자기 죄를 위하고 다음에 백성의 죄를 위하여 날마다 제사 드리는 것과 같이 할 필요가 없으니 이는 그가 단번에 자기를 드려 이루셨음이라 [28] 율법은 약점을 가진 사람들을 제사장으로 세웠거니와 율법 후에 하신 맹세의 말씀은 영원히 온전하게 되신 아들을 세우셨느니라(히 7:26-28).

본 단원은 7장의 결론(結論) 부분입니다. "이러한 대제사장은 우리에게 합당"하다고 말씀합니다. "이러한 대제사장"이란 좁게는 7:1-25절에서 설명한 내용을 가리키고, 넓게는 1-7장에 걸쳐 논증(論證)한 것을 의미한다 하겠습니다. 그러므로 본문(26-28)은 이제까지의 논증에 대한 요약이라 할 수가 있습니다.

1. 죄가 없으신 대제사장

1) "이러한 대제사장은 우리에게 합당하니 거룩하고 악이 없고 더러움이 없고 죄인에게서 떠나 계시고 하늘보다 높이 되신 자라"(26) 합니다.

㉠ 그리스도께서 합당한 대제사장이신 덕목으로 첫째로 꼽는 적합성은 "거룩하고, 악이 없고, 더러움이 없고, 죄인에게서 떠나 계시고 하늘보다 높이 되신 자라"(26) 합니다. 한마디로 죄가 없으신 대제사장이시라는 점을 꼽고 있습니다. 레위 계통의 대제사장은 ㉮ "먼저 자기 죄를 위하고 ㉯ 다음에 백성의 죄를 위하여"(27상) 제사를 드렸습니다(레 16:6).

제사장이란 이름이 말해 주듯이 백성의 죄를 위하여 제사 드리기 위해서 세움을 입은 자입니다. 그런데 자기 자신도 죄인(罪人)이니 어찌 합당한 제사장의 자격자라 말할 수 있겠습니까? 그런 제사장은 합당한 대제사장이 세움 받기까지 잠정적으로 이 직무를 수행한 예표적인 인물이었던 것입니다.

㉡ 뒤에 가서 살펴보겠습니다만 그들은 짐승으로 제물을 삼아 드렸습니다. 제사 제도란 "죄 값은 사망"이라 하신 하나님의 금령(禁令)을 철회하실 수가 없으셔서 드려지게 된 것입니다. 그런데 짐승 자체가 불완전할 뿐만 아니라, 어찌 짐승이 인간의 죄를 대속할 수가 있단 말입니까?

㉢ 그러므로 구약의 제사 제도는 하나님께서 예비해 놓으신 한 몸(사람)이 드려지기까지 상징적으로 마련된 제도(制度)였던 것입니다. 이런 맥락에서 레위 계통은, ㉮ 제사장도 불완전했고, ㉯ 제물도 불완전한 합당치 못한 것이었으나, "거룩하고, 악이 없고, 더러움이 없고, 죄인에게서 떠나 계시고, 하늘보다 높이 되신"(26), 멜기세덱의 반차 곧 유다 지파로 오신 별다른 대제사장이신 예수 그리스도만이 우리에게 합당한 대제사장이라는 말씀입니다.

2. 단번에 자기를 드리신 대제사장

2) "저가 저 대제사장들이 먼저 자기 죄를 위하고 다음에 백성의 죄를 위하여 날마다 제사 드리는 것과 같이 할 필요가 없으니 이는 저가 단번에 자기를 드려 이루셨음이니라"(27).

㉠ 두 번째로 합당한 점으로는 "단번에" 드려 주셨음을 꼽고 있습니다. 구약의 제사가 반복적(反復的)으로 드려진 데 반하여 우리에게 합당한 대제사장은 영 단번(單番)으로 성취하셨다는 말씀입니다. "단번"이라는 단어는 히브리서의 핵심 단어 중 하나입니다. 본문을 시작으로,

㉮ "단번에 성소에 들어가셨느니라"(9:12),

㉯ "자기를 단번에 제사로 드려"(9:26),

㉰ "많은 사람의 죄를 담당하시려고 단번에 드리신바 되었다"(9:28) 말씀합니다.

㉱ 10:2절과, 10:10절에서도 단번에 드려 주셨음을 강조하고 있습니다.

구약의 제사가 반복적으로 드려졌다는 것은 그 제사로는 하나님의 공의(죄 값은 사망이라 선고하신)를 충족시켜 드리지 못했음을 의미합니다. 또한 반복적으로 드렸다는 것은 나아오는 자들을 온전케 할 수 없었음을 말해줍니다. 그럼에도 불구하고 반복적으로 계속해서 드렸다는 것은 참 것이 오기까지 기다렸다는 뜻입니다.

3. 이루셨음이니라

3) 세 번째 합당한 점으로 단번에 드려 주시되, "자기(自己)를 드려

이루셨음이니라"(27하) 하고, "자기를 드렸다는 점과, 이루심", 즉 완성하셨다는 점을 들고 있습니다.

㉠ 이점을 9:12절에서는 "염소와 송아지 피로 아니 하고 오직 자기 피로 영원한 속죄를 이루사 단번에 성소에 들어가셨느니라" 하고 말씀합니다. 우리에게 합당한 대제사장은 ㉮ 단번에, ㉯ 자기를 드려, ㉰ 결론은 "이루셨음이니라" 하고 완성하여주셨다고 말씀합니다.

㉡ 구속사의 맥락에서 "이루셨다"는 뜻은 중요한 의미가 있습니다. 성경 전체의 구조(構造)는 세 번의 "이루심"으로 되어 있습니다.

㉮ 첫 번은 "천지와 만물이 다 이루니라"(창 2:1) 한 첫 창조의 이루심입니다. 그런데 이 이루심이 죄가 들어옴으로 3장에서 깨어지고 맙니다. 그래서 하나님께서는 "내가… 하리라"(창 3:15) 하고 재창조의 사역을 시작하신 것입니다.

㉯ 두 번째 이루심은 주님께서 십자가상에서 "다 이루었다"(요 19:30) 하고 선언하신 이루심입니다. 첫 창조는 무에서 유를 창조하시는 것이기에 말씀만으로 가능하였으나, 재창조는 저질러 놓은 죄에 대한 청산이 선행이 되어야만 했던 것입니다. 주님께서 "다 이루었다" 선언하셨을 때에야 1500년 동안이나 굳게 닫혀져 있던 휘장이 비로소 열려졌다는 것이 이를 말해주고 있습니다.

㉰ 세 번째 이루심은 "이루었도다 나는 알파와 오메가요 처음과 나중이라"(계 21:6) 하신 마지막 완성(完成)을 선언하시는 이루심입니다. 하나님께서는 시작하신 것을 반드시 이루시기에 "알파와 오메가요 처음과 나중이라" 하시는 것입니다. 이러한 대제사장은 우리에게 참으로 "합당한 대제사장"이십니다.

4. 영원히 온전케 되신 대제사장

4) "율법은 약점을 가진 사람들을 제사장으로 세웠거니와 율법 후에 하신 맹세의 말씀은 영원히 온전케 되신 아들을 세우셨느니라" (28).

㉠ 네 번째 합당한 점으로 "영원히 온전케 되신 아들을 세우셨다" (28)는 점입니다. 이는 "약점을 가진 사람과, 온전하신 하나님의 아들"의 대조(對照)입니다. 이점에서 주목해야 할 점은, "영원히 온전케 되신"이라는 표현입니다. 그냥 "아들을 세우셨느니라" 하지 않고, 어찌하여 "영원히 온전케 되신"이란 수식어를 말씀하고 있을까요?

㉡ "되신"이란 어떤 과정(過程)을 거쳤음을 나타냅니다. 예수 그리스도께서는 그냥 우리의 대제사장이 되신 것이 아닙니다. 그렇게 하셨다면 그분은 우리의 대제사장이 되실 수도 없거니와, 더구나 합당한 대제사장은 아닌 것입니다. 대제사장이란 죄로 말미암아 하나님 앞에 나아갈 수 없는 인간을 대신하여 하나님 앞에 나아가 대신 제사를 드려주는 대표인 것입니다. 그러므로 우리의 대제사장이 되기 위해서는,

㉮ 첫 번째 조건이 인간이어야만 했습니다. 그래서 하나님의 아들은 "천사들보다 잠깐 동안 못하게 하심을 입은 자"(2:9)가 되셨습니다.

㉯ 두 번째 조건은 우리와 똑같은 사람이로되 죄가 없어야만 했습니다(4:15).

㉰ 셋째는 우리 연약함을 체휼하신 분이어야 했습니다. 그래야만 우리를 도우실 수 있고(4:16), 우리를 용납하실 수가 있기 때문입니다 (5:2).

㉱ 네 번째로 "대제사장마다 예물과 제사드림을 위하여 세운 자니

이러므로 저도 무슨 드릴 것이 있어야"(8:3) 한다는 것입니다.

㉮ 다섯 번째로 결정적인 자격은, "죽음의 고난 받으심을 인하여 영광과 존귀로 관 쓰신 예수"(2:9), 즉 대신 죽으신 것이 끝이 아니라 다시 살아나셔서 이제도 영원한 제사장으로 계셔야 한다는 점입니다.

우리에게 있는 대제사장은 이러한 조건을 다 구비하신 분입니다. 그래서 "영원히 온전케 되신"이라 말씀하는 것입니다. 이점을 5:8-9절에서 "그가 아들이시라도 받으신 고난으로 순종함을 배워서 온전하게 되었은즉" 하고 말씀하는 것입니다.

그러므로 예수 그리스도는 완전한 대제사장이셨으며, 완전한 제물이셨습니다. 하늘에 있는 참 성소에서 항상 살아서 우리를 위하여 간구하시는(25) 분이십니다. 이것이 "영원히 온전케 되셨다"(7:28; 5:9)는 뜻입니다. 이러한 대제사장은 참으로 우리에게 "합당한 대제사장"이십니다.

㉢ 마지막으로 "아들을 세우셨다" 하는데 누가 그랬다는 것입니까? "오직 하나님이 우리를 사랑하사 우리 죄를 위하여 화목제로 그 아들을 보내셨음이니라"(요일 4:10), 보내신 것만이 아니라, "이 예수를 하나님이 그의 피로 인하여 믿음으로 말미암는 화목 제물로 세우셨으니"(롬 3:25), 자기 아들을 영원히 온전한 우리의 "대제사장과, 제물"로 세우신 분은 하나님이셨습니다. "자기 아들을 아끼지 아니하시고 우리 모든 사람을 위하여 내어주신 이는"(롬 8:32) 하나님 아버지 자신이셨습니다.

적용

7장에서 우리들에게 중요하게 적용되는 말씀은 "이러한 대제사장은 우리에게 합당하니"(26) 한 "합당"이라는 말씀입니다. 8장에서도 "이러한 대제사장이 우리에게 있는 것이라"(8:1) 하고 이 점을 제차 강조하고 있습니다. 나 같은 죄인에게 "합당하다"는 말씀을 하시다니 황공하게 들리지 않습니까? "합당하다"는 표현을 쓰신 의도가 "그래도 부족하다는 말이냐?, 그래도 합당하지 못하다는 말이냐" 하는 메아리로 들려오기 때문입니다.

이 말씀은 이제는 우리가 주님 앞에 합당한 자가 되어야 한다는 결단으로 다가옵니다. 그래서 사도 바울은, "그러므로 주 안에서 갇힌 내가 너희를 권하노니 너희가 부르심을 입은 부름에 합당하게 행하라"(엡 4:1) 하고 말씀하셨던 것입니다.

또한 "영원한 제사장"이라는 주제는 우리를, "너희도 산 돌같이 신령한 집으로 세워지고 예수 그리스도로 말미암아 하나님이 기쁘게 받으실 신령한 제사를 드릴 거룩한 제사장이 될지니라"(벧전 2:5) 하신 말씀으로 적용이 됩니다.

주님께서 이제도 우리를 위하여 간구하신다(25)는 말씀은 우리에게, "저희는 너희 영혼을 위하여 경성하기를 자기가 회계할 자인 것같이 하느니라"(13:17) 하신, 이웃을 위하여 기도해야한다는 각성을 하게 합니다. 이러한 대제사장은 참으로 우리에게 합당하십니다. 우리들도 그런 대제사장에게 합당한 성도가 되어야 하겠습니다.

나누어 봅시다

1. 우리에게 합당한 대제사장은 어떠한 분이십니까?
2. 합당한 대제사장이 되기 위한 조건들이 무엇입니까?
3. 자기를 단번에 이루심에 대하여 나누어 봅시다.

8장 개관 및 1-13절의 분석 도표

새 언약의 대제사장

더 좋은 성막의 대제사장

1-5

이제 하는 말에 중요한 것은

이러한 대제사장이 우리에게 있는 것이다 (1)

저희가 섬기는 것은 하늘에 있는 것의 모형과 그림자라 (5)

그가 하늘에서 위엄의 보좌 우편에 앉으셨으니 (1)
참 장막에 부리는 자라 (2)

더 좋은 언약의 중보자

6-13

이제 그가

더 아름다운 직분을 얻으셨으니
더 좋은 약속으로 세우신
더 좋은 언약의 중보시라 (6)

첫 언약이 무흠하였더면 둘째 것을 요구할 일이 없었으려니와 (7)
주께서 가라사대

새 언약을 세우리라 (8)

내 법을 저희 생각에 두고
저희 마음에 기록하리라
나는 저희에게 하나님이 되고
저희는 내게 백성이 되리라 (10)
저희 죄를 다시 기억지 아니하리라 (12)

새 언약이라 말씀하셨으매

첫 것은 낡아지고 쇠하는 것은 없어져 가는 것이니라 (13)

도표 해설

8장의 주제는 "새 언약의 대제사장"입니다. "첫 언약과 새 언약, 땅에 있는 성막과 하늘에 있는 성소"를 대조(對照)해서, 새 언약의 대제사장은 땅에 있는 성막이 아니라 "더 좋은 성막의 대제사장"(첫 단락)이시요, "더 좋은 언약의 중보자"(둘째 단락)라고 말씀합니다.

첫 단락에서 땅에 있는 성막은 하늘에 있는 것의 모형과 그림자라 하면서, 새 언약의 대제사장은 땅에 있는 성막이 아니라 하늘에 있는 참 장막에 부리는 자라 하십니다. 둘째 단락에서는 두 선을 따라 첫 언약과 새 언약이 대조되어 있는데 새 언약을 세우리라 하심은 첫 것이 흠이 있기 때문이며, 그러므로 "낡아지고 쇠하는 것은 없어져 가는 것이라" 하고 개혁이 되었음을 말씀합니다.

8장 개관
새 언약의 대제사장이신 그리스도

1 지금 우리가 하는 말의 요점은 이러한 대제사장이 우리에게 있다는
것이라 그는 하늘에서 지극히 크신 이의 보좌 우편에 앉으셨으니 2 성
소와 참 장막에서 섬기는 이시라 이 장막은 주께서 세우신 것이요 사
람이 세운 것이 아니니라 3 대제사장마다 예물과 제사 드림을 위하여
세운 자니 그러므로 그도 무엇인가 드릴 것이 있어야 할지니라 4 예수
께서 만일 땅에 계셨더라면 제사장이 되지 아니하셨을 것이니 이는 율
법을 따라 예물을 드리는 제사장이 있음이라 5 그들이 섬기는 것은 하
늘에 있는 것의 모형과 그림자라 모세가 장막을 지으려 할 때에 지시
하심을 얻음과 같으니 이르시되 삼가 모든 것을 산에서 네게 보이던
본을 따라 지으라 하셨느니라 6 그러나 이제 그는 더 아름다운 직분을
얻으셨으니 그는 더 좋은 약속으로 세우신 더 좋은 언약의 중보자시라
7 저 첫 언약이 무흠하였더라면 둘째 것을 요구할 일이 없었으려니와
8 그들의 잘못을 지적하여 말씀하시되 주께서 이르시되 볼지어다 날이
이르리니 내가 이스라엘 집과 유다 집과 더불어 새 언약을 맺으리라 9 또
주께서 이르시기를 이 언약은 내가 그들의 열조의 손을 잡고 애굽 땅
에서 인도하여 내던 날에 그들과 맺은 언약과 같지 아니하도다 그들은
내 언약 안에 머물러 있지 아니하므로 내가 그들을 돌보지 아니하였노
라 10 또 주께서 이르시되 그 날 후에 내가 이스라엘 집과 맺을 언약은
이것이니 내 법을 그들의 생각에 두고 그들의 마음에 이것을 기록하리
라 나는 그들에게 하나님이 되고 그들은 내게 백성이 되리라 11 또 각각
자기 나라 사람과 각각 자기 형제를 가르쳐 이르기를 주를 알라 하지
아니할 것은 그들이 작은 자로부터 큰 자까지 다 나를 앎이라 12 내가
그들의 불의를 긍휼히 여기고 그들의 죄를 다시 기억하지 아니하리라

하셨느니라 [13] 새 언약이라 말씀하셨으매 첫 것은 낡아지게 하신 것이니 낡아지고 쇠하는 것은 없어져 가는 것이니라(히 8:1-13).

8장은 13절밖에 안 되는 짧은 장입니다. 그래서 전체를 한 단원으로 취급했습니다. 그러나 내용은 영광스러움으로 가득합니다. 7:26절에서 "이러한 대제사장은 우리에게 합당하다"고 말씀한 저자는, 8:1절에서 "이러한 대제사장이 우리에게 있는 것이라" 하고 말씀을 받고 있습니다. 히브리서는 1장부터 시작하여 10:18절에 이르기까지 "이러한 대제사장이 우리에게 있다"는 주제를 계속적으로 증거 하는데 초점을 맞추고 있습니다. 그러므로 8장도 "이러한 대제사장"이 우리에게 있다는 중요성을 증거하는 계속인 것입니다.

1. 더 좋은 성막의 대제사장(8:1-5)

1) "이제 하는 말의 중요한 것은 이러한 대제사장이 우리에게 있는 것이라 그가 하늘에서 위엄의 보좌 우편에 앉으셨으니"(1),

㉠ 8장은 "이제 하는 말에 중요한 것은"(1상) 하고, 시작되고 있습니다. 성경 모두가 중요하고, 히브리서의 모든 말씀이 중요합니다. 그런 중에서도 "이러한 대제사장이 우리에게 있다"는 점은 중요한 중에 중요한 말씀이라는 것입니다.

㉡ "이러한 대제사장이 우리에게 있다"는 것이 어떤 면에서 우리에게 중요한 요점이 되는가? 죄로 말미암아 하나님과 단절(斷絶)이 된 죄인은 하나님 앞에 직접 나아갈 수가 없게 되었고, ㉮ 대속 제물과, ㉯ 이를 드려줄 제사장의 중보를 통해서만 하나님과의 교제가 가능하

여졌기 때문입니다.

㉢ 그렇다면 "이러한 대제사장"은 어떠한 제사장인가? "그가 하늘에서 위엄의 보좌 우편에 앉으셨으니"(1하), 즉 땅에 있는 성막에서 섬기는 제사장이 아니라 "하늘"에 있는 성소에서 섬기는 제사장이라는 것입니다. 이점이 "성소와 참 장막에 부리는 자라"(2상) 한, "참 장막"이라는 표현에 나타납니다.

2) "대제사장마다 예물과 제사 드림을 위하여 세운 자니 이러므로 저도 무슨 드릴 것이 있어야 할지니라"(3) 합니다. 히브리서는 일종의 변증서이기 때문에 로마서에 비견할 만큼 논리적(論理的)인 서신입니다.

㉠ "예수께서 만일 땅에 계셨더면 제사장이 되지 아니하셨을 것이니 이는 율법을 좇아 예물을 드리는 제사장이 있음이라"(4) 합니다. 왜냐하면 예수님은 레위 지파 출신이 아니라 유다 지파를 통해서 오셨고, 땅에는 이미 율법을 좇아 예물을 드리는 제사장이 있기 때문이라는 것입니다.

㉡ 그런데 "저희가 섬기는 것은 하늘에 있는 것의 모형과 그림자라 모세가 장막을 지으려 할 때에 지시하심을 얻음과 같으니 가라사대 삼가 모든 것을 산에서 네게 보이던 본을 좇아 지으라 하셨느니라"(5) 합니다.

"모형"(模型)이란 표현이 중요한데, 모세가 지은 성막은 자기 임의대로 지은 것이 아니라 하나님이 명하신 "식양"(式樣)대로 지은 것입니다. 하나님께서 "네게 보이는 식양대로 지으라"(출 25:8) 명하셨다는 것은 무의미(無意味)한 것이 아니라 성막 식양을 통해서 보여주시려는 계시(啓示)가 있으셨기 때문입니다. 그래서 "모형"이라 하는 것입니다. 9장에 가서 보게 될 것입니다만 하나님께서 명하신 성막 식양(式様)은 의문(儀文) 싸여 있는 복음이었던 것입니다.

㉢ 그렇다면 하나님께서는 왜 모형과 그림자를 통하여 계시하셔야만 했을까요? ㉮ 모형을 통해서 참 것을 알게 하시기 위해서 입니다(요 13:19). ㉯ 우리의 듣는 것이 둔하기 때문입니다(롬 6:19). ㉰ 참 것이 왔을 때 결정적인 증거가 되기 위해서입니다(롬 3:21). 그렇기 때문에 신약은 구약에 의해서 입증되며, 구약은 신약의 빛 아래서 해석되어야 하는 것입니다.

2. 더 좋은 언약의 중보자(8:6-13)

3) "그러나 이제 그가 더 아름다운 직분을 얻으셨으니"(6상) 합니다.

㉠ 이는 4절에서 "예수께서 만일 땅에 계셨더면 제사장이 되지 아니하셨을 것이니" 하는 말씀과 결부되는 것으로, "모형"으로 주어진 성막에서 섬기는 제사장 직분에 비해, 참 장막에서 섬기시는 "더 아름다운 직분을 얻으셨다"는 점을 드러내는 말씀입니다. 그래서 6절 한 절 안에는 ㉮ "더 아름다운 직분, ㉯ 더 좋은 약속, ㉰ 더 좋은 언약의 중보시라" 하고 "더 좋은"이 강조되어 있는 것입니다.

㉡ 여기 중요한 요점이 있는데 "중보"라는 말입니다. ㉮ 더 좋은 언약의 중보(6), ㉯ 새 언약의 중보(9:15), ㉰ "새 언약의 중보이신 예수"(12:24)라고 말씀합니다. 모세는 하나님께서 "나와 같은 선지자 하나를 너를 위하여 일으키시리니"(신 18:15) 하고 예언을 했습니다. 질문을 드려보겠습니다. 구속사(救贖史)에 있어서 중보자가 한 분인가? 두 분인가 하는 점입니다.

㉢ 이점에서 구약교회의 중보는 모세요, 신약교회의 중보는 예수

님이다 하고 말해서는 아니 됩니다. 모세가 하나님과 백성 사이에 중보 역할을 한 것은 사실이지만 이는 예표였을 뿐입니다. 왜냐하면 모세를 통하여 주신 율법은 백성들을 정죄하였으나, 모세는 백성들의 죄를 대신 담당한 중보자가 아니었기 때문입니다.

㉣ "이를 인하여 그는 새 언약의 중보니 이는 첫 언약 때에 범한 죄를 속하려고 죽으사"(9:15) 하고 말씀합니다. 구약교회 성도들도 모세를 통해서가 아니라 그리스도를 통해서 구원을 얻을 수가 있었다면, "하나님은 한 분이시오 또 하나님과 사람 사이에 중보도 한 분이시니 곧 사람이신 그리스도 예수라"(딤전 2:5) 하심이 합당한 것입니다.

4) 그래서 "저 첫 언약이 무흠(無欠)하였더면 둘째 것을 요구할 일이 없었으려니와"(7) 합니다.

㉠ 이점을 10장에서는, "율법은 장차 오는 좋은 일의 그림자요 참 형상이 아니므로 해마다 늘 드리는바 같은 제사로는 나아오는 자들을 언제든지 온전케 할 수 없느니라 그렇지 아니하면 (온전해졌다면) 섬기는 자들이 단번에 정결케 되어 다시 죄를 깨닫는 일이 없으리니 어찌 드리는 일을 그치지 아니하였으리요"(10:1-2) 하고 논증합니다.

㉡ 그리하여 "저희를 허물하여 일렀으되 주께서 가라사대 볼지어다 날이 이르리니 내가 이스라엘 집과 유다 집으로 새 언약을 세우리라"(8) 하고 말씀하셨다는 것입니다.

㉢ 이어서 말씀하시기를, "또 주께서 가라사대 내가 저희 열조들의 손을 잡고 애굽 땅에서 인도하여 내던 날에 저희와 세운 언약과 같지 아니 하도다 저희는 내 언약 안에 머물러 있지 아니하므로 내가 저희를 돌아보지 아니하였노라"(9), 즉 시내 산에서 세워주신 옛 언약은

파하여졌으며, 새 언약은 옛 언약과 다르다는 것입니다. 어떻게 다른가?

첫 언약

5) 첫 언약의 체결은 출애굽기 24장에 나옵니다. 모세가 언약 서를 백성들에게 낭독하여 들려줍니다. 백성들은 "여호와의 모든 말씀을 우리가 준행하리이다" 하고 승인합니다.

㉠ "모세가 피를 취하여 백성에게 뿌려 가로되 이는 여호와께서 이 모든 말씀에 대하여 너희와 세우신 언약의 피니라"(출 24:7-8) 하고 선언함으로써 언약이 체결되었습니다. 첫 언약은 "여호와의 모든 말씀을 우리 준행하리이다"(출 24:3, 7) 한 행위 언약이었음을 명심하시기 바랍니다.

이에 대한 축복과 저주가 신명기 28장에 극단적으로 묘사되어 있습니다. "네가 네 하나님 여호와의 말씀을 순종하면 이 모든 복이 네게 임하며 네게 미치리니 성읍에서도 복을 받고 들에서도 복을 받을 것이며 네 몸의 소생과 네 토지의 소산과 네 짐승의 새끼와 우양의 새끼가 복을 받을 것이며 네 광주리와 떡 반죽 그릇이 복을 받을 것이며 네가 들어와도 복을 받고 나가도 복을 받을 것이니라"(신 28:2-6) 하고 축복을 말씀합니다.

반면에 "네가 만일 네 하나님 여호와의 말씀을 순종하지 아니하여 내가 오늘날 네게 명하는 그 모든 명령과 규례를 지켜 행하지 아니하면 이 모든 저주가 네게 임하고 네게 미칠 것이니 네가 성읍에서도 저주를 받으며 들에서도 저주를 받을 것이요 또 네 광주리와 떡 반죽 그릇이 저주를 받을 것이요 네 몸의 소생과 네 토지의 소산과 네 우양의 새끼가 저주를 받을 것이며 네가 들어와도 저주를 받고 나가도 저주를 받으리라"(신 28:15-19) 하고 저주를 말씀합니다.

㉡ 그런데 첫 언약 하에 있던 자들은 행위 언약을 지키지 못함으로 복 대신 저주를 받게 되었던 것입니다. 그래서 그리스도께서 대신 저주를 받으심으로, "율법의 저주에서 우리를 속량하셨다"(갈 3:13) 하고 말씀하는 것입니다. 백성들은 "우리가 다 행하리이다" 하고 말하는 대신 "우리를 긍휼히 여기소서 우리에게 행할 힘이 없나이다" 하고 말했어야만 더 옳았을 것입니다. 이처럼 첫 언약은 행위 언약이요 조건부적인 언약이었으며, 중보자는 모세였습니다.

새 언약

6) 히브리서 기자는 예레미야 31:31-34절을 인용하여 "또 주께서 가라사대 그 날 후에 내가 이스라엘 집으로 세울 언약이 이것이니 내 법을 저희 생각에 두고 저희 마음에 이것을 기록하리라 나는 저희에게 하나님이 되고 저희는 내게 백성이 되리라"(10) 말씀하셨다는 것입니다.

㉠ 히브리서 기자는 이렇게 말하고 있는 셈입니다. 만일 첫 언약이 무흠했다면(11) 어찌하여 새 언약을 세우실 필요가 있었겠느냐는 것입니다. 언약 론은 언약(言約)신학이라는 장르가 형성될 정도로 방대하고 중요합니다. 이를 명확히 알아야만 하나님의 구원 계획을 인식할 수 있습니다. 그렇다면 첫 언약이 어떤 면에서 흠이 있었을까요? 이 점은 하나님의 입장과 사람의 입장에서 보아야만 합니다.

㉮ 하나님의 입장에서 볼 때 첫 언약인 율법은 "이로 보건대 율법도 거룩하며 계명도 거룩하며 의로우며 선하도다"(롬 7:12) 하고, "거룩하고, 의롭고, 선하다" 말씀합니다. 하나님께서 흠이 있는 언약을

세워 주신 것이 아니라는 뜻입니다. 다시 말하면 첫 언약이 폐하여진 책임이 하나님께 있는 것이 아니라는 말씀입니다.

㉯ 그런데 그 첫 언약을 인간의 입장에서 보면 어떻게 되는가? "율법이 육신으로 말미암아 연약하여 할 수 없는"(롬 8:3) 것이라고 말씀합니다. 할 수 없는 책임이 율법에 있는 것이 아니라 전적타락, 전적부패하여 준행할 수 없는 인간의 "연약"에 있다는 것입니다. 이점을 예레미야서에서는, "구스인이 그 피부를 표범이 그 반점을 변할 수 있느뇨 할 수 있을진대 악에 익숙한 너희도 선을 행할 수 있으리라"(렘 13:23) 하고, 자력구원의 불가능성을 말씀하고 있습니다. 이 연약을 "전적무능"(全的無能)이라 하는 것입니다. 그런데 율법은 전적타락한 인간을 정죄할 뿐 죄를 사해줄 기능이 없었고, "전적무능"한 인간을 도와줄 방도가 없었다는 면에서 첫 언약은 흠이 있었다고 말하는 것입니다.

㉡ 그렇다면 하나님께서 그런 율법을 왜 주셨단 말인가? 두 가지로 요약을 할 수가 있는데 율법의 기능은, ㉮ 첫째는 죄의 확산을 억제하기 위함이요, ㉯ 궁극적으로는 율법으로 자력구원의 불가능성을 깨닫고 그리스도에게로 인도하기 위해서주어진 것입니다. 그러므로 첫 언약 때에 뿌려진 짐승의 피는 예표와 그림자일 뿐 죄를 사할 능력은 없었던 것입니다.

첫 언약과 새 언약의 기능

7) "내가 저희 불의를 긍휼히 여기고 저희 죄를 다시 기억하지 아니하리라"(12) 하십니다.

㉠ "죄악을 사하고", 사하실 뿐만 아니라 "다시는 그 죄를 기억치 아니하리라"(렘 31:34; 히 8:12; 10:17) 하심을 깊이 생각하시기를

바랍니다. 의로우신 하나님께서 어떻게 우리 죄를 "사하시고, 기억치 아니 하신다"는 말인가? "하나님이 죄를 알지도 못하신 자로 우리를 대신 하여 죄를 삼으셨기"(고후 5:21) 때문에 가능해진다고 성경은 말씀합니다.

ⓛ "기억치 아니하리라" 하심은 옛 언약에는 "기억나게 하는" 것이 있었다는 것이 됩니다. 10:3절을 보십시오. "그러나 이 제사들은 해마다 죄를 생각하게 하는 것이 있나니" 합니다. 그래서 율법의 기능은 "죄가 죄로 드러나게 하고, 죄로 심히 죄 되게 하려 함이니라"(롬 7:13), 숨어 있는 죄를 적발해내는 기능이 있는 것입니다.

ⓒ 주님께서는 "내가 의인을 부르러 온 것이 아니요 죄인을 부르러 왔노라"(마 9:13) 하십니다. 이는 의인이 있다는 뜻이 아니라 자신이 "전적타락, 전적무능"한 죄인임을 깨닫기를 원하신다는 말씀입니다. 어찌하여 죄인을 부르러 오셨다 하시는가? 그들의 죄를 대속하시기 위해서 오셨기 때문입니다. 그래서 새 언약에는, "내가 저희 불의를 긍휼히 여기고 저희 죄를 다시 기억하지 아니하리라"(12) 하시나, 옛 언약에는 이런 조항이 없습니다.

㉮ "긍휼히 여기신다" 하심은 사랑하시고, 불쌍히 여기신다는 뜻이요,

㉯ "저희 죄를 다시 기억하지 아니하리라" 하심은 주님께서 대신 정죄를 당하셨기 때문에 가능해지는 것입니다. 구약시대에는 이에 대한 모형으로 주어진 성막의 번제단에 가서 속죄제를 드리라 하신 "그림자"로 나타나 있을 뿐입니다. 이점에서 명심해야할 점은 이렇게 행해주심은 우리에게 자격이 있어서가 아니라 "긍휼히 여겨주심"이요, 또한 우리가 할 수 있는 대도 하나님께서 대신 행해주신 것이 아니라는 점입니다.

8) 여기 옛 언약과 새 언약이 본질적으로 다른 점이 있는데 옛 언약은 돌비에 기록이 되었으나 새 언약은 "저희 생각에 두고 저희 마음에 이것을 기록하리라"(10, 10:16) 하십니다.

㉠ 이는 단순한 방법이나, 위치(位置)의 문제가 아닙니다. 이점을 에스겔서에서는, "또 새 영을 너희 속에 두고 새 마음을 너희에게 주되 너희 육신에서 굳은 마음을 제하고 부드러운 마음을 줄 것이며 또 내 신을 너희 속에 두어 너희로 내 율례를 행하게 하리니 너희가 내 규례를 지켜 행할지라"(겔 36:26-27) 하고 말씀하십니다.

㉡ "돌비와 마음"은 의문(儀文)으로냐, 영(靈)으로냐의 차이인 것입니다. 옛 언약은 먹으로 기록하였으나 새 언약은 "영"으로 기록하신다는 말씀입니다. 그리하여 "너희로 내 율례를 행하게 하리니 너희가 내 규례를 지켜 행할지라" 하십니다. 이점을 로마서에서는 "육신의 생각(거듭나지 못한 심령)은 하나님과 원수가 되나니 이는 하나님의 법에 굴복치 아니할 뿐 아니라 할 수도 없음이라"(롬 8:7) 하고 말씀합니다. 그러니까 성화(聖化)도 그 안에 그리스도의 영을 모신 거듭난 자만이 가능하여진다는 말씀입니다. 심각하게 고민해야할 점입니다.

㉢ 새 언약은 우리의 죄만을 사해 주시는 것이 아니라, "나는 저희에게 하나님이 되고 저희는 내게 백성이 되리라"(10) 하고, 음부까지 떨어졌던 우리를 하늘까지 높여 주고 있습니다. 그리하여 8장은 필연적으로, "새 언약이라 말씀하셨으매 첫 것(옛 것)은 낡아지게 하신 것이니 낡아지고 쇠하는 것은 없어져 가는 것이니라"(13) 하는 결론에 도달하게 됩니다. 우리에게 있는 대제사장은 하늘에 있는 참 장막에서 섬기시는 새 언약의 중보자이십니다. "이러한 대제사장이 우리에게 있다"는 것은 참으로 복스러운 일입니다.

적용

첫 언약에는 무서운 저주와 처벌 규정이 있었습니다. 그러나 그토록 엄한 법으로도 범죄를 막지는 못했다는 사실입니다. 인간은 더 엄한 법, 더 무서운 형벌을 가해야 한다고 생각합니다. 그러나 하나님은 그런 방법으로 해결하지 않으셨습니다. 자기 아들을 희생 제물로 내어주시어 저들의 죄를 사하시고 다시 기억지도 않으셨습니다.

그뿐만이 아닙니다. 그들을 영접하여 자기 백성, 자기 자녀로 삼아 주셨습니다. 이것이 새 법(언약)이었습니다. 이 법으로만이 죄 문제를 해결할 수가 있었던 것입니다. 목회자들의 공통적인 탄식은 성도들이 변화하지 않는다는 점입니다. 이점에서 명심할 점은 "돌로 쳐 죽일" 수 있는 징벌로도 성화를 이루지 못했다는 점입니다. 그렇다면 현대 교회가 교훈, 권면, 경고로 성화를 이룰 수가 있단 말인가? 아닙니다. 새 언약이 마음에 기록되게 하는 것이 비결입니다. ㉮ 새 언약, 즉 강단에서 복음이 선포되어야 합니다. ㉯ 그래서 복음이 성도들의 마음에 기록이 되어야 합니다. ㉰ 그래야 성령으로 거듭나게 됩니다. ㉱ 이렇게 될 때 "하나님의 사랑이 우리 마음에 부은바"(롬 5:5) 되어, ㉲ "사랑의 강권함(고후 5:14)을 받는 삶을 살게 되는 것입니다.

여기에는 어려운 조건이 따릅니다. 주님께서 대속 제물이 되심으로 새 언약이 세워졌듯이 희생이 있어야 한다는 점입니다. 문제는 희생하려는 자가 없다는데 있습니다. 누가 희생해야만 합니까? 백성입니까? 아닙니다. 새 법을 만들고 공포해야 하는 지도자 자신들입니다. 그래서 그 법을 제정하지 못하는 것입니다. 어느 곳에서보다도 하나님의 교회에서 이 법이 시행되어야만 하겠습니다. 더 엄한 벌로 다스리려고 강포하지 맙시다. 희생합시다. 사랑합시다. 이것만이 악에 대하여 승리하는 비결입니다.

나누어 봅시다

1. 더 좋은 성막의 대제사장이란 어디서 섬기고 있는 누구를 의미합니까?
2. 첫 언약과 새 언약의 결정적으로 다른 점은 무엇입니까?
3. 첫 언약과 새 언약의 기능은 어떻게 다릅니까?

9장 개관 도표

첫 언약의 제사와 새 언약의 제사

첫 언약의 성소 중보자와 제물

1-10

첫 언약 — 첫 장막 — 제사장들 — 항상 섬기는 예를 행하고 (6)

둘째 장막 — 대제사장 — 일년 일차씩 들어가되 (7)

피 없이는 아니하나니

이 피는 자기와 백성의 허물을 위하여 드리는 것이라 (7)

성소에 들어가는 길이 아직 나타나지 아니함 (8) 이 장막은 비유니

양심상으로 온전케 할 수 없나니 (9), 개혁할 때까지 맡겨 둔 것이라 (10)

새 언약의 성소와 중보자와 제물

11-28

그리스도께서 더 좋은 일의 대제사장으로오사 (11)

염소와 송아지의 피로 아니하고

자기 피로 영원한 속죄를 이루사 단번에 들어가셨느니라 (12)

그리스도의 피가 너희 양심으로 깨끗하게 하고 하나님을 섬기게 못하겠느뇨 (14)

그는 새 언약의 중보니 첫 언약 때에 범한 죄를 속하려고 죽으사 (15)

첫 언약도

피 없이 세운 것이 아니니 (18)

피흘림이 없은즉 사함이 없느니라 (22)

자기를 단번에 제사로 드려 죄를 없게 하시려고 나타나셨느니라 (26)

많은 사람의 죄를 담당하시려고

단번에 드리신 바 되었고 (28)

자기를 바라는 자들에게 두 번째 나타나시리라 (28)

도표 해설

9장에서는 "첫 언약의 제사와 새 언약의 제사"를 대조(對照)해서 보여주고 있습니다. 하나님께 제사드림에 있어서 세 가지 중요한 요점은 "성막과 중보자와 제물"입니다. 첫 단원은 첫 언약 때의 "성소와 중보자와 제물"을 보여주고, 둘째 단원에서는 새 언약 때의 "성소와 중보자와 제물"이 어떻게 다른가를 대조해서 말씀해 줍니다.

도표에 연결된 두 선을 관찰해 보면 왼쪽에는 "피"가 흐르고 있고, 오른쪽에는 피가 흐르는 곳에 "속죄"가 이루어지고 있음을 보여주고 있습니다. 그런데 "첫 언약의 성소와 중보자와 제물"(첫 단원)로는 "성소에 들어가는 길이 아직 나타나지 아니하였고"(8), "온전케 할 수 없는"(9) 반면에, "새 언약의 성소와 중보자와 제물"(둘째 단원)은 "영원한 속죄를 이루사, 단번에 들어가셨느니라"(12) 하고 말씀합니다.

9장 개관

첫 언약의 제사와 새 언약의 제사

죄로 말미암아 하나님 존전에서 추방을 당한 아담 안에 있는 그의 후예들이 해결해야할 가장 절박한 문제가 죄(罪) 문제입니다. 9장은 첫 언약과 새 언약을 대조(對照)하여 이에 대한 해답을 제시해주고 있습니다.

첫 언약이나, 새 언약에 공통적(共通的)인 것은 "피 흘림이 없은즉 사함이 없느니라"(22) 하신 "피 흘림"이 있어야 한다는 점입니다. 그냥 "피"라 말씀하지 않고 "피 흘림"이라고 말씀하고 있음에 유의하십시오. 피는 생명을 의미하지만 "피 흘림"이란 죽음을 뜻하기 때문입니다. "죄 값은 사망이라" 한 변개할 수 없는 하나님의 금령을 충족시키기 위해서는 "피 흘림", 즉 죽음이 없이는 죄가 해결될 수 없다는 말씀입니다. 그러므로 9장에는 "피와 죄"가 강조되어 있습니다.

㉮ 9장의 핵심은 첫 언약 때에 그토록 오랫동안 피가 흘려졌으나 "성소에 들어가는 길이 아직 나타나지 아니한 것이라"(8)는데 있습니다. 이는 "황소와 염소의 피가 능히 죄를 없이 하지 못함"(10:4)을 의미합니다. 그래서 이는 예법만 되어 "개혁(改革)할 때까지 맡겨 둔 것이니라"(10절) 하고 말씀합니다.

㉯ 이에 대한 해답(解答)은, "그리스도께서 좋은 일의 대제사장으로 오사, 염소와 송아지의 피로 아니 하고 자기 피로 영원한 속죄를 이루사 단번에 성소에 들어가셨느니라"(12절) 한 말씀에 있습니다. 이것이 9장의 중심적인 증거입니다.

9:1-10의 분석 도표

첫 언약의 성소와 중보자와 제물

성소와 지성소로 갈라진 성막

1-5

첫 언약도 섬기는 예법과 성소가 있더라(1)

지성소 언약궤	
향로 등대 / 진설병 성소	

이것들에 관하여는 이제 낱낱이 말할 수 없노라(5)

들어가는 길이 아직 나타나지 아니함

6-10

첫 장막 → 제사장들 → 항상 섬기는 예를 행하고(6)
둘째 장막 → 대제사장 → 일년 일차씩 들어가되

(피 없이는) 아니하나니

(이 피는) 자기와 백서의 허물을 위하여 드리는 것이라(7)

성령이 이로써 보이신 것은

성소에 들어가는 길이 아직 나타나지 아니한 것이라(3)

이 장막은 현재까지의 비유니

양심상으로 온전케 할 수 없나니(9)

개혁할 때까지 맡겨 둔 것이라(10)

도표 해설

본 단원의 주제는 "첫 언약의 성소와 중보자와 제물"입니다. 첫 단락에서는 "성소와 지성소로 갈라져 있는 성막"을 보여주고 있으며, 둘째 단락에서는 "지성소에 들어가는 길이 아직 나타나지 아니함"을 말씀합니다.

그토록 오래도록(약 1500년 동안), 그토록 반복적으로, 그토록 많은 제물이 피를 흘렸으나 하나님을 만나러 들어가는 지성소의 길은 아직 열리지 않았다는 것입니다. 그래서 "개혁할 때까지 맡겨 둔 것이라"(10)고 말씀하는 것입니다.

첫 언약의 성소와 중보자와 제물

[1] 첫 언약에도 섬기는 예법과 세상에 속한 성소가 있더라 [2] 예비한 첫
장막이 있고 그 안에 등잔대와 상과 진설병이 있으니 이는 성소라 일
컫고 [3] 또 둘째 휘장 뒤에 있는 장막을 지성소라 일컫나니 [4] 금 향로와
사면을 금으로 싼 언약궤가 있고 그 안에 만나를 담은 금 항아리와 아
론의 싹난 지팡이와 언약의 돌판들이 있고 [5] 그 위에 속죄소를 덮는 영
광의 그룹들이 있으니 이것들에 관하여는 이제 낱낱이 말할 수 없노라
[6] 이 모든 것을 이같이 예비하였으니 제사장들이 항상 첫 장막에 들어
가 섬기는 예식을 행하고 [7] 오직 둘째 장막은 대제사장이 홀로 일 년에
한 번 들어가되 자기와 백성의 허물을 위하여 드리는 피 없이는 아니
하나니 [8] 성령이 이로써 보이신 것은 첫 장막이 서 있을 동안에는 성소
에 들어가는 길이 아직 나타나지 아니한 것이라 [9] 이 장막은 현재까지
의 비유니 이에 따라 드리는 예물과 제사는 섬기는 자를 그 양심상 온
전하게 할 수 없나니 [10] 이런 것은 먹고 마시는 것과 여러 가지 씻는 것
과 함께 육체의 예법일 뿐이며 개혁할 때까지 맡겨 둔 것이니라(히
9:1-10).

본 단원은 두 부분으로 나누어집니다. 첫째 부분(1-5)은 첫 언약 때에 주어진 성막이 첫 장막, 즉 성소와 둘째 장막, 즉 지성소로 분리되어 있었음을 보여줍니다. 히브리서 기자는 그 안에 있는 등대, 진설병, 금향로, 언약궤 등에 관하여 설명하려 하지 않고 "이것들에 관하여는

이제 낱낱이 말할 수 없노라"(5) 합니다.

다만 성막이 성소와 지성소로 갈라져 있었음을 말씀함으로써 하나님의 임재를 상징하는 지성소에 나아가는 길이 휘장으로 가로막혀 있었다는 점만을 상기시켜 주고 있습니다.

둘째 부분(6-10)에서는 지성소에는 대제사장이 일 년에 한 번 자신과 백성의 죄를 위하여 짐승의 피를 가지고 들어갔음을 말씀함으로써 몇 가지 중요한 점을 일깨워 주고 있습니다.

㉮ 그때는 성소에 들어가는 길이 아직 열리지 않았다는 것과(8), ㉯ 그것은 짐승의 피로써는 죄를 해결할 수 없었음을 의미한다는 것과(9), ㉰ 그러므로 이런 것은 그림자와 예법으로서 개혁할 때까지 맡겨둔 잠정적인 조치였다는 것(10) 등입니다.

1. 성소와 지성소로 갈라진 성막

1) "첫 언약에도 섬기는 예법과 세상에 속한 성소가 있더라"(1) 합니다.

㉠ 8장에서 이미 말씀한 바대로 성막은 모세가 임의로 세운 것이 아니라 하나님께서 명하신 본(本)을 좇아 지은 것이요, 그것은 하늘에 있는 것의 모형(模型)으로 주어졌던 것입니다(8:5). 그것은 볼 수 없는 참 것을 모형을 통해서 보여주신 또 하나의 계시였던 것입니다. 그래서 1:1절에서는, "옛적에 선지자들로 여러 부분과 '여러 모양으로' 우리 조상들에게 말씀하셨다"고 했습니다. 이 모형을 통해서 계시하고자 하는 첫째 요점은 하나님께 나아가는 길이 인간의 죄로 말미암아 굳게 닫혀져 있다는 것입니다.

㉡ 히브리서 기자는 성막 식양을 간략하게 설명하고 있는데, "예비

한 첫 장막이 있고 그 안에 등대와 상과 진설병이 있으니 이는 성소라 일컫고 또 둘째 휘장 뒤에 있는 장막을 지성소라 일컫나니 금향로와 사면을 금으로 싼 언약궤가 있고 그 안에 만나를 담은 금 항아리와 아론의 싹 난 지팡이와 언약의 비석들이 있고 그 위에 속죄소를 덮는 영광의 그룹들이 있으니 이것들에 관하여는 이제 낱낱이 말할 수 없노라"(2-5) 합니다.

금향로의 위치

2) 2-5절의 진술에서 문제가 되는 것은 "금향로"의 위치(位置)입니다. 금 향단의 위치가 출애굽기 30:6절에서는 분명히 "증거궤 앞에 있는 장 밖에 두라"고 말씀하고 있는데, 히브리서에서는 휘장 안 즉 지성소(至聖所)에 있는 것으로 말씀하고 있기 때문입니다. 이 점은 난해한 구절로 여겨져 많은 해석이 가해졌습니다.

㉠ 이는 저자의 착오로 여길 것이 아니라 히브리서가 발전된 계시라는 관점에서 설명될 수가 있습니다. 앞에서 히브리서의 중심주제 중 하나가 "들어감"이라고 말씀했습니다. 구약 시대에는 들어갈 수 없었으나 새 언약 하에서는 들어가게 되었다는 것이 히브리서의 핵심적인 증거입니다.

㉡ 이런 맥락에서 본다면 구약의 향단은 휘장 밖에 위치(位置)한 시대였으나, 신약 시대의 향단의 위치는 마땅히 휘장 안에 있어야만 하는 것입니다. 생각해 보십시오. 향단은 무엇에 대한 모형입니까? 우리의 대제사장 되시는 예수 그리스도의 중보 기도와 관련이 있습니다. 그런데 7:25절에 의하면 우리의 대제사장은 휘장 안(하늘의 지성소)에 들어가셔서 "항상 살아서 저희를 위하여 간구하심이니라" 하고 말씀합니다.

㉢ 다시 상기시킵니다만 히브리서의 중심주제는 ㉠ "이러한 대제사장이 우리에게 있다"는 것과, ㉡ 자신을 단번에 드려주셨다는 것과, ㉢ 그리하여 휘장 안으로 담대히 들어가게 되었다는 것 등입니다. 히브리서 기자는 이러한 중심 주제를 부각시키기 위해서 향단을 휘장 안에 들여놓고 있는 것으로 여겨집니다.

2. 들어가는 길이 나타나지 아니함

3) "오직 둘째 장막은 대제사장이 홀로 일년 일차씩 들어가되 피 없이는 아니하나니 이 피는 자기와 백성의 허물을 위하여 드리는 것이라"(7) 합니다.

㉠ 이어서 말씀하기를, "성령이 이로써 보이신 것은 첫 장막이 서 있을 동안에 성소에 들어가는 길이 아직 나타나지 아니한 것이라"(8) 합니다. 이는 중대한 요점을 드러내는 말씀인데 두 방면의 뜻이 있다 하겠습니다.

㉮ 1차적으로는 "오직 둘째 장막은 대제사장이 홀로 일년 일차씩 들어가되" 한 말씀에 나타나는데, 대 속죄일에 드린 제사로는 휘장이 열려지지 않았음을 의미합니다. 다시 말하면 "황소와 염소의 피가 능히 죄를 없이할 수 있었다면"(10:4) 휘장이 열려졌어야 마땅하지 않느냐? 그러나 길이 아직 나타나지 않았다는 것입니다.

㉯ 궁극적으로는 "성령이 이로써 보이신 것은" 한 말씀에 나타나는데, 하나님께서 성막의 중간을 휘장으로 막아 "성소와 지성소"로 갈라놓으라 하신 것은, 모형을 통해서 참 것을 보여주시기 위해서라는 것입니다. 그것이 무엇인가? "성소에 들어가는 길이 아직 나타나지 아니한 것이라" 합니다. 그런데 이 "성소"가 땅에 있는 지성소를 가리

키는 것이 아니라 하늘에 있는 참 성소를 가리키고 있다는 점입니다. 다시 말하면 "은혜의 보좌"(4:16) 앞에 들어가는 길이 아직 나타나지 않았다는 말씀입니다. 이점이 "그러므로 형제들아 우리가 예수의 피를 힘입어 성소에 들어갈 담력을 얻었나니 그 길은 우리를 위하여 휘장 가운데로 열어 놓으신 새롭고 산 길이요 휘장은 곧 저의 육체니라"(10:19-20) 한 말씀에 분명히 나타납니다.

만일 "성소에 들어가는 길이 아직 나타나지 아니한 것이라" 한 성소를 땅의 지성소로 한정을 한다면, 신약의 성도들이 들어갈 지성소가 어디 있단 말인가? "그러므로 우리가 긍휼하심을 받고 때를 따라 돕는 은혜를 얻기 위하여 은혜의 보좌 앞에 담대히 나아갈 것이니라"(4:16) 합니다.

㉡ 9-10절은 이 문단의 결론이라 할 수가 있는데, "이 장막은 현재까지의 비유니 이에 의지하여 드리는 예물과 제사가 섬기는 자로 그 양심상으로 온전케 할 수 없나니 이런 것은 먹고 마시는 것과 여러 가지 씻는 것과 함께 육체의 예법만 되어 개혁할 때까지 맡겨 둔 것이니라"(9-10) 하는 결론에 도달하게 되는 것입니다. 성령께서는 성막 식양을 통해서 "개혁할 때까지 맡겨 둔 것"이라는 이점을 보여주시고, 깨닫기를 원하신다

나누어 봅시다

1. 성소와 지성소로 갈라진 구조는 무엇을 말해 줍니까?
2. 첫 언약 때의 성소와 중보자와 제물은 무엇이었습니까?
3. 들어가는 길이 열리지 않았다는 사실은 무엇을 말해 줍니까?

9:11-28의 분석 도표

새 언약의 성소와 중보자와 제물

참 성소의 대제사장

11-14

그리스도께서 장래 좋은 일의 대제사장으로 오사(11)

손으로 짓지 아니한 — 더 크고 온전한 장막으로 말미암아(11)

염소와 송아지의 피로 아니하고 | 오직 자기피로 영원한 속죄를 이루사 단번에 성소에 들어가셨느니라 (12)

그리스도의 피가 … 깨끗하게 하고 살아계신 하나님을 섬기게 못하겠느뇨 (14)

새 언약의 중보자

15-22

그는 새 언약의 중보니 (15)

첫 언약 때에 범한 죄를 — 속하려고 죽으사(15)

첫 언약도 피 없이 세운 것이 아니니 (18) | 피로써 정결케 되나니 피흘림이 없은즉 사함이 없느니라(22)

더 좋은 제물

23-28

모형은 이런 것들로써 정결케 | 하늘에 있는 그것들은 이런 것들보다

더 좋은 제물로 할지니라 (23)

참 것의 그림자인 — 성소에 들어가지 아니하시고 오직 참 하늘에 들어가사(24)

자주 드리려고 아니하실지니(25)

단번에 제사로 드려 죄를 없게 하시려고(26)

①세상 끝에 나타나셨느니라(26)

②하나님 앞에 나타나시고(24)

③두 번째 나타나시리라(28)

도표 해설

본 단원의 주제는 앞 단원의 주제와 대조되는 "새 언약의 성소와 중보자와 제물"입니다. 앞 단원은, "개혁할 때까지 맡겨 둔 것이라"(10) 하고 결론을 맺었는데, 무엇으로 개혁을 하시는가? "더 좋은 성소와 더 좋은 중보자와 더 좋은 제물"로 하실 것이 분명합니다. 본 단원에서는 이 점을 보여주고 있습니다.

도표 중앙의 연결된 선을 따라 그리스도는 좋은 일의 대제사장이시요(11), 새 언약의 중보시요(15), 더 좋은 제물(23)이 되십니다. 그리고 중앙선 왼쪽은 첫 언약 때의 모형이요, 오른쪽은 새 언약 때의 참 것인데, 이를 대조시켜서 새 언약의 우월성을 보여줍니다. 이를 위하여 세 번의 나타나심이 있는데 ㉠ 세상 끝에 나타나시고(26), ㉡ 하나님 앞에 나타나시고(24), ㉢ 두 번째(재림) 나타나실(28) 것이라고 말씀합니다.

새 언약의 성소와 중보자와 제물

11 그리스도께서는 장래 좋은 일의 대제사장으로 오사 손으로 짓지 아
니한 것 곧 이 창조에 속하지 아니한 더 크고 온전한 장막으로 말미암
아 12 염소와 송아지의 피로 하지 아니하고 오직 자기의 피로 영원한 속
죄를 이루사 단번에 성소에 들어가셨느니라 13 염소와 황소의 피와 및
암송아지의 재를 부정한 자에게 뿌려 그 육체를 정결하게 하여 거룩하
게 하거든 14 하물며 영원하신 성령으로 말미암아 흠 없는 자기를 하나
님께 드린 그리스도의 피가 어찌 너희 양심을 죽은 행실에서 깨끗하게
하고 살아 계신 하나님을 섬기게 하지 못하겠느냐 15 이로 말미암아 그
는 새 언약의 중보자시니 이는 첫 언약 때에 범한 죄에서 속량하려고
죽으사 부르심을 입은 자로 하여금 영원한 기업의 약속을 얻게 하려
하심이라 16 유언은 유언한 자가 죽어야 되나니 17 유언은 그 사람이 죽
은 후에야 유효한즉 유언한 자가 살아 있는 동안에는 효력이 없느니라
18 이러므로 첫 언약도 피 없이 세운 것이 아니니 19 모세가 율법대로 모
든 계명을 온 백성에게 말한 후에 송아지와 염소의 피 및 물과 붉은 양
털과 우슬초를 취하여 그 두루마리와 온 백성에게 뿌리며 20 이르되 이
는 하나님이 너희에게 명하신 언약의 피라 하고 21 또한 이와 같이 피를
장막과 섬기는 일에 쓰는 모든 그릇에 뿌렸느니라 22 율법을 따라 거의
모든 물건이 피로써 정결하게 되나니 피흘림이 없은즉 사함이 없느니
라 23 그러므로 하늘에 있는 것들의 모형은 이런 것들로써 정결하게 할
필요가 있었으나 하늘에 있는 그것들은 이런 것들보다 더 좋은 제물로
할지니라 24 그리스도께서는 참 것의 그림자인 손으로 만든 성소에 들
어가지 아니하시고 바로 그 하늘에 들어가사 이제 우리를 위하여 하나
님 앞에 나타나시고 25 대제사장이 해마다 다른 것의 피로써 성소에 들

어가는 것 같이 자주 자기를 드리려고 아니하실지니 [26] 그리하면 그가
세상을 창조한 때부터 자주 고난을 받았어야 할 것이로되 이제 자기를
단번에 제물로 드려 죄를 없이 하시려고 세상 끝에 나타나셨느니라 [27] 한
번 죽는 것은 사람에게 정해진 것이요 그 후에는 심판이 있으리니 [28] 이
와 같이 그리스도도 많은 사람의 죄를 담당하시려고 단번에 드리신 바
되셨고 구원에 이르게 하기 위하여 죄와 상관 없이 자기를 바라는 자
들에게 두 번째 나타나시리라(히 9:11-28).

히브리서를 이해하기 위해서는 처음부터 끝까지 계속하여 보여주고 있는 "첫 언약과 새 언약"의 대조(對照)를 주목해 보아야만 합니다. 새 언약의 중보자이신 그리스도께서는 모형인 땅에 있는 성막에 들어가시지 않고 하늘에 있는 더 크고 온전한 성막에 들어가셨으며, 그림자로 드려졌던 짐승의 피로 아니 하시고 자기 피로 드리셨으며, 자주 반복하시지 않고 단번에 완성하셨다는 것이 본 단원의 중심점입니다.

1. 참 성소의 대제사장

앞 단원(1-10)은 모형과 짐승의 피로 드려지던 구약 시대의 진술이었습니다만, 이는 "육체의 예법만 되어 개혁할 때까지 맡겨 둔 것이니라" 하고 마쳤습니다. 그런데 드디어 11절에서 "그리스도께서 장래 좋은 일의 대제사장으로 오셨다" 하고 선언합니다. 개혁(改革)이 일어난 것입니다. 모형과 그림자의 시대는 지나가고 참 것이 도래(到來)한 것입니다.

성소와 참 성소

1) "그리스도께서 장래 좋은 일의 대제사장으로 오사 손으로 짓지 아니한 곧 이 창조에 속하지 아니한 더 크고 온전한 장막으로 말미암아"(11),

㉠ "염소와 송아지의 피로 아니 하고 오직 자기 피로 영원한 속죄를 이루사 단번에 성소에 들어 가셨느니라"(12) 합니다. 12절에는 "송아지의 피와 자기 피"가 대조되어 있습니다. 그리스도께서 대제사장으로 오셨다면 "대제사장마다 예물과 제사드림을 위하여 세운 자니 저도 무슨 드릴 것이 있어야 할 것이(8:3) 아니겠습니까? 그렇습니다.

㉮ 그리스도께서 "좋은 일의 대제사장으로 오사,

㉯ 더 크고 온전한 장막으로 말미암아(11),

㉰ 영원한 속죄를 이루사,

㉱ 단번에 성소에 들어가셨느니라"(12) 하고 말씀합니다. "오사 … 말미암아 … 이루사 … 들어가셨다"는 연결된 의미를 놓치지 마시기 바랍니다. 그 이하의 말씀들은 이에 대한 해설이라 해도 과언이 아닙니다.

㉡ "이루셨다"고 말씀합니다. 7:27절에서도 "단번에 자기를 드려 이루셨음이니라" 하고 말씀했습니다. 우리의 대제사장께서 이루셨습니다. "단번에" 이루셨습니다. "영원히" 이루셨습니다. 이루시지 않은 채 남겨놓은 것이라고는 아무 것도 없습니다.

단번에 영원히 이루사 들어가심

2) 그리고 참 성소에 "들어가셨느니라" 합니다. 우리를 위하여 다 이루시고--앞서 들어가셨습니다. 인류의 시조는 하나님의 존전에서 추방당했으며, 구약 시대는 들어갈 길이 아직 나타나지 않은 시대였

습니다. 그런데 "우리의 대제사장께서 오직 자기 피로 영원한 속죄를 이루사 단번에 성소에 들어가셨느니라" 하고 말씀합니다.

㉠ 이점에서 확실히 해두어야 할 점은, "성소"라는 말에 대한 분별입니다.

㉮ 2절에서 말씀하는 "성소"는 모형으로 주어진 성막에 있는 지성소와 구별된 성소를 가리킵니다만,

㉯ 8절에서 말씀하고 있는 "성소"는, 8:2절에서 말씀하는 대로 "주께서 베푸신 것이요 사람이 한 것이 아닌 "하늘의 참 성소"를 가리킵니다.

㉰ 본문 12절에서, "오직 자기 피로 영원한 속죄를 이루사 단번에 성소에 들어가셨느니라" 한 성소도,

㉱ 24절에서 "그리스도께서는 참 것의 그림자인 손으로 만든 성소에 들어가지 아니하시고 참 하늘에 들어가사" 한, 하늘에 있는 참 성소를 의미한다는 점을 유의해야만 합니다.

㉡ 그리스도께서 우리의 죄를 대속하여주신 것은, "그러므로 형제들아 우리가 예수의 피를 힘 입어 성소에 들어갈 담력을 얻었나니" 한, 하늘에 있는 참 성소, 즉 은혜의 보좌 앞으로 인도하시기 위해서이지 땅에 있는 지성소에 들어가게 하시려는 것이 아닌 것입니다. 그러므로 4:16절에서는, "은혜의 보좌 앞에 담대히 나아갈 것이니라" 하시는 것입니다.

㉢ 우리의 대제사장 되시는 예수 그리스도께서 부활, 승천하심으로 그 곳에 "앞서"(6:20) 들어가 계십니다. 성도들도 예배와 기도를 드릴 때에 몸은 이 땅에 있지만 우리의 영은 "성령 안에서"(엡 2:18; 6:18) 하늘에 있는 은혜의 보좌 앞에 나아가고 있는 것입니다. 그리스도께서 다시 오시는 날 우리의 몸도 영화되어 하늘에 있는 참 성소에

가서 친히 뵙게 될 것입니다.

3) "염소와 황소의 피와 및 암송아지의 재로 부정한 자에게 뿌려 그 육체를 정결케 하여 거룩케 하거든"(13),

㉠ "하물며 영원하신 성령으로 말미암아 흠 없는 자기를 하나님께 드린 그리스도의 피가 어찌 너희 양심으로 죽은 행실에서 깨끗하게 하고 살아계신 하나님을 섬기게 못하겠느뇨"(14) 합니다. 무슨 뜻이냐 하면, 구약 시대의 정결 의식(민 19:9)도 거룩하게 하는 효력이 있었다면(13), "하물며 흠없는 자기를 하나님께 드린 그리스도의 피가 깨끗하게 하여 살아계신 하나님을 섬기게 못하겠느뇨"(14) 하고 묻고 있습니다. 이는 참 성소의 대제사장께서 드려 주신 피의 효험이 무한함을 의미합니다.

㉡ "그러므로 형제들아 우리가 예수의 피를 힘입어 성소에 들어갈 담력을 얻었다"(10:19)고 말씀합니다. "그 길은 우리를 위하여 휘장 가운데로 열어 놓으신 새롭고 산 길"(10:20)이라고 말씀합니다. 이보다 더 복스러운 말씀이 있으면 말해 보십시오. 말씀의 사역자들은 우리를 위하여 이루어 주신 이 사실을 증거하고, 또 증거하고, 확신시키고, 또 확신시켜 주어야 할 사명이 있습니다. 단번에 영원히 이루사 들어가셨습니다. 십자가상에서의 마지막 말씀은 "다 이루었다"(요 19:30)는 선언이었습니다.

2. 새 언약의 중보자

4) "이를 인하여 그는 새 언약의 중보니 이는 첫 언약 때에 범한 죄를 속하려고 죽으사 부르심을 입은 자로 하여금 영원한 기업의 약속

을 얻게 하려 하심이니라"(15) 합니다.

㉠ 구속사의 맥락에서 성경을 관찰할 때 여기 주목해야할 중요한 말씀이 있습니다. "그는 새 언약의 중보니 이는 첫 언약 때에 범한 죄를 속하려고 죽으사"(15)라는 말씀입니다. 예수 그리스도께서 십자가에 죽으심은 신약시대의 죄, 즉 우리를 위해서만이 아니라, 구약시대(첫 언약) 때에 범한 죄를 속하려고 죽으셨다는 것입니다. 참으로 놀라운 말씀입니다.

첫 언약 때에 범한 죄를 위해 죽으심

㉡ 이스라엘 백성이 금송아지 우상을 만들어 경배했을 때에 모세의 간구를 들으시고, "여호와께서 뜻을 돌이키사 말씀하신 화를 그 백성에게 내리지 아니 하시니라"(출 32:14) 하고 기록되어 있습니다. 가나안을 정탐하고 돌아온 열 족장이 악평했을 때에도, "내가 네 말대로 사하노라"(민 14:20) 하셨으며, 다윗이 우리아의 아내를 범했을 때에도, "여호와께서도 당신의 죄를 사하셨나이다"(삼하 12:13) 하고 말씀하셨습니다. 우리는 이것으로 죄 문제가 완결(完決)이 된 줄로 알았던 우둔한 자들입니다.

㉢ 그러나 이는 죄에 대한 징벌을 잠정적으로 보류해 두신 상태였지 해결이 된 것이 아니었습니다. 왜냐하면 "피 흘림이 없은즉 사유함이 없느니라"(22절) 말씀하고 있기 때문입니다. 그리고 생축의 피 흘림은 예표였을 뿐 참 것이 아니었기 때문에 죄를 속할 수가 없었습니다. 이점을 로마서 3:25-26절에서 명확히 말씀해 주고 있습니다.

죄를 간과하시던 시대

5) "하나님께서 길이 참으시는 중에 전에 지은 죄(구약 시대)를 간

과(看過)하셨다"(롬 3:25) 하고 말씀합니다. "길이 참으시는 중"이라 한 뜻은 무거운 짐을 들고 참고 있는 상태를 나타내는 말입니다. 그리고 간과란 보고도 못 본 척 눈감아 주셨다는 뜻입니다. 언제까지 이렇게 하셨는가?

㉠ "곧 이 때에 자기의 의로우심을 나타내사 자기도 의로우시며"(롬 3:26) 하고, 구약시대에 범한 모든 죄를 자기 아들에게 담당시키실 때까지입니다. "의로움을 나타내사" 하는 말은 길이 참으시면서 죄를 간과(看過)하시는 동안은, 하나님의 공의를 나타내시지를 않으셨음을 나타내는 표현입니다.

㉡ 이점에 명백하지 못한 분들이 있습니다. 그래서 구약시대는 속죄제를 드림으로 해결함을 받지 않았느냐 하고 묻습니다. 저도 반문하겠습니다. 만일 짐승의 피로 죄가 속하여진다면 하나님의 아들이 사람의 몸을 입으시고 오셔서 십자가에 달려 죽으셔야할 이유가 어디 있느냐 하구요. 사도 바울은 그렇게 말하는 것은 주님을 헛되이 죽으신 것으로 만드는 것(갈 2:21)이라고 말씀합니다.

㉢ 구약의 제사제도는 참 것에 대한 그림자로 주어진 것이며, 하나님께서 길이 참으시는 방편이었던 것입니다. 구약시대란 죄에 대한 진노가 마치 저수지에 물이 고이듯이 싸이기만 한 시대였습니다. 하나님께서는 그 진노를 자기 아들에게 쏟으심으로 잠정적으로 보류해 두셨던 죄 문제가 비로소 완결이 되었고, 하나님의 공의도 만족히 여기심을 받게 되었다는 말씀입니다. 십자가 사건은 멸망 받아 마땅한 죄인 된 우리들을 하나님께서 얼마만큼, 어디까지 사랑하여주셨는가 하는 점과, 하나님은 의로우셔서 악을 차마 보시지도 못하신다(합 1:13)는 하나님의 공의를 동시에 나타낸 사건이었던 것입니다. 이것이 "첫 언약 때에 범한 죄를 속하려고 죽으셨다"(15)는 의미입니다.

㉣ 16-22절을 통해서 말씀하려는 바는 "율법을 좇아 거의 모든 물건이 피로써 정결케 되나니 피 흘림이 없은즉 사함이 없다"(22)는 점입니다. "피 흘림"이란 곧 죽음을 의미합니다. 그래서 "유언한 자가 죽어야 되나니(16), 죽은 후에야(17), 피 없이 새운 것이 아니니"(18) 하고 죽음을 강조한 후에 결론적으로 "피 흘림이 없은즉 사함이 없다" 하는 것입니다.

더 좋은 제물

6) "그러므로 하늘에 있는 것들의 모형은 이런 것들로써 정결케 할 필요가 있었으나 하늘에 있는 그것들은 이런 것들보다 더 좋은 제물로 할지니라"(23) 합니다. "모형"(模型)은 "이런 것들", 즉 참 제물의 그림자인 짐승의 피로 정결케 할 수가 있었으나, 실상(實像)은 "더 좋은 제물"이라야만 가능하다는 말씀입니다.

㉠ 구약의 제사 제도는 참 것의 그림자로 개혁할 때까지 맡겨 둔(10) 것이었습니다. 그러므로 제물만 불완전한 것이 아니라, 제물을 드려 주던 중보자도 불완전했으며, 제물을 드리던 성소도 사람의 손으로 지은 모형에 불과했다는 말씀입니다. 명심합시다. 피 흘림이 없은즉 사유함이 없으며, 신구약을 막론하고 예수 그리스도의 피 흘리심만이 유일한 속죄 피라는 진리를! 그래서 "그리스도께서는 참 것의 그림자인 손으로 만든 성소에 들어가지 아니하시고 오직 참 하늘에 들어가사 이제 우리를 위하여 하나님 앞에 나타나시고"(24) 합니다. 본 단락 안에는 세 번의 "나타나심"이 있는데 이는 구속의 경륜을 이해하는데 중요한 요점이 됩니다.

첫 번째 나타나심

㉡ "자기를 단번에 제사로 드려 죄를 없게 하시려고 세상 끝에 나타나셨느니라"(26) 합니다. 이는 주님의 초림의 나타나심과 사명을 의미합니다. 세상 끝에 나타나셨다는 말은 1:2절과 결부되는 것으로 마지막 계시요, 구약성경을 통하여 보여주신 여러 부분과 여러 모양, 즉 "언약, 모형, 예표, 그림자" 등의 성취자로 나타나셨다는 뜻입니다.

㉮ 그래서 "단번에 드렸다" 하는 것입니다. "단번"이라는 말은 히브리서의 핵심 단어 중 하나입니다. "저가 단번에 자기를 드려 이루셨음이니라(7:27), 자기 피로 영원한 속죄를 이루사 단번에 성소에 들어가셨느니라"(9:12) 하고 말씀합니다. 이외에도 "자기를 단번에 제사로 드려(9:26), 많은 사람의 죄를 담당하시려고 단번에 드리신바 되었고(9:28), 단번에 정결케 되어(10:2), 이 뜻을 좇아 예수 그리스도의 몸을 단번에 드리심으로 말미암아 우리가 거룩함을 얻었노라"(10:10) 하고 "단번"이 강조되어 있습니다. 이는 구약의 반복된 제사와 대조적인 면에서 한 말인데, 새 언약의 중보 되시는 예수 그리스도께서는 자기 피로 단번에 이루신 "더 좋은 제물"이셨습니다.

두 번째 나타나심

㉢ "그리스도께서는 참 것의 그림자인 손으로 만든 성소에 들어가지 아니하시고 오직 참 하늘에 들어가사 이제 우리를 위하여 하나님 앞에 나타나시고"(24) 하는 것이 두 번째 나타나심입니다. 이는 부활 승천하셔서 하나님 앞에 나타나심을 가리키는데 이것이 중요한 의미를 갖는 것은, "오직 그리스도는 죄를 위하여 한 영원한 제사를 드리시고 하나님 우편에 앉으사"(10:12), 즉 십자가상에서 "다 이루셨다" 하신 후에 하나님 앞에 나타나심을 의미하기 때문입니다.

㉯ 이 "나타나심도, 우리를 위하여"라고 말씀합니다. 왜 그렇습니까? 이는 자신의 피를 가지고 하늘에 있는 참 성소에 들어가셔서 우리의 영원한 대제사장, 즉 새 언약의 중보자가 되셨음을 의미합니다. 7:25절에서 "그러므로 자기를 힘입어 하나님께 나아가는 자들을 온전히 구원하실 수 있으니 이는 그가 항상 살아서 저희를 위하여 간구하심이니라" 말씀하고 있는 것이 이를 뜻합니다. 성도들이 이 세상을 떠나 아버지 집에 가게 될 때 제일 먼저 우리 주님의 영접을 받게 될 것입니다. 이 두 가지 나타나심은 이미 이루어진 사실입니다.

세 번째 나타나심

㉣ "이와 같이 그리스도도 많은 사람의 죄를 담당하시려고 단번에 드리신바 되셨고 구원에 이르게 하기 위하여 죄와 상관없이 자기를 바라는 자들에게 두 번째 나타나시리라"(28) 합니다. 구원 서정 상 세 번째 나타나심이라 했으나 이는 주님의 재림(再臨)을 의미하는 것으로 그래서 "두 번째 나타나시리라" 하는 것입니다. 이것은 아직 이루어지지 아니한 미래에 나타나실 일입니다.

하나님께서는 자기 아들을 통하여 하나님의 존전에서 추방당한 인간들에게 실로 엄청난 일을 행해 주셨지만, 이것이 끝이 아니며 구속사역이 완성된 것은 아니라는 말씀입니다. 예수 그리스도께서 두 번째 나타나실 때는 죄를 대속하시기 위하여 천사보다 조금 못하게 나타나신 초림과는 달리 심판 주로 나타나시고, 왕으로서 통치하러 오시는 것입니다. 이것이 "죄와 상관없이" 자기를 바라는 자들에게 "두 번째 나타나시리라"의 뜻입니다. 그때는 "이루었도다 나는 알파와 오메가요, 처음과 나중이라"(계 21:6) 하고, 하나님의 나라 건설이 완성되는 때입니다.

7) "한번 죽는 것은 사람에게 정하신 것이요 그 후에는 심판이 있으리니 이와 같이 그리스도도 많은 사람의 죄를 담당하시려고 단번에 드리신바 되셨고 구원에 이르게 하기 위하여 죄와 상관없이 자기를 바라는 자들에게 두 번째 나타나시리라"(27-28) 합니다.

㉠ "사람에게 정하신 것이요" 하는데, 모든 사람은 "다 반드시" 3번의 중대한 일에 당면하게 된다는 말씀입니다. ㉮ 첫째는 모든 사람은 죽는다는 것이고, ㉯ 그 후에는 심판이 있다는 것과, ㉰ 영생과 영벌로 갈라지게 된다는 점입니다.

적용

죄인이 어떻게 하나님께로 돌아갈 수 있는가 하는 문제는 구약시대 내내 추구해 온 것이지만 모형과 그림자로 주어졌을 뿐 해답을 얻지 못했던 것이, 예수 그리스도의 나타나심으로 말미암아 해답이 주어지게 된 것입니다. 주님은 친히 "내가 길이요 진리요 생명이니 나로 말미암지 않고는 아버지께로 올 자가 없다"(요 14:6) 하고 대답하십니다. 9장의 증거는 10:18절까지 계속되는 문맥으로 18절에 이르러, "이것을 사하셨은즉 다시 죄를 위하여 제사드릴 것이 없느니라" 하고 결론을 맺고 있습니다. 이는 아벨이 양의 첫 새끼로 제사드림으로 시작된 제사 제도에 대단원의 막을 내리는 총 결론인 것입니다. 그런 후에 "그러므로 형제들아 우리가" 하고 적용을 시키게 되는데, "예수의 피를 힘입어 성소에 들어갈 담력을 얻었나니"(10:19) 하는 것입니다.

형제에게 묻고 싶습니다. 그래도 무엇인가 해결되지 않은 문제가 남아 있다고 여겨지십니까? 여기서 성소란 하나님의 은혜의 보좌 앞을 의미합니다. 추방당했던 인간이 하나님의 존전에 들어갈 담력을 얻게 되었다는 근본적인 문제, 가장 큰 난제(難題)가 해결되었다면, 형제가 안고 있는 보다 작은 문제들은 그 안에 해답이 다 들어 있는 것입니다. 우리의 죄를 대속해 주신 "예수의 피"를 힘입어서임을 명심하십시오. 우리는 예수 그리스도의 피를 가지고 지성소에 들어가는 제사장들인 셈입니다.

로마서 5:9절에서는 "그러면 이제 우리가 그 피를 인하여 의롭다 하심을 얻었은즉 더욱 그로 말미암아 진노하심에서 구원을 얻을 것이니" 하고 역시 예수 그리스도의 피를 말씀하고 있습니다. "진노하심에서 구원"이란 최후의 심판을 의미합니다. 예수의 피를 믿는 자만이 심판을 받지 않습니다. 왜 그렇습니까? 주님께서 우리 대신 진노를 받아 주셨고 심판을 받으셨기 때문입니다. 진노만을 면한 것이 아니라, 그리스도와 함께 영광을 얻게 되는 것입니다. 이를 믿는다면 형제가 하나님께 드릴 기도의 "향로"는 지금 휘장 안에 위치에 있어야 합니까? 밖에 있어야 합니까?

나누어 봅시다

1. 첫 언약 때에 범한 죄를 위하여 죽으셨다는 뜻이 무엇입니까?
2. 세 번 나타나심이 무엇입니까?
3. 옛 언약과 새 언약의 성소와 중보자와 제물의 차별에 대하여.

10장 개관 도표

열어놓으신 길로 담대히 들어가라

어떻게 열리게 되었는가?	한 몸을 예비하심	1-10 율법은 나아오는 자들을 온전케 할 수 없느니라(1) 죄를 없이 하지 못함이라(4) 하나님이 한 몸을 예비하셨도다(5) 첫 것을 폐하심은 / 둘째 것을 세우려 하심이니라(9) 이 뜻을 좇아 예수 그리스도의 몸을 단번에 드리심으로 거룩함을 얻었노라(10)
	영원히 온전케 하심	11-18 제사장마다 / 오직 그리스도는 매일(11) ---------------- 죄를 위하여 한 영원한 제사를 드리시고(12) 서서 ------------------- 하나님 우편에 앉으사 자주 같은 제사를 드리되 --- 기다리시나니(13) 죄를 없게 하지 못하거니와(11) 영원히 온전케 하셨느니라(14)
어떻게 들어가면 되는가?	온전한 믿음으로 하나님께 나아가	19-25 그러므로 성소에 들어갈 담력을 얻었나니(19) 휘장 가운데로 열어놓으신 새롭고 산 길을(20) 참 마음과 온전한 믿음으로 하나님께 나아가자
	믿음을 배반하면	26-31 우리가 진리를 아는 지식을 받은 후 짐짓 죄를 범하면 다시 속죄하는 제사가 없고(26) 대적하는 자를 소멸할 맹렬한 불만 있으리라(27) 하나님 아들을 밟고 언약의 피를 부정한 것으로 여기고 은혜의 성령을 욕되게 하는 자의 당연히 받을 형벌이 얼마나 더 중하겠느냐(29)
	믿음으로 전진하라	32-39 그러므로 너희 담대함을 버리지 말라(35) 잠시 잠깐 후면 오실 이가 오시리라(37) 오직 나의 의인은 믿음으로 살리라(38) 우리는 뒤로 물러가 침륜에 빠질 자가 아니요 믿음을 가진 자니라

도표 해설

10장은 우선 크게 두 부분으로 나누어집니다. 첫 부분(1-18)은 휘장이 "어떻게 열리게 되었는가"를 말씀하고, 둘째 부분(19-39)은 "어떻게 들어가면 되는가"를 말씀합니다. 먼저 길이 열리게 된 것은 "한 몸을 예비하셔서" 우리의 죄를 "영원히 온전케 해 주심"으로 하나님과 인간 사이에 막힌 휘장이 찢어졌기 때문입니다. 둘째 단락의 "제사장마다"와 "오직 예수 그리스도는" 하는 대조를 유의해 보시기 바랍니다. 또한 1절의 "온전케 할 수 없느니라"와 14절의 "온전케 하셨느니라"를 주목하십시오.

그러면 어떻게 들어가면 되는가? 우리의 죄를 온전케 해주신 예수의 피를 믿는 "온전한 믿음으로 하나님께 나아갈" 수 있다는 것입니다. 한마디로 "나의 의인은 믿음으로 살리라" 하신 오직 믿음뿐입니다. 그런데 만일 믿음을 배반하면 "대적하는 자를 소멸할 맹렬한 불만 있으리라" 하고 경고합니다. 그러므로 "믿음으로 전진하라"고 격려합니다.

10장 개관
열어놓으신 길로 담대히 들어가라

10장은 히브리서의 중심 장이라 할 수가 습니다. 1장에서부터 논증하기 시작한 하나님의 행사(行事)에 대한 총 결론이요, 이에 대하여 인간은 어떻게 반응해야 하는가? 즉 성도가 해야 할 책임은 무엇인가를 동시에 말씀하고 있기 때문입니다.

서신서의 대부분이 그렇습니다만 히브리서도 중심 주제를 반복적으로 강조하고 있습니다. 그렇게 하고 있는 것은 그 교리가 그만큼 중요하기 때문이요, 우리의 듣는 것이 둔하기 때문입니다. 들은 바를 간절히 삼가지 않고 흘려버리는 인간의 불성실 때문입니다. 그래서 가장 좋은 교수법은 반복하는 것입니다. 그러나 제자리걸음이 아니라 반복하면서 전진(前進)하고 있습니다.

10장의 핵심은 "율법(律法)은 장차 오는 좋은 일의 그림자요, 참 형상이 아니므로 해마다 늘 드리는바 같은 제사로는 나아오는 자들을 언제든지 온전케 할 수 없는"(1)데 반해 복음(福音)은, "영원히 온전케 하셨다"(14)는 것이 핵심적인 말씀입니다.

하나님께서는 한 몸을 예비하셔서 이 일을 이루어주셨습니다. 그러므로 하나님이 행해주신 일(1-18)을 진술하는 첫 단원의 결론은 "다시 죄를 위하여 제사드릴 것이 없느니라"(18), 즉 제사 제도가 종결되고 완성되었다는 말씀입니다. 이를 입증하는 것이 그 동안 막혔던 성소의 휘장이 찢어진 사건입니다. 하나님께 나아가는 길이 열린 것입니다(19-20).

10장의 구조(構造)는 "왜냐하면(1-18), 그러므로"(19-39)로 되어 있는 구조입니다. 이렇게 행해주셨으니 (왜냐하면), 그러므로 "참 마음과 온전한 믿음으로 하나님께 나아가자"(22절)고 말씀합니다. 성도가 해야 할 일을 진술하고 있는 둘째 단원의 핵심은 "믿음"(39)입니다.

10:1-18의 분석 도표

어떻게 열리게 되었는가

한 몸을 예비하심

1-10

율법은 그림자요 참 형상이 아니므로

나아오는 자들을
온전케 할 수 없느니라 (1)
황소와 염소의 피가
능히 죄를 없이 하지 못함이라 (4)

첫 것을 폐하심은
둘째 것을 세우려 하심이니라 (9)

제사와 예물을 원치 아니하시고
오직 한 몸을 예비하셨도다 (5)
하나님의 뜻을 행하러 왔나이다 (7)

이 뜻을 좇아 예수 그리스도의 몸을 단번에 드리심으로 우리가 거룩함을 얻었노라 (10)

영원히 온전케 하심

11-18

제사장마다	오직 그리스도는
매일	죄를 위하여 한 영원한 제사를 드리시고
서서 섬기며	하나님 우편에 앉으사 (12)
자주 같은 제사를 드리되	기다리시나니 (13)
죄를 없게 하지 못하거니와 (11)	저가 한 제물로 거룩하게 된 자들을

영원히 온전케 하셨느니라 (14)

저희와 세울 언약이 이것이라 (16)
저희 죄와 저희 불법을
내가 다시 기억지 아니하리라 (17)
이것을 사하셨은즉

다시 죄를 위하여 제사드릴 것이 없느니라 (18)

도표 해설

본 단원의 중심적인 내용은 닫혔던 휘장이 어떻게 "열리게" 되었는가를 말씀하는 것입니다. 그것은 양이나 염소나 송아지가 아니라 "한 몸을 예비하신"(첫 단락) 한 사람으로 말미암아 열렸습니다. 그 한 몸이 단번에 속죄제를 드려주심으로 "영원히 온전케 하셨다"(둘째 단락)는 것입니다.

도표의 중앙선을 따라 관찰해 보면 "율법은 그림자요 참 형상이 아니므로 첫 것을 폐하심은 둘째 것을 세우려 하심이니라" 말씀하면서, 이 뜻을 좇아 "예수 그리스도의 몸을 단번에 드리심으로, 영원히 온전케 하셨느니라" 한 뒤, 그러므로 "다시 죄를 위하여 제사드릴 것이 없느니라" 하고 결론적인 선언을 합니다. 여기서도 중앙선을 중심으로 왼편에는 "제사장마다" 하고 율법을, 오른편에는 "오직 그리스도는" 하고 복음을 제시함으로써 대조해서 보여주고 있습니다.

어떻게 열리게 되었는가

1 율법은 장차 올 좋은 일의 그림자일 뿐이요 참 형상이 아니므로 해마
다 늘 드리는 같은 제사로는 나아오는 자들을 언제나 온전하게 할 수
없느니라 2 그렇지 아니하면 섬기는 자들이 단번에 정결하게 되어 다시
죄를 깨닫는 일이 없으리니 어찌 제사 드리는 일을 그치지 아니하였으
리요 3 그러나 이 제사들에는 해마다 죄를 기억하게 하는 것이 있나니
4 이는 황소와 염소의 피가 능히 죄를 없이 하지 못함이라 5 그러므로
주께서 세상에 임하실 때에 이르시되 하나님이 제사와 예물을 원하지
아니하시고 오직 나를 위하여 한 몸을 예비하셨도다 6 번제와 속죄제는
기뻐하지 아니하시나니 7 이에 내가 말하기를 하나님이여 보시옵소서
두루마리 책에 나를 가리켜 기록된 것과 같이 하나님의 뜻을 행하러
왔나이다 하셨느니라 8 위에 말씀하시기를 주께서는 제사와 예물과 번
제와 속죄제는 원하지도 아니하고 기뻐하지도 아니하신다 하셨고 (이
는 다 율법을 따라 드리는 것이라) 9 그 후에 말씀하시기를 보시옵소서
내가 하나님의 뜻을 행하러 왔나이다 하셨으니 그 첫째 것을 폐하심은
둘째 것을 세우려 하심이라 10 이 뜻을 따라 예수 그리스도의 몸을 단번
에 드리심으로 말미암아 우리가 거룩함을 얻었노라 11 제사장마다 매일
서서 섬기며 자주 같은 제사를 드리되 이 제사는 언제나 죄를 없게 하
지 못하거니와 12 오직 그리스도는 죄를 위하여 한 영원한 제사를 드리
시고 하나님 우편에 앉으사 13 그 후에 자기 원수들을 자기 발등상이 되
게 하실 때까지 기다리시나니 14 그가 거룩하게 된 자들을 한 번의 제사
로 영원히 온전하게 하셨느니라 15 또한 성령이 우리에게 증언하시되
16 주께서 이르시되 그 날 후로는 그들과 맺을 언약이 이것이라 하시고
내 법을 그들의 마음에 두고 그들의 생각에 기록하리라 하신 후에

17 또 그들의 죄와 그들의 불법을 내가 다시 기억하지 아니하리라 하셨
으니 18 이것들을 사하셨은즉 다시 죄를 위하여 제사 드릴 것이 없느니
라(히 10:1-18).

신앙생활에 있어서 승리의 비결은 인간이 한 일, 또는 하지 못한 일보다는 하나님께서 행해주신 일을 먼저 더 많이 생각하는 데 있습니다. 하나님께 나아가는 길이 열리게 된 것은 인간이 무엇을 행했기 때문이 아니라 전적으로 하나님이 해 주셨기 때문입니다. 하나님께서 행해주신 일은 첫 것(짐승의 제사)을 폐하시고 둘째 것(한 몸 즉 자기 아들)을 주셨다(9)는데 있습니다.

왜 첫 것을 폐해야만 했습니까? 나아오는 자들을 온전케 할 수가 없었고(1), 황소와 염소의 피가 능히 죄를 없이 하지 못하기(4) 때문입니다. 둘째 것은 어떻게 세워 주셨습니까? 양이나 송아지 같은 짐승이 아니라 예비하셨던 "한 몸"을 세워 주셨습니다. 이를 통한 효능이 무엇입니까? 영원히 온전케 하셨다(14)는 것입니다.

1. 한 몸을 예비하심

1) "율법은 장차 오는 좋은 일의 그림자요 참형상이 아니므로 해마다 늘 드리는바 같은 제사로는 나아오는 자들을 언제든지 온전케 할 수 없느니라"(1) 합니다.

㉠ 성경에는 짐승을 잡아서 하나님께 제사 드리는 장면이 참으로 많이 나옵니다. 이를 대하게 될 때 의아하게 생각해 보신 적은 없었습니까? 만일 없다면 그것이 이상한 것입니다. 왜냐하면 천지의 대 주재이신 하나님께서는 사신 우상에게 하듯 그렇게 섬김을 받으실 분이

아니시기 때문입니다. 그것은 장차 오는 좋은 일의 "그림자"(1)였다고 말씀합니다. 그 제사로는 온전케 할 수도 없고 "능히 죄를 없이 하지 못함이라"(4) 하고 말씀합니다.

㉡ 여기서 우리는 실로 경탄할 만한 말씀을 듣게 됩니다. "이는 황소와 염소의 피가 능히 죄를 없이 하지 못함이라 그러므로 세상에 임하실 때에 가라사대 하나님이 제사와 예물을 원치 아니하시고 오직 나를 위하여 한 몸을 예비하셨도다"(5)는 말씀이 그것입니다.

시편 40편

이 말씀은 시편 40:6-8절의 인용인데 표제에 다윗의 시로 되어 있습니다. 그러므로 시편 40편은 일차적으로 다윗의 어떤 경우를 노래한 시입니다. 다윗은 "나를 기가 막힐 웅덩이와 수렁에서 끌어 올리시고"(2) 하고, 죽었다가 살리심을 받았다고 말합니다. 다윗은 하나님의 은혜가 너무나 감사해서 "제사와 예물"(6)을 드리려 했습니다. 그런데 하나님께서 다윗의 귀를 통하여 들려주시기를 "그런 것은 내가 기뻐하지 않고 요구치도 아니 한다"는 것이었습니다. 이는 당시로서는 가히 혁명적인 깨달음입니다.

생각해 보십시오. 다윗의 아들 솔로몬이 일천 번제를 드리고 성전 낙성식 때 드린 제물이 소가 22,000이요 양이 120,000(대하 7:5)이라고 기록이 되었는데 이런 것은 기뻐하시지도 아니하고 요구치도 아니하신다니 어찌 혁명적이라 말하지 않을 수가 있겠습니까?

다윗의 두 번째 깨달음은 "아 하나님이 나 자신을 요구하고 계시는구나" 하는 것이었습니다. 이것이 "그때에 내가 말하기를 내가 왔나이다"(7) 하고 응답한 말씀입니다. 다윗은 "내가 주의 뜻 행하기를 즐기오니"(8) 하고 헌신을 다짐합니다. 이것이 일차적인 의미입니다. 그런데 성령께서는 다윗을 예표의 인물로 사용하셔서 그리스도에 대한 예언 시로 기록케 하셨던 것입니다. 인류의 죄를 속죄하시기 위해서는 천천만만의 생축이 아니라 다윗의 위에 오르실 "한 몸"이 필요했던 것입니다.

성령의 증거

학자들은 히브리 원전이나 시편 40편에 "한 몸"이라는 말이 없음을 인하여 해석상 고심하고 있습니다. 하지만 고심할 필요가 없습니다. 왜냐하면 그렇게 말씀하고 있는 분은 "또한 성령이 우리에게 증거하시되"(15) 한 성령님의 증거요, 해석이기 때문입니다. 구약에 그림자로 희미하게 나타났던 계시를 성령께서 신약성경을 통해서 밝히 드러내고 계신 것입니다.

"한 몸을 예비하셨다"고 한 것은 히브리서를 기록한 저자의 생각도 아니며, 임의로 그렇게 한 것이 아니요, 성령의 감동하심으로 기록케 하셨다는 것이 우리의 믿음입니다. 3:7절을 보십시오. 시편을 인용하면서도 "성령이 이르신 바와 같이"라고 말씀합니다. 9:8절에서도 "성령이 이로써 보이신 것은" 하고 구약의 모형과 예표를 통하여 성령께서 우리에게 보여주시기를(계시) 원하시는 바가 있다고 말씀합니다. 그러므로 "나를 위하여 한 몸을 예비하셨도다"는 말씀도 시편 40편을 통하여 우리에게 보여주고 증거하기를 원하시는 성령의 말씀인 것입니다.

이뿐만이 아닙니다. 오순절에 성령께서 강림하셔서 베드로를 통하여 증거하시기를 다윗을 가리켜 "그는 선지자라 하나님이 이에 맹세하사 그 자손 중에서 한 사람을 그 위에 앉게 하리라 하심을 알고 미리 보는 고로"(행 2:30), 그리스도를 증거하였다고 말씀하고 있습니다. 시편 40편도 성령님의 증거요, 히브리서 10장도 동일한 성령님의 증거인 것입니다. 히브리서 자체가 구약의 레위기를 해석하고 설명해 주고 있는 성령님의 증거인 것입니다.

하나님의 뜻을 행하러 왔나이다

2) "이에 내가 말하기를 하나님이여 보시옵소서 두루마리 책에 나를 가리켜 기록한 것과 같이 하나님의 뜻을 행하러 왔나이다"(7) 하고 말씀합니다.

㉠ 여기서 "두루마리 책"이란 구약성경을 가리키는 표현입니다. 그런데 "나를 가리켜 기록한 것과 같이" 한 "나"가 누군가? 구약성경의 핵심은 주님께서 친히 말씀하신 대로 "나를 가리켜", 즉 예수 그리스도를 증거하고 있는 것입니다(요 5:39). 결코 다윗을 증거하기 위해서 기록이 된 것이 아닙니다.

㉡ "내가 하나님의 뜻을 행하러 왔나이다" 하고 말씀합니다. 하나님의 뜻을 행하러 오신 분은 예수 그리스도이십니다. 주님은 겟세마네 동산에서, "나의 원대로 마옵시고 아버지의 원대로 하옵소서" 하고 기도하셨습니다. 그리고 대제사장적인 기도에서는, "아버지께서 내게 하라고 주신 일을 내가 이루어 아버지를 이 세상에서 영화롭게 하였사오니"(요 17:4) 하고 말씀하십니다. 또한 요한복음 12:27절에서도 "이 때를 면하게 하여 주옵소서 그러나 내가 이를 위하여 이 때에 왔나이다" 하고 말씀하셨습니다.

㉢ "그 첫 것을 폐하심은 둘째 것을 세우려 하심이니라 이 뜻을 좇아 예수 그리스도의 몸을 단번에 드리심으로 말미암아 우리가 거룩함을 얻었노라"(9-10) 합니다. 실로 그리스도께서는 하나님의 뜻을 행하러 이때에 오신 예비 된 한 몸이십니다. ㉮ 이 뜻을 좇아, ㉯ 예수 그

리스도의 몸을, ㉰ 단번에 드리심으로 말미암아, ㉱ 우리가 거룩함을 얻었노라", 얼마나 분명한 증거입니까?

2. 영원히 온전케 하심

둘째 단락의 핵심은 "영원히 온전케 하셨느니라"(14)에 있습니다. 하나님께서 첫 것을 폐하시고 둘째 것을 세우심은 첫 것이 나아오는 자들을 "온전케 할 수 없었기"(1) 때문인데, "이제 영원히 온전케 하셨느니라"(14) 하고 선언합니다. 1절과, 14절의 절묘한 대조를 보십시오. 도표 둘째 단락을 보시면 구약시대 제사장의 사역과 그리스도의 사역이 대조되어 있습니다. 도표를 보면서 이 대조를 관찰해 보시기 바랍니다.

제사장보다 오직 그리스도는

3) "제사장마다 매일 서서 섬기며 자주 같은 제사를 드리되 이 제사는 언제든지 죄를 없게 하지 못하거니 와 오직 그리스도는 죄를 위하여 한 영원한 제사를 드리시고 하나님 우편에 앉으사"(11-12) 합니다.

㉠ 이 대조를 보십시오.

㉮ "매일과, 한 영원한 제사"가 대조되어 있는데, 그리스도는 "한 제물"(14)이요, 또한 여러 제사가 아닌 "한 제사"를 드리셨던 것입니다. 이를 히브리서는 한마디로 "단번"이라고 표현하고 있습니다.

㉯ 첫 것은 "서서 섬기고" 있으나(성막에는 의자가 없습니다), 그리스도는 단번에 드리시고 "하나님 우편에 앉으사"(12) 하고 말씀합니다. 서서 있다는 것은 그 제사가 종결(終結)이 되지 않았음을 말해 줍

니다. 시편 134편은 "밤에 여호와의 집에 서 있는 여호와의 모든 종들아"(1) 합니다. 그들은 언제까지 서서 섬겨야만 합니까? 언제나 편히 쉴 수가 있을까요? "밤에"라고 했는데 날은 언제나 밝아 올 것입니까? "시온의 영광이 빛나는 아침"까지입니다. 생축이 아닌 한 몸으로 반복이 아닌 단번에 드려주실 때까지입니다.

㉰ 그러므로 제사장마다 "자주 같은 제사를 드리고" 있지만, 오직 그리스도는 하나님 우편에 앉으사 "기다리고" 계실 뿐입니다.

㉱ 그리하여 결론은, 첫 것은 "죄를 없게 하지 못하거니와"(11), 둘째 것은 "영원히 온전케 하셨느니라"(14) 하고 말씀합니다.

다시 기억치 아니하리라

4) "또한 성령이 우리에게 증거하시되 주께서 가라사대 그날 후로는 저희와 세울 언약이 이것이라 하시고 내 법을 저희 마음에 두고 저희 생각에 기록하리라 하신 후에 또 저희 죄와 저희 불법을 내가 다시 기억지 아니하리라 하셨으니"(15-17), 히브리서 기자는 이번에는 예레미야로 하신 말씀을 인용하여 더욱 강화시켜 주고 있습니다.

㉠ 이 인용구는 이미 8장에서 인용한 바 있습니다(8:8-12). 이를 다시 인용하고 있는 것은 무의미한 반복이 아니라 그 강조점이 다르기 때문입니다.

㉮ 8장의 강조점은, 옛 것과 대조되는 새 것, 즉 새 언약이라는 데 있었습니다. 그래서 인용하고 난 후에, "새 언약이라 말씀하셨으매 첫 것은 낡아지게 하신 것이니 낡아지고 쇠하는 것은 없어져 가는 것이니라"(8:13) 하고 논증을 했던 것입니다.

㉯ 그러나 같은 인용이지만 10장의 강조점은 "기억치 아니하리라"에 있습니다. "저희 죄와 저희 불법을 내가 다시 기억치 아니하리라"

(17) 하십니다. 이는 첫 언약에서는 상상도 할 수 없는 긍휼이요, 은혜인 것입니다. 옛 제사는 "그러나 이 제사들은 해마다 죄를 생각하게 하는 것이 있나니"(3) 합니다. 이는 민수기 5:15절을 염두에 두고 한 말씀인데, "이는 생각하게 하는 소제니 곧 죄악을 생각하게 하는 것이니라" 합니다. 만일 죄를 생각하게 함이 없었다면 "어찌 드리는 일을 그치지 아니하였으리요"(2)가 될 것입니다. 율법은 죄를 해결해 주는 기능이 있었던 것이 아니라, 도리어 "깨닫게 하고, 생각나게" 하는 역할을 하는 것입니다.

㉡ 그러나 새 언약은, "저희 죄와 저희 불법을 내가 다시 기억치 아니하리라" 하고 말씀합니다. 그러므로 인용한 후에 도달하는 결론은, "이것을 사하셨은즉 다시 죄를 위하여 제사드릴 것이 없느니라"(18) 하고 말씀합니다. 한마디로 "영원히 온전케" 하셨습니다.

이것을 능가할 복된 소식이 무엇이겠습니까? 미가 선지자도 이 복음을 알았기에 "주와 같은 신이 어디 잇으리이까 주께서는 죄악을 사유하시며 그 기업의 남은 자의 허물을 넘기시며 … 우리의 죄악을 발로 밟으시고 우리의 모든 죄를 깊은 바다에 던지시리이다"(미 7:18-19) 하고 감격해서 찬양했던 것입니다.

나누어 봅시다

1. 한 몸을 예비하신 한 몸이 누구입니까?
2. 그 한 몸은 우리에게 무엇을 해 주셨습니까?
3. 온전케 하셨다(14절)면 무엇이 열리게 됩니까?

10:19–39의 분석 도표

어떻게 들어가면 되는가

온전한 믿음으로	19-25 그러므로 예수의 피를 힘입어 성소에 들어갈 담력을 얻었나니 (19) 황소와 염소의 피가그 길은 우리를 위하여 휘장 가운데로 열어놓으신 새롭고 산 길이요(20) 참 마음과 온전한 믿음으로 하나님께 나아가자	
믿음을 배반하면	26-31 우리가 진리를 아는 지식을 받은 후 죄를 범한즉	① 다시 속죄하는 제사가 없고 (26) ② 대적하는 자를 소멸할 맹렬한 불만 있으리라 (27) ③ 하나님의 아들을 밟고 ④ 언약의 피를 부정하는 것으로 여기고 (29) ⑤ 은혜의 성령을 욕되게 하는 자의 당연히 받을 형벌이 얼마나 중하겠느냐 (29)
믿음으로 전진하라	32-39 전날에 너희가 빛을 받은 후에 고난의 큰 사움에 참을 것을 생각하라 (32) 오직 나의 의인을 믿음으로 살리라 우리는 뒤로 물러가 침륜에 빠질 자가 아니요 오직 영혼 구원함에 이르는 믿음을 가진 자니라 (39)	너희 담대함을 버리지 말라 (35) 잠시 잠깐 후면 오실 이가 오시리라 (37)

도표 해설

본 단원은 하나님께서 열어놓으신 휘장 안으로, "어떻게 들어가면 되는가"를 말씀하고 있습니다. 첫 단락에서 "온전한 믿음으로 하나님께 나아가자" 합니다. 둘째 단락에서는 만일 "믿음을 배반하면" 어떻게 되는지를 경고하고, 셋째 단락에서 "믿음으로 전진하라" 격려합니다. 성도가 힘써야할 일은 한마디로 오직 믿음임을 보게 됩니다.

도표의 중앙선을 따라 "그러므로" "성소에 들어갈 담력을 얻었나니", "참 마음과 온전한 믿음으로 하나님께 나아가자"고 합니다. 오직 나의 의인은 "믿음으로 살리라" 말씀하면서, "우리는 뒤로 물러가 침륜에 빠질 자가 아니요, 오직 믿음을 가진 자니라" 하고 선언합니다.

다시 말씀드립니다만, 성도가 우선적으로 해야 할 일은 하나님이 행해주신 일을 믿는 오직 믿음입니다. 그 중간에 "믿음을 배반"하는 자에 대한 엄한 경고가 끼어 있음을 유념하십시오. 이 경고도 "예수님의 피"(29) 외에는 달리 구원이 없음을 증거하는 역설적인 표현이기도 합니다.

어떻게 들어가면 되는가

19 그러므로 형제들아 우리가 예수의 피를 힘입어 성소에 들어갈 담력
을 얻었나니 20 그 길은 우리를 위하여 휘장 가운데로 열어 놓으신 새로
운 살 길이요 휘장은 곧 그의 육체니라 21 또 하나님의 집 다스리는 큰
제사장이 계시매 22 우리가 마음에 뿌림을 받아 악한 양심으로부터 벗
어나고 몸은 맑은 물로 씻음을 받았으니 참 마음과 온전한 믿음으로
하나님께 나아가자 23 또 약속하신 이는 미쁘시니 우리가 믿는 도리의
소망을 움직이지 말며 굳게 잡고 24 서로 돌아보아 사랑과 선행을 격려
하며 25 모이기를 폐하는 어떤 사람들의 습관과 같이 하지 말고 오직 권
하여 그 날이 가까움을 볼수록 더욱 그리하자 26 우리가 진리를 아는 지
식을 받은 후 짐짓 죄를 범한즉 다시 속죄하는 제사가 없고 27 오직 무
서운 마음으로 심판을 기다리는 것과 대적하는 자를 태울 맹렬한 불만
있으리라 28 모세의 법을 폐한 자도 두세 증인으로 말미암아 불쌍히 여
김을 받지 못하고 죽었거든 29 하물며 하나님의 아들을 짓밟고 자기를
거룩하게 한 언약의 피를 부정한 것으로 여기고 은혜의 성령을 욕되게
하는 자가 당연히 받을 형벌은 얼마나 더 무겁겠느냐 너희는 생각하라
30 원수 갚는 것이 내게 있으니 내가 갚으리라 하시고 또 다시 주께서
그의 백성을 심판하리라 말씀하신 것을 우리가 아노니 31 살아 계신 하
나님의 손에 빠져 들어가는 것이 무서울진저 32 전날에 너희가 빛을 받
은 후에 고난의 큰 싸움을 견디어 낸 것을 생각하라 33 혹은 비방과 환
난으로써 사람에게 구경거리가 되고 혹은 이런 형편에 있는 자들과 사
귀는 자가 되었으니 34 너희가 갇힌 자를 동정하고 너희 소유를 빼앗기
는 것도 기쁘게 당한 것은 더 낫고 영구한 소유가 있는 줄 앎이라 35 그
러므로 너희 담대함을 버리지 말라 이것이 큰 상을 얻게 하느니라 36 너

희에게 인내가 필요함은 너희가 하나님의 뜻을 행한 후에 약속하신 것
을 받기 위함이라 37 잠시 잠깐 후면 오실 이가 오시리니 지체하지 아니
하시리라 38 나의 의인은 믿음으로 말미암아 살리라 또한 뒤로 물러가
면 내 마음이 그를 기뻐하지 아니하리라 하셨느니라 39 우리는 뒤로 물
러가 멸망할 자가 아니요 오직 영혼을 구원함에 이르는 믿음을 가진
자니라(히 10:19-39).

성도가 해야 할 최우선적인 일은 "오직 믿음"입니다. 주님께서는 "죄에 대하여라 함은 저희가 나를 믿지 아니함이요"(요 16:9) 하고, 믿지 않는 것이 "죄"라 하십니다. 왜 그런지 아십니까? 당신의 "죄짐"을 주님께서 대신 담당하러 오셨기 때문입니다. 그러므로 예수 그리스도께서 이루어놓으신 대속을 믿지 않는다면 "네 죄는 네가 책임져야 한다"는 그런 뜻인 것입니다.

그러므로 믿음이란 맹목적인 것이 아니라 하나님의 "언약"을 믿는 것이요, 언약하신 바를 성취하여 주신 것을 믿는 것입니다. 그리고 믿음으로 행해야 할 많은 일 중에 가장 중대하고 제일 먼저 해야 할 일은 하나님께 나아가는 일입니다. 그리하여 하나님께 경배하며 찬양하며 감사하는 일입니다. 하나님께 나아가면 하나님과의 만남이 이루어집니다. 하나님의 말씀을 들을 수 있습니다(출 25:22). 한마디로 하나님과의 교제가 이루어집니다. "그러므로 형제들아 우리가 예수의 피를 힘입어 성소에 들어갈 담력을 얻었다"고 말씀합니다. 그래도 "나는 못해요" 하실 겁니까?

1. 온전한 믿음으로 하나님께 나아가자

1) "그러므로 형제들아 우리가 예수의 피를 힘입어 성소에 들어갈 담력을 얻었나니"(19) 합니다.

㉠ 19절의 "성소에 들어가게 되었다"는 "들어감"과, 22절의 하나님께 "나아가자" 한, "나아감"은 본 단원의 핵심적인 요점입니다. 이는 히브리서의 핵심주제일 뿐만 아니라 성경 전체로 보아도 핵심적인 주제 중 하나임이 분명합니다. 왜냐하면 죄로 말미암아 하나님의 존전에서 추방당한 인류가 해결해야 할 가장 절박하고 중대한 과제요 긴급한 문제가 "들어감"이기 때문입니다.

㉡ 히브리서는 다름 아닌 이에 대한 명쾌한 해답(解答)을 제시해주고 있습니다.

㉮ 4:1절에서 "그러므로 우리는 두려워할지니 안식에 들어갈 약속이 남아 있을지라도 너희 중에 혹 미치지 못할 자가 있을까 함이라" 하고 "들어가지" 못할 자가 있을까 경고한 바 있으며,

㉯ 4:11절에서는, "그러므로 우리가 저 안식에 들어가기를 힘쓸지니" 하고 "들어감"이라는 주제를 계속 다루어 온 저자는,

㉰ 4:16절에서, "은혜의 보좌 앞에 담대히 나아가자" 하고 말씀합니다.

㉱ 6:20절에서는, "휘장 안에 들어가나니" 하면서,

㉲ 예수께서 "앞서" 들어가셨다(6:20) 하고 말씀합니다.

㉳ 그리고 이제 본 단원에 이르러서는, "성소에 들어갈 담력을 얻었나니, 온전한 믿음으로 하나님께 나아가자" 하고 확신을 주고 있는 것입니다.

㉢ "내 영혼이 하나님 곧 생존하시는 하나님을 갈망하나니 내가 어

느 때에 나아가서 하나님 앞에 뵈올꼬"(시 42:2). 이는 시편 기자만의 문제가 아니라 인류 전체의 갈망이었습니다. "그리스도께서도 한 번 죄를 위하여 죽으사 의인으로서 불의한 자를 대신하셨으니 이는 우리를 하나님 앞으로 이도하려 하심이라"(벧전 3:18) 합니다. "내가 길이요 진리요 생명이니 나로 말미암지 않고는 아버지께로 올 자가 없느니라"(요 14:6) 하십니다. 이것이 하나님의 영광의 광채시요 본체의 형상이신 그리스도께서 천사보다 잠깐 동안 못하게 하심을 입으시고 십자가에 죽으셔야 했던 이유였습니다.

어떻게 하나님 앞에 나아가는 것이 가능하게 되었는가

2) "그 길은 우리를 위하여 휘장 가운데로 열어 놓으신 새롭고 산 길이요 휘장은 곧 저의 육체니라"(20) 합니다.

㉠ 이 진술은 주님께서 십자가상에서 "다 이루었다" 하고 선언하셨을 때 휘장이 찢어진 역사적인 사실을 염두에 두고 하는 말씀입니다.

㉮ 그래서 "휘장 가운데로 열어 놓으신, 휘장은 곧 저의 육체니라" 한 것입니다.

㉯ 구약시대에는 열려지지 않았던 것이기에, "새로운" 길이요,

㉰ 생명으로 들어가는 문이기에 "산 길이라" 하는 것입니다. 하나님께서는 자기 아들의 피로 말미암아 하나님 앞에 나아가는 길을 활짝 열어놓으신 것입니다. 그 길은 다시 닫히지 않습니다. 찢어진 휘장을 다시 꿰매지 아니하십니다. 그렇다면 우리가 해야 할 일은 무엇입니까?

㉡ 결론적으로 "들어감"과 결부된 핵심적인 요점 두 가지를 말씀드려야만 하겠습니다.

㉮ 첫째는 "예수의 피를 힘입어"라는 뜻입니다. 이것이 구체적으로

어떤 의미가 되는가? 이점을 로마서 5:9절은, "그러면 이제 우리가 그 피를 인하여 의롭다 하심을 얻었은즉" 하고 대답합니다. 그래도 미심적으면 로마서 3:24절을 보십시오. "그리스도 예수 안에 있는 구속으로 말미암아 하나님의 은혜로 값없이 의롭다 하심을 얻은 자 되었느니라" 합니다. 이 칭의(稱義)를 힘입어 하나님께 나아갈 수가 있는 것입니다.

㉯ 둘째 요점은 휘장이 열려졌다는 점입니다. 형제여, 의의 옷을 입고, 휘장 가운데로 열어놓으신 새롭고 산 길을 따라 하나님 보좌 앞에 담대히 나아가시기를 기원합니다.

오직 믿음

3) "우리가 마음에 뿌림을 받아 양심의 악을 깨닫고 몸을 맑은 물로 씻었으니 참 마음과 온전한 믿음으로 하나님께 나아가자"(22) 합니다.

㉠ "마음에 뿌림을 받아 양심의 악을 깨닫고 몸을 맑은 물로 씻었으니"라는 표현은 성막의 "번제단(피뿌림을 받아)과, 물두멍(맑은 물로 씻었으니)을 염두에 두고 하는 말입니다.

㉡ 그런 후에 "참 마음과 온전한 믿음으로 하나님께 나아가자" 하고 촉구합니다. 지금 히브리서 저자는 우리가 하나님께 나아가는 것이 어떻게 가능하여졌는가를 성막 식양(式樣)을 들어 설명하고 있는 것입니다. 근본적인 근거는 번제단입니다. 여기서 피 뿌림을 받고, 물두멍으로 나아가 씻음을 받고, 이 모형이 무엇에 대한 그림자인가를 확신(確信)하는 "참 마음과 온전한 믿음으로 하나님께 나아가자" 하는 것입니다.

㉢ "담력을 얻었다" 말씀하는데, 어디서 오는 담력인가? 예수 그리

스도의 피를 믿는 믿음의 담력입니다. 믿음의 확신을 의미합니다. 그래도 주저한다면 그것은 겸손이 아니라 하나님께서 자기 아들의 대속을 통해서 이루어주신 일에 대한 명백한 불신앙인 것입니다. 에베소서 3:12절을 보십시오. "우리가 그 안에서 그를 믿음으로 말미암아 담대함과 하나님께 당당히 나아감을 얻느니라" 하고 말씀합니다. "담대함에+당당히"를 덧붙여 말씀합니다. 이것이 믿음의 담력입니다. 이것이 온전한 믿음입니다.

㉣ 시편 기자는 이렇게 찬양하고 있습니다. "주께 힘을 얻고 그 마음에 시온의 대로가 있는 자는 복이 있나이다"(시 84:5). 그렇습니다. 길 되시는 주님을 믿는 사람은, 하나님께서 행해주신 이 진리를 믿는 사람은 그 마음에 "시온의 대로"가 있는 사람입니다. "저희는 힘을 얻고 더 얻어 나아가 시온에서 하나님 앞에 각기 나타나리이다" 합니다. 자기의 공로나 능력이 아닙니다. "주께 힘을 얻고 더 얻어", 즉 주의 피를 힘입어서입니다.

4) "또 약속하신 이는 미쁘시니 우리가 믿는 도리의 소망을 움직이지 말고 굳게 잡아 서로 돌아보아 사랑과 선행을 격려하며 모이기를 폐하는 어떤 사람들의 습관과 같이 하지 말고 오직 권하여 그날이 가까움을 볼수록 더욱 그리하자"(23-25) 하고 격려합니다.

㉠ "약속하신 이는 미쁘시니" 합니다. "미쁘다"는 말은 신실(信實)하다는 뜻으로, 특히 사도 바울의 애용구이기도 합니다. 이 "미쁘다"는 말은 믿는 성도들이 마음에 간직해야할 중요한 요점입니다.

㉮ "미쁘다 모든 사람이 받을만한 이 말이여 그리스도 예수께서 죄인을 구원하시려고 세상에 임하셨다 하였도다 죄인 중에 내가 괴수니라"(딤전 1:15),

㉯ "우리는 미쁨이 없을지라도 주는 일향 미쁘시니 자기를 부인하

실 수 없으시리라"(딤후 2:13), 즉 거룩하심으로 한번 약속하신 것은 반드시 지켜주실 것이라는 믿음의 고백인 것입니다.

㉡ 그러므로 믿는 도리의 "소망"을 움직이지 말고 굳게 잡으라(23) 하고 말씀합니다. 구원이 아니라 "소망"을 굳게 붙잡고 있어야 합니다. 형제의 "구원"은 하나님이 붙잡고 계십니다. 그 위에 서로 돌아보아 "사랑"과 선행을 격려하라(24)고 말씀합니다. 이제 아시겠습니까? 하나님께 나아감을 얻게 된 성도들에게 있어서 중요한 세 가지 덕목은 "믿음, 소망, 사랑"(22, 23, 24), 즉 "信, 望, 愛"입니다.

2. 믿음을 배반하면

히브리서는 이미 말씀드린 대로 먼저 신학적(神學的)인 원리를 말씀하고 난 다음에 실천적(實踐的)인 권면을 하고 있습니다. 그 권면 중에는 일반적인 경고가 포함되어 있습니다. 경고가 없으면 권면에 대한 반응이 약화될 것을 우려했기 때문일까요? 읽는 이와 듣는 자를 당황하게 하기에 족한 경고를 하고 있습니다.

지식을 받은 후

5) "우리가 진리를 아는 지식을 받은 후 짐짓 죄를 범한즉 다시 속죄하는 제사가 없고 오직 무서운 마음으로 심판을 기다리는 것과 대적하는 자를 소멸할 맹렬한 불만 있으리라"(26-27) 하고 경고합니다.

㉠ "지식을 받은 후"라는 표현을 유념할 필요가 있습니다. 이 대조를 보십시오.

㉮ 경고하는 대목에서는 독자들의 "지식과, 생각"에 호소하고 있습니다. 그래서 "복음"이라 하지 않고, "진리를 아는 지식"이라고 말씀

하고 있습니다.

㉯ 그러나 격려하는 대목에서는, "전날에 너희가 빛을 받은 후에"(32 하라고 그 표현이 보다 신앙심(信仰心)에 호소하고 있음을 봅니다.

㉡ "진리를 아는 지식"이란 표현은 논리적(論理的)으로 생각해 보라는 "지각"(知覺)에 호소하는 말입니다. "짐짓 죄를 범하면"이라고 했는데, 이 경우의 죄란 대인관계에 있어서의 윤리적인 죄가 아니라 그리스도에 대한 배신을 의미합니다(요 16:9). 이점이, "하나님의 아들을 밟고, 언약의 피를 부정한 것으로 여기고, 은혜의 성령을 욕되게 하는 자"(29)란 표현에 나타납니다.

우리는 이제까지 인간이 들을 수 있는 지고지선(至高至善)의 영광스러운 복음 진리를 들었습니다. 이것을 듣고 깨닫고 받고도 "이같이 큰 구원"(2:3)을 배반한다면 다시 속죄하는 제사가 달리 있겠느냐 생각해 보라는 것입니다.

㉢ "오직 무서운 마음으로 심판을 기다리는 것과 대적하는 자를 소멸할 맹렬한 불만 있으리라"(27), 그 종말이 이처럼 비참하게 되리라는 것은 너무나 분명하지 않느냐는 말씀입니다. 누구에게 이러한 무서운 심판이 임한다는 것입니까? "대적(對敵)하는 자"라고 말씀합니다. 당연히 받을 형벌이 얼마나 더 중하겠는지 "너희는 생각하라"(29) 하고, 논리적인 사고에 호소합니다.

형제여, 이 경고는 우리를 낙망시키기 위한 말씀이 아니라 우리의 구원이 얼마나 큰 축복임을 역설적(逆說的)으로 일깨워 주면서 이 소망을 굳게 잡으라고 견고히 세워 주시려는 사랑의 엄위하심임을 잊지 맙시다.

3. 믿음으로 전진하라

6) 경고한 후에 거기서 멈추는 것이 아니라, "전날에 너희가" 하고, 격려를 해줍니다. "전날에 너희가 빛을 받은 후에 고난의 큰 싸움에 참은 것을 생각하라 혹 비방과 환난으로써 사람에게 구경거리가 되고 혹 이런 형편에 있는 자들로 사귀는 자 되었으니 너희가 갇힌 자를 동정하고 너희 산업을 빼앗기는 것도 기쁘게 당한 것은 더 낫고 영구한 산업이 있는 줄 앎이라"(32-34).

㉠ 출애굽한 이스라엘 백성들은 시내 산 기슭에 일 년 간 머무르면서 하나님이 그들과 함께 하신다는 상징인 성막과 하나님의 백성답게 살아가야 할 율법을 받았으며 20세 이상으로 싸움에 나갈만한 자를 계수하여 군대를 편성했습니다. 드디어 출발 명령이 떨어졌습니다. 그들이 광야를 통과하여 약속의 땅 가나안에 들어가기 위해서 준행해야 할 일이 무엇입니까? 오직 "믿음의 전진"(前進)을 하는 것입니다. 그러나 그들은 출발하자마자 불신앙에 빠졌으며(민 11:1), 열 족장은 결정적인 순간에 뒤로 물러가 침륜에 빠지고 말았던 것입니다(민 14:30).

㉡ 히브리서의 1차 독자들도 "전날에, 빛을 받은 후에 고난의 큰 싸움에 참고" 견딘 자들이었습니다. 신앙생활이란 선한 싸움을 싸워 나가는 전투입니다. 그런데 "시작할 때에 확실한 것을 끝까지 견고히"(3:14) 붙잡지를 못하고 후퇴를 하려는 상태인 것입니다.

7) 그들을 향해서 "그러므로 너희 담대함을 버리지 말라 이것이 큰 상을 얻느니라 너희에게 인내가 필요함은 너희가 하나님의 뜻을 행한 후에 약속을 받기 위함이라"(35-36) 하고 용기를 주고 있는 것입니다.

㉠ 하나님께서는 구약의 전투하는 교회를 향하여, "내가 네게 명한 것이 아니냐 마음을 강하게 하고 담대히 하라 두려워 말며 놀라지 말라 네가 어디로 가든지 네 하나님 나 여호와가 너와 함께 하느니라" (수 1:9) 하고 용기를 주셨습니다. "담대하라"는 말씀은 신구약을 막론하고 전투하는 교회에 주시는 변함없는 하나님의 명령입니다. 이것이 "큰 상을 얻느니라" 하고 격려해 줍니다. 그러하기 위해서는 인내(忍耐)가 필요하다고 말씀합니다.

㉡ 그러면 어떠한 "담대함"인가?

㉮ 첫째가 "믿음의 담대함"입니다. "예수 그리스도는 어제나 오늘이나 영원토록 동일하시니라"(13:8) 하십니다. 베드로, 바울과 함께 하셨던 주님께서 나와 함께 하신다는 믿음의 담대함을 버리지 말아야만 합니다. 하나님께서는 모세가 죽은 후에 여호수아에게, "내가 모세와 함께 있던 것같이 너와 함께 있으리라" 하고 보장해주셨던 것입니다.

㉯ 둘째는 기도의 담대함입니다. "예수의 피를 힘입어", 즉 의의 옷을 입고, 열어놓으신 휘장을 통과하여 지성소 곧 은혜의 보좌 앞에 담대히 나아가는 기도의 담대함을 버리지 마시기를 바랍니다.

㉰ 셋째는 말씀 선포의 담대함입니다. 우리는 이제까지 은혜롭고 복스러운 말씀을 받았습니다. 이 복음은 하나님께서 자기 아들의 죽음을 통해서 이루어주신 천하보다도 귀한 것입니다. 무엇이 부끄러운가? 아니면 두려운가? 무엇 때문에 담대히 전하지 못한단 말입니까? 바울은 옥중 서신에서, "또 나를 위하여 구할 것은 내게 말씀을 주사 나로 입을 벌려 복음의 비밀을 담대히 알리게 하옵소서 할 것이니 이 일을 위하여 내가 쇠사슬에 매인 사신이 된 것은 나로 이 일에 당연히 할 말을 담대히 하게 하려 하심이니라"(엡 6:19-20) 말씀합니다.

8) "잠시 잠깐 후면 오실 이가 오시리니 지체하지 아니하시리라 오직 나의 의인은 믿음으로 말미암아 살리라 또한 뒤로 물러가면 내 마음이 저를 기뻐하지 아니하리라 하셨느니라"(37-38) 하십니다.

㉠ 왜 담대함을 버리게 되는가? "오실 이" 곧 그리스도의 재림이 지체되는 것 같아서입니다. 구약교회 성도들은 시내 산에 올라간 모세가 내려오는 것이 지체되자 우상숭배에 빠지고 말았습니다. 이는 말세를 만난 우리의 거울이며, 경계가 되는 말씀입니다.

㉡ "오직 나의 의인은 믿음으로 말미암아 살리라" 한 말씀은 암담한 상황으로 인하여 낙심하고 있는 하박국 선지자에게 하나님께서 친히 하신 말씀입니다. 이 말씀이 신약성경에는 세 번 인용이 되었는데 모두가 중요한 문맥에서 인용이 되었습니다.

㉮ 첫 번은 로마서 1:17절인데, 죄인이 구원을 어떻게 얻을 수 있는가 하는 복음을 증거하는 문맥에서 인용한 것입니다. 이 말씀이 루터에게 임하였을 때에 종교개혁을 일으켜 복음을 회복하게 한 말씀이기도 합니다.

㉯ 갈라디아서 3:11절에서 인용을 하였는데, "우리가 너희에게 전한 복음 외에 다른 복음을 전하면 저주를 받을지어다"(갈 1:8) 하는, 복음을 보수하기 위해서였습니다.

㉰ 세 번째가 본문 38절인데 "뒤로 물러가 침륜에 빠지려는"(39) 자들을 격려해주기 위해서 인용이 된 것입니다.

9) "오직 나의 의인은 믿음으로 말미암아 살리라 또한 뒤로 물러가면 내 마음이 저를 기뻐하지 아니하리라 하셨느니라 우리는 뒤로 물러가 침륜에 빠질 자가 아니요 오직 영혼을 구원함에 이르는 믿음을 가진 자니라(38-39) 합니다.

㉠ "믿음으로 사는" 신앙은 전진하는 삶이요, 담대함을 버리는 것은 후퇴(後退)하는 삶인 것입니다. 신앙은 정지(停止) 상태를 용납하지를 않습니다. 전진이 아니면 후퇴가 있을 뿐입니다. "뒤로 후퇴하면 내 마음이 저를 기뻐하지 아니하리라" 하십니다. "우리는 뒤로 물러가 침륜에 빠질 자가 아니요 오직 영혼을 구원함에 이르는 믿음을 가진 자니라"(39) 하고 영광스러움으로 가득 찬 10장은 끝맺고 있습니다.

우리가 행해야할 실천 윤리를 말씀하는 본 단원(19-39)은 "온전한 믿음으로 하나님께 나아가자"(22) 하고 믿음으로 시작하여, "오직 영혼 구원함에 이르는 믿음을 가진 자니라"(39) 하고, 믿음으로 마치고 있습니다. 하나님의 신실하신 행사(行事)에 대한 인간의 반응은 오직 믿음뿐입니다.

적용

예수의 피를 힘입어 담대히 "하나님께 나아가는" 일은 언제 되어지는 것이며, 그때에 무슨 일이 일어납니까? 이 땅에 사는 동안에는 예배 시에 일어납니다. 기도드릴 때입니다. 이때 자신만을 내려다보지 마십시오. 그렇게 한다면 베드로처럼 빠져 들어가고야 말 것입니다. 예수 그리스도를 바라보십시오. 오직 예수 그리스도의 피만을 의지해야 함을 명심하십시오.

아무리 다급하다해도 마구 달려가지 마십시오. 하나님 앞에 엎드려서 내가 지금 어디에 나아왔는지, 이 일이 어떻게 해서 가능하게 되었는지를 먼저 묵상하십시오. 지옥에 가도 아랫목에 가 있어야 할 죄인이 예수 그리스도의 대속적인 죽음으로 말미암아 휘장 가운데로 열어놓으신 새롭고 산 길을 따라 하나님 보좌 앞에 나아온 자신을 발견하고는 자신도 모르게 "아버지, 감사합니다" 하는 외마디 기도가 나오게 될 것입니다. 기도는 감사부터 하는 것이라는 말은 격식 문제가 아니라 접근(接近)의 문제입니다. 기도에 있어서 두 가지 중요한 요점은 접근(接近)과 집중(集中)입니다.

그렇게 하노라면 형제의 마음에는 평안함이 임하게 될 것입니다. 형제의 기도는 구하기 전에 아신 바 되었으며 들으신 바가 된 것입니다. "아무것도 염려하지 말고 오직 모든 일에 기도와 간구로 너희 구할 것을 감사함으로 하나님께 아뢰라 그리하면 모든 지각에 뛰어난 하나님의 평강이 그리스도 예수 안에서 너희 마음과 생각을 지키시리라"(빌 4:6-7).

그때 두 가지 일이 일어납니다. "거기서 너와 만나고 네게 말하리라"(출 29:42; 25:22) 약속하셨습니다. 대제사장이 피를 가지고 지성소에 들어가면 속죄소에서 하나님과 만나고, 분부하심을 받게 됩니다. 형제가 제사장이 되어 예수의 피를 힘입어 휘장 안으로 들어가게 될 때도 두 가지 일이 일어남을 믿으시기 바랍니다. 보좌 앞에까지만 나아갔다가 그냥 나오지 마십시오. 보좌에 앉으신 아버지를 만나시기 바랍니다. 하나님의 영광이 충만하기에 성막(聖幕)이요, 만남의 장소이기 때문에 회막(會幕)입니다.

일방통행 식으로 형제의 말만 하고 일어서지 마십시오. 이에 대한 하나님의 말씀도 듣기를 사모하십시오. 무시(無時)로(엡 6:18) 들어갈 수 있는 은총을 입었음을 잊지 마십시오.

나누어 봅시다

1. 하나님께서 행해주신 일에 인간은 어떻게 응답해야 합니까?
2. 믿음을 배반하는 자에게 주는 경고가 무엇입니까?
3. 성도란 무엇으로 살고 무엇을 가진 자입니까?

11장 개관 도표

믿음으로 산 사람들의 본

믿음의 삶에 대한 정의	1-3 믿음은	
	바라는 것들의 실상이요	보지 못하는 것들의 증거니 (1) 선진들이 이로써 증거를 얻었느니라 (2)
	믿음으로	모든 세계가 하나님의 말씀으로 지어진 줄을 우리가 아나니
선진들과 족장들의 믿음	4-7 믿음으로	
	아벨은	의로운 자라는 증거를 얻었으니 (4)
	에녹은	기쁘시게 하는 자라는 증거를 받았느니라 (5)
	믿음이 없이는 기쁘시게 못하나니 (6)	
	노아는	의의 후사가 되었느니라 (7)
	8-22 믿음으로	
	아브라함은	경영하시고 지으실 터가 있는 성을 바랐음이니라 (10)
	사라자신도	잉태하는 힘을 얻었으니 (11)
	이 사람들은 다 믿음을 따라 죽었으며 약속을 받지 못하였으되 그것들을 멀리서 보고 환영하며 (13)	
	아브라함은 믿음으로 이삭을 드렸으니 (17)	다시 살리실 줄로 생각한 지라 (19)
	이삭은	장차 오는 일에 축복하였으며 (20)
	야곱은 죽을 때에	축복하고 (21)
	요셉은 임종 시에	이스라엘 자손의 떠날 것을 말하고 (22)
출애굽 이후의 믿음	모세는	그리스도를 위하여 받는 능욕을 애굽의 보화보다 큰 재물로 여겼으니 (26)
	라합은	정탐꾼을 평안히 영접하였으므로 (31)
	이 사람들이 다 믿음으로 말미암아 증거를 받았으나 약속을 받지 못하였으니 (39)	
	우리를 위하여 더 좋은 것을 예비하였은즉 우리가 아니면 온전함을 이루지 못하게 하려 하심이니라 (40)	

도표 해설

10장은 "구원에 이르는 믿음을 가진 자니라"(10:39) 하고 마쳤는데, 11장은 "믿음은"(1) 하고 시작이 됩니다. 이런 맥락에서 11장의 내용은 구약 시대에 "믿음으로 산 사람들의 본"을 보여주고 있습니다. 도표의 중앙선을 따라 연결된 것을 보면 "믿음"이 중심축을 이루고 있으며, "믿음"이 없이는 기쁘시게 못한다는 사실을 보여줍니다. 그리고 구약 성도들은 "믿음을 따라 죽었으며 약속을 받지 못하였으되 그것들을 멀리서 보고 환영하였다"는 것과, 증거를 받았으나 "약속을 받지 못하였다"(13, 39)고 거듭 말씀합니다.

그러므로 이렇게 11장을 요약할 수가 있습니다. "믿음이란 약속을 믿는 것이며, 궁극적인 약속은 그리스도시다". 구약 성도들도 예수 그리스도를 믿고(멀리서 바라보며) 구원을 얻었습니다. 그러므로 예수 그리스도가 오심으로 그들은 온전함을 얻게 되는 것입니다(40). 주님께서 재림하시는 날 신구약의 모든 성도들은 완전해질 것입니다.

11장 개관
믿음으로 산 사람들의 본

11장을 믿음장이라고 부르는 것은 요약해서 부르는 것이고 실은 "믿음으로 산 사람들의 본"이라는 표현이 더 적절할 것입니다. 왜냐하면 11장은 믿음 자체를 정의하기 위한 독립된 내용이 아니라, 문맥적으로 보면 10:32-39절에서 믿음으로 살 것을 권면한 다음에 이에 대한 본(本)으로 제시하고 있는 문맥이기 때문입니다.

본보기의 공통점은 후퇴하는 믿음이 아니라 전진(前進)하는 믿음에 있습니다. 그러므로 11장에 등장하는 인물들에게서 위에서 권면한 바 있는 몇 가지 특성을 만나게 됩니다.

㉠ 그들은 빛을 받은 사람들(10:32) 즉 하나님께 은총을 입은 사람들이며,

㉡ 그 후에 고난의 큰 사움을 싸웠고(10:32),

㉢ 영구한 산업이 있음을 믿고 따랐으며(10:34),

㉣ 믿음의 담대함을 가지고 있었고(10:35),

㉤ 믿음의 인내가 있었으며(10:36),

㉥ 믿음으로 전진했다(10:39)는 점 등입니다.

한마디로 요약하면, "오직 나의 의인은 믿음으로 말미암아 살리라"

(10:38) 한 삶을 살았던 사람들입니다. 그렇다면 믿음으로 산다는 것은 어떤 삶을 의미하는 것일까요?

11:1-3의 분석 도표

믿음의 삶에 대한 정의

믿음의 실상과 증거	1-2 믿음은 바라는 것들의 실상이요 보지 못하는 것들의 증거니 (1) 선진들이 이로써 증거를 얻었느니라
믿음의 근거	3 믿음으로 모든 세계가 하나님의 말씀으로 지어진 줄을 우리가 아나니 보이는 것은 나타난 것으로 말미암아 된 것이 아니니라 (3)

도표 해설

본 단원은 서론과 같은데, "믿음의 삶"에 대한 정의입니다. 그런 후에 이어지는 말씀은 그렇게 산 사람들의 "본"을 제시하고 있는 것입니다. 그러므로 정의(定意)에 확고해야만 본으로 산 사람들을 바르게 볼 수 있습니다. 그렇지 못하게 되면 11장을 통해서 말씀하려는 핵심을 놓치게 되고 지엽(枝葉)으로 빠지게 될 것입니다. 첫 단락에서 "믿음의 실상과 증거"를 정의하고, 둘째 단락에서는 "믿음의 근거"가 무엇인지를 말씀해 줍니다.

믿음의 삶에 대한 정의

[1] 믿음은 바라는 것들의 실상이요 보이지 않는 것들의 증거니 [2] 선진들
이 이로써 증거를 얻었느니라 [3] 믿음으로 모든 세계가 하나님의 말씀으
로 지어진 줄을 우리가 아나니 보이는 것은 나타난 것으로 말미암아
된 것이 아니니라(히 11:1-3).

11장을 바르게 해석하기 위해서는 명제(命題)와도 같은 1-3절의 말씀을 바르게 인식하는 것이 중요합니다. 그러므로 우리는 시간이 걸리더라도 여기에 머물러서 바르게 접근해야만 합니다. 그렇게 하노라면 본문을 통해서 영광스러운 광채를 발견하게 될 것입니다.

1) "믿음은 바라는 것들의 실상이요 보지 못하는 것들의 증거니"(1) 하고 시작됩니다.

㉠ 어떻습니까? 믿음이 무엇인지 한눈에 들어옵니까? 아니면 더욱 아리송하고 어려워 보입니까? 히브리서 기자는 믿음 자체를 학문적으로 정의하는 데 관심이 있는 것이 아니라, 믿음으로 사는 삶이란 어떤 인생관(人生觀)과 가치관(價値觀)을 가지고 살아가는 것인가를 정의해 주고자 하는 것입니다. "바라는 것들의 실상이요"와 "보지 못하는 것들의 증거니"라는 표현은 같은 말이 아니면서도 불가분의 관계

가 있습니다.

1. 실상과 증거

㉠ "바라는 것들"이라는 말씀에는 미래(未來)적인 개념이 있습니다. 즉 현재가 아니라 미래에 주어질 일을 믿음으로 바라보면서 이미 이루어진 것처럼 여긴다는 것입니다. 이것이 "실상"이라는 뜻입니다.

㉡ "보지 못하는 것들"이라는 말씀은 영적(靈的) 세계와 관계가 있습니다. 보이는 현실 세계 너머에 보이지 않는 영구한 세계가 있으며 그것이 실체임을 믿음으로 확신한다는 것입니다. 이것이 "증거"의 뜻입니다.

16절을 들어서 설명한다면, 하나님께서는 "저희를 위하여 한 성을 예비하셨느니라" 말씀하는데, 그 도성은 현재가 아닌 미래(未來)에 주어질 것이며, 땅의 것이 아니라 영적(靈的)인 세계요, 그러므로 "볼 수 없는" 것입니다.

바라는 것이란 미래적인 개념

2) 10절에서 "성을 바랐음이니라" 말씀하고 있는데, 볼 수 없는 그 성을 믿음으로 바라보면서 소망했다는 것입니다. 성도가 바라는 바는 궁극적으로 현재에 주어지는 것이 아니요 미래에 도래(到來)하게 될 것이지만, 이미 받은 것으로 여기며 소망 중에 인내하며 살아가는 것이 믿음으로 사는 삶이란 것입니다. 그런 삶을 산 사람들은 "땅에서는 외국인과 나그네로라"(13절)고 증거했던 것입니다.

㉠ "믿음으로 사는 삶"에 대한 정의를 다른 방법으로 표현할 수도 있는데 어찌하여 히브리서 기자는 이렇게 정의해 주고 있을까요? 성

경 역사를 더듬어 보면 어느 시대를 막론하고 신앙이 침체하고 세속화되는 원인이 눈에 보이지 않는 세계보다는 눈에 보이는 세계를 더욱 사랑했고, 보이지 않는 하나님보다는 보이는 사람을 더욱 의존한 데 있었음을 알기 때문입니다.

히브리서를 기록할 당시의 신앙 상태가 또한 그러했습니다. 그들은 보이지 않는 하늘에 있는 참 성소보다는 눈에 보이는 성전을 더 귀하게 여겼고, 보이지 않는 대제사장이신 그리스도보다는 보이는 대제사장을 더 의존했으며, 단번에 드려주신 제사보다는 매일 서서 드리는 제사에 더 마음이 끌렸던 것입니다.

㉡ 그들을 향하여 히브리서 기자는 그런 것들은 "하늘에 있는 것의 모형과 그림자라"(8:5) 하고 말씀했습니다. "우리가 여기는 영구한 도성이 없고 오직 장차 올 것을 찾나니"(13:14) 하고 말씀합니다. 결국 보이는 현실 세계란 언젠가는 사라지고 말 영원한 세계에 대한 그림자에 지나지 않는다는 것입니다. 이 점을 성경의 마지막 책인 계시록에서는 "내가 새 하늘과 새 땅을 보니 처음 하늘과 처음 땅이 없어졌고 바다도 다시 있지 않더라"(계 21:1) 하고 말씀합니다.

㉢ 이런 증거는 이곳뿐만 아니라 신약성경에 일관된 사상입니다. 사도 바울은 로마서 8:23-24절에서 "우리 몸의 구속(영화)을 기다리느니라" 말씀하면서, "우리가 소망으로 구원을 얻었으매 보이는 소망이 소망이 아니니 보는 것을 누가 바라리요 만일 우리가 보지 못하는 것을 바라면 참음으로 기다릴 지니라" 하고 말씀합니다. 고린도후서 4:16-18절에서도 "겉 사람과 속사람, 잠시 받는 환난의 경한 것과 지극히 크고 영원한 영광의 중한 것"을 대조한 다음에, "우리의 돌아보는 것은 보이는 것이 아니요 보이지 않는 것이니 보이는 것은 잠깐이요 보이지 않는 것은 영원함이니라" 하고 말씀합니다.

보지 못하는 것이란 영적 세계

3) "선진들이 이로써 증거를 얻었느니라"(2) 합니다.

㉠ 우리가 혼란을 격게 되는 것은, 1절의 "증거"와 2절의 "증거"를 혼동(混同)하는데 기인한다 하겠습니다. 원어(原語)는 "엘렝코스(1)와 말튀레오"(2)로 구분이 되어 있는데 번역에는 표현할 마땅한 말을 찾지 못하기 때문에 같은 "증거"로 되어 있습니다. 1절의 "증거"는 위에서 말씀드린 대로 보지 못한 것을 본 것같이, 받지 못한 것을 받은 같이 여기는 그런 뜻인데 반하여, 2절의 "증거"는 경험적으로 이루어진 것을 의미합니다.

㉡ 예를 들어, 아브라함은 "네 자손"이라 하신 그리스도가 오시는 것을 보지 못했습니다. 그런데 주님께서는 "아브라함은 나의 때 볼 것을 즐거워하다가 보고 기뻐하였느니라"(요 8:56) 하십니다. 이것이 1절의 "증거"입니다. 그런데 아브라함은 불가능한 상태에서 실제로 "이삭"을 얻었습니다. 이것이 2절의 "증거"인 것입니다. 그러니까 2절의 증거는 1절의 증거에 대한 "모형"이라 할 수가 있습니다. 다음은 그렇다면 이러한 믿음은 어디에 근거를 두고 있는가 하는 점입니다.

2. 믿음의 근거

성경이 말씀하고 있는 믿음이란 신념(信念)과는 다릅니다. 신념이란 자기를 믿는 것이며 자기에게 암시를 주는 행위입니다. 그러나 성경적인 믿음에는 믿음의 대상(對象)이 있고 근거(根據)가 있습니다.

하나님의 말씀

4) "믿음으로 모든 세계가 하나님의 말씀으로 지어진 줄을 우리가

아나니 보이는 것은 나타난 것으로 말미암아 된 것이 아니니라"(3) 하고 말씀합니다.

㉠ 이 말씀 안에는 믿음의 대상이 있고 근거가 있습니다. 대상은 사시고 참되신 "하나님"이시며, 근거는 "말씀"입니다. 성령께서는 믿음의 삶에 대한 정의(1-2)에 이어서 믿음의 본(本)을 보여주는 길로 직행하지 않고 "믿음으로 모든 세계가 하나님의 말씀으로 지어진 줄을 우리가 아나니" 하고 이 점을 우선적으로 맨 앞에 놓고 있는 의도가 여기에 있는 것입니다.

㉡ 이는 어떤 특정인(特定人)의 믿음의 본을 보여주는 말씀이 아닙니다. 인칭대명사를 유의해 보십시오. 믿음의 본으로 제시할 때는 "저희"로 되어 있으나, "우리가 아나니" 하고, "우리"라고 말씀합니다. 왜냐하면 이는 모든 성도들의 동일한 믿음의 근거가 되기 때문입니다.

㉢ 다시 한 번 3절을 주목해 보십시오. 초점이, "하나님, 모든 세계, 말씀" 중 어디에 맞춰져 있다고 생각되십니까? 모든 세계도, 하나님 자신도 아니라, "하나님의 말씀"에 초점이 맞춰져 있습니다. 왜냐하면 11장에서 증거하고 있는 믿음은 하나님 자신을 믿는 믿음이 아니라, 하나님의 말씀을 믿는 믿음이기 때문입니다. 3절의 증거는 명백합니다. 요약을 하면, "보이는 모든 세계가, 보이지 않는 하나님의 말씀으로 지어진 줄을 우리가 믿는다"는 고백적인 말씀인 것입니다.

㉣ 그런 후에 "보이는 것은 나타난 것으로 된 것이 아니니라"(3하) 하고 단언합니다. 무슨 뜻인가? 분명히 우주 만물은 존재하는데, 그러면 이것이 "보이는 것", 즉 사람에 의해서? 아니면 동물에 의해서 되어졌다는 말인가? 현대인들은 "마음에 하나님 두기를 싫어한"(롬 1:28) 한 나머지 "저절로 되었다" 하고 말합니다. 믿음으로 사는 사람들은, "모든 세계가 하나님의 말씀으로 지어진 줄을"을 믿는다고 확

신을 나타냅니다. 믿음의 대상은 "하나님"이요, 우리의 믿음의 근거는 영원불변한 "하나님의 말씀" 곧 언약인 것입니다.

말씀 중심

5) 그러므로 믿음으로 산 사람들의 본으로 제시된 11장을 대할 때도 위인전기(偉人傳記)나, 입지전(立志傳)적으로 대해서는 아니 됩니다. 믿음으로 산 사람들이 주인공(主人公)이 아니라 하나님의 말씀, 즉 하나님의 약속이 중심(中心)에 와 있어야만 합니다.

㉠ 천지만물을 말씀으로 창조하신 창조주 하나님(3), 믿음의 조상들에게 언약하시고 맹세로 보증하여 주신 하나님(17-19), 언약하신 바를 신실하게 지켜 주신 미쁘신 하나님(11), 약속하신 대로 그들을 위하여 한 성을 예비하여 주신 선하신 하나님(16)이, 11장 내내 중심에 와 있어야만 합니다. 이것이 하나님중심이요, 말씀중심입니다.

㉡ 믿음의 선진들은 하나님의 약속을 믿고 그러한 믿음의 삶을 살았습니다. 그 약속의 말씀이 오늘날 우리들에게는 신구약성경으로 주어진 것입니다. 우리들도 그 약속의 말씀을 믿고 믿음으로 전진해 나가야만 하는 것입니다. 그렇다면 하나님의 약속의 핵심은 무엇일까요?

약속의 핵심

6) 여기에 성경의 중심이 있고, 믿음의 중심이 있습니다. 여기에 11장을 바르게 해석하는 열쇠가 있는 것입니다. 하나님의 약속은 ㉮ 메시아를 보내 주겠다, ㉯ 그로 말미암아 천하 만민이 구원의 복을 얻을 것이다, ㉰ 영원한 하늘나라 기업을 주겠다는 것입니다.

㉠ 이것이 믿음의 조상들인 아브라함과 이삭과 야곱에게 하신 약

속의 핵심입니다. 11장에 등장하는 믿음의 선진들은 다름 아닌 이 약속을 믿었다는 점을 인식한다는 것은 중요한 요점입니다. "이 사람들은 다 믿음을 따라 죽었으며 약속을 받지 못하였으되 그것들을 멀리서 보고 환영하였다" 하고, 11장의 "믿음"이 무엇을 믿은 믿음인가를 두 번(13, 39)이나 분명하게 말씀해주고 있습니다.

㉡ 그들은 약속하신 메시아가 오시는 것을 보지 못한 채 믿고 죽었습니다. 그들은 "멀리서" 바라보았기 때문에 희미할 수 있었겠습니다만, 분명 그들은 그 한 분을 바라보고 믿고 구원을 얻을 수가 있었던 것입니다. 이것이 11장을 해석하는 열쇠입니다.

㉢ 그러므로 11장을 상고할 때에 중요한 요점은 11장에서 제시하고 있는 믿음의 본이 단순한 교훈적(教訓的)인 믿음이 아니라, 여기에는 신학적(神學的)인 면이 우선한다는 점입니다. 만일 교훈만을 위한 것이라면 유대교로 돌아가려는 자들에게 확신을 주는 격려가 되기보다는 재촉하는 촉진제가 될 것입니다. 왜냐하면 유대교에서 기독교로 개종했다는 사실이 조상들처럼 믿음을 지키지 못한 배신행위처럼 여겨질 수도 있겠기 때문입니다. 그러므로 11장은 히브리서 전체의 주제와 문맥 안에서 해석이 되어야만 하는 것입니다.

문맥적으로 접근

7) 히브리서 기자는 여기까지 예수 그리스도께서 천사보다 우월하시고, 모세보다도 존귀하시며, 아론보다도 뛰어나시고, 자주 드리던 제사는 그림자요 그리스도께서 단번에 드려 주셔서 온전케 하셨음을 논증해 왔습니다. 그러면서 "이제 하는 말에 중요한 것은 이러한 대제사장이 우리에게 있다"(8:1)는 것이라 말씀했습니다.

㉠ 그러므로 그 피를 힘입어 성소에 들어갈 담력을 얻었으니 참 마

음과 온전한 믿음으로 하나님께 나아가자(10:19-22)고 역설했습니다. 11장은 이러한 문맥에서 주어졌으며, 11장의 믿음은 10장의 믿음과 동일한 믿음인 것입니다. "보아라, 너희 조상들도 하나님께서 약속하신 그리스도를 멀리서 바라보며 믿고 죽었다. 하나님께서는 그 약속을 지켜 주셨다. 참 것이 왔는데 옛 그림자로 돌아갈 테냐"는 말씀입니다. 이것이 11장의 결론적인 말씀인 "우리가 아니면 저희로 온전함을 이루지 못하게 하려 하심이니라"(40)는 말씀에 나타납니다.

㉡ 그래도 미심쩍은 분이 있다면 갈라디아서 3장을 보십시오. 23절에서는 "믿음이 오기 전에" 하고, 25절에서는 "믿음이 온 후로는" 하고 말씀합니다. 이것이 무슨 의미입니까? 성경은 그리스도를 믿음과 동의어로 사용하고 있는 것입니다. 영생에 이르는 믿음이 이 믿음이며, 11장에서 증거하고 있는 믿음도 이 믿음 곧 그리스도를 믿는 믿음인 것입니다.

이제 우리는 약속의 성취, 즉 그리스도께서 오시는 것을 보지 못하였음에도 "믿음은 바라는 것들의 실상이요 보지 못하는 것들의 증거니" 하는, 믿음의 삶을 살았던 사람들의 본을 살펴보게 되었습니다.

나누어 봅시다

1. 바라는 것들의 실상이란 무슨 뜻입니까?
2. 보지 못하는 것들의 증거란 무슨 뜻입니까?
3. 믿음의 대상과, 근거에 대해서.

11:4-22의 분석 도표

선진들과 족장들의 믿음

홍수 전의 선진들

4-16

믿음으로

아벨은 더 나은 제사를 하나님께 드림으로 — 의로운 자라 하시는 증거를 얻었으니 (4)

에녹은 죽음을 보지 않고 옮기웠으니 — 하나님을 기쁘시게 하는 자라 하는 증거를 받음 (5)

믿음이 없이는 기쁘시게 못하나니 (6)

노아는 보지 못하는 일에 경고하심 받아 — 의의 후사가 되었느니라 (7)

족장들의 믿음

17-22

아브라함은 갈 바를 알지 못하고 나갔으며 — 지으실 터가 있는 성을 바랐음이니라 (10)

사라도 잉태하는 힘을 얻었으니 — 약속하신 이를 미쁘신 줄 앎이니라 (11)

이 사람들은 다 믿음을 따라 죽었으며 약속을 받지 못하였으되 그것들을 멀리서 보고 환영하며

저희를 위하여 한 성을 예비하셨느니라 (16)

아브라함은 믿음으로 이삭을 드렸으니 (17) — 다시 살리실 줄로 생각한지라 (19)

이삭은 장차 오는 일에 — 야곱에게 축복하였으며 (20)

야곱은 죽을 때에 — 요셉의 각 아들에게 축복하고 (21)

요셉은 임종 시에 — 자손이 떠날 것을 말하고 (22)

도표 해설

본 단원은 크게 두 부분으로 나누어지는데, ㉠ 홍수 전의 선진들(아벨, 에녹, 노아)과, ㉡ 족장들(아브라함, 이삭, 야곱, 요셉)의 믿음을 보여줍니다. 핵심은 "믿음이 없이는 기쁘시게 못하나니, 이 사람들은 다 믿음을 따라 죽었으며" 한, 믿음입니다. 그들의 믿음은 약속을 믿는 믿음이었으며, 그들은 약속을 받지 못하고 죽었으나 그것들을 멀리서 보고 환영했다는 것이 "믿음의 본"입니다.

이 단원을 통하여 관찰해야 할 두 가지 요점은 ㉮ 그들의 믿음이 어떻게 나타나고 있는가, ㉯ 그 믿음의 결과로 어떤 증거(2절의 증거)를 얻었는가 하는 점입니다.

선진들과 족장들의 믿음

[4] 믿음으로 아벨은 가인보다 더 나은 제사를 하나님께 드림으로 의로운
자라 하시는 증거를 얻었으니 하나님이 그 예물에 대하여 증언하심이
라 그가 죽었으나 그 믿음으로써 지금도 말하느니라 [5] 믿음으로 에녹은
죽음을 보지 않고 옮겨졌으니 하나님이 그를 옮기심으로 다시 보이지
아니하였느니라 그는 옮겨지기 전에 하나님을 기쁘시게 하는 자라 하
는 증거를 받았느니라 [6] 믿음이 없이는 하나님을 기쁘시게 하지 못하나
니 하나님께 나아가는 자는 반드시 그가 계신 것과 또한 그가 자기를
찾는 자들에게 상 주시는 이심을 믿어야 할지니라 [7] 믿음으로 노아는
아직 보이지 않는 일에 경고하심을 받아 경외함으로 방주를 준비하여
그 집을 구원하였으니 이로 말미암아 세상을 정죄하고 믿음을 따르는
의의 상속자가 되었느니라 [8] 믿음으로 아브라함은 부르심을 받았을 때
에 순종하여 장래의 유업으로 받을 땅에 나아갈새 갈 바를 알지 못하
고 나아갔으며 [9] 믿음으로 그가 이방의 땅에 있는 것 같이 약속의 땅에
거류하여 동일한 약속을 유업으로 함께 받은 이삭 및 야곱과 더불어
장막에 거하였으니 [10] 이는 그가 하나님이 계획하시고 지으실 터가 있
는 성을 바랐음이라 [11] 믿음으로 사라 자신도 나이가 많아 단산하였으
나 잉태할 수 있는 힘을 얻었으니 이는 약속하신 이를 미쁘신 줄 알았
음이라 [12] 이러므로 죽은 자와 같은 한 사람으로 말미암아 하늘의 허다
한 별과 또 해변의 무수한 모래와 같이 많은 후손이 생육하였느니라
[13] 이 사람들은 다 믿음을 따라 죽었으며 약속을 받지 못하였으되 그것
들을 멀리서 보고 환영하며 또 땅에서는 외국인과 나그네임을 증언하
였으니 [14] 그들이 이같이 말하는 것은 자기들이 본향 찾는 자임을 나타
냄이라 [15] 그들이 나온 바 본향을 생각하였더라면 돌아갈 기회가 있었

> 으려니와 16 그들이 이제는 더 나은 본향을 사모하니 곧 하늘에 있는 것
> 이라 이러므로 하나님이 그들의 하나님이라 일컬음 받으심을 부끄러
> 워하지 아니하시고 그들을 위하여 한 성을 예비하셨느니라 17 아브라함
> 은 시험을 받을 때에 믿음으로 이삭을 드렸으니 그는 약속들을 받은
> 자로되 그 외아들을 드렸느니라 18 그에게 이미 말씀하시기를 네 자손
> 이라 칭할 자는 이삭으로 말미암으리라 하셨으니 19 그가 하나님이 능
> 히 이삭을 죽은 자 가운데서 다시 살리실 줄로 생각한지라 비유컨대
> 그를 죽은 자 가운데서 도로 받은 것이니라 20 믿음으로 이삭은 장차 있
> 을 일에 대하여 야곱과 에서에게 축복하였으며 21 믿음으로 야곱은 죽
> 을 때에 요셉의 각 아들에게 축복하고 그 지팡이 머리에 의지하여 경
> 배하였으며 22 믿음으로 요셉은 임종시에 이스라엘 자손들이 떠날 것을
> 말하고 또 자기 뼈를 위하여 명하였으며(히 11:4-22).

앞에서도 여러 번 말씀드렸습니다만 11장을 해석하는 열쇠는, "약속을 받지 못했다"는 "약속"에 있습니다. 이 말씀이 13절과 39절에 거듭 강조되어 있습니다. 구약의 성도들은 ㉠ 약속을 받지 못했으나, ㉡ 믿고 죽었으며 ㉢ 그것을 멀리서 바라보면서 환영했다(거부한 것이 아니라)는 것입니다. 그렇다면 그들이 믿고 죽은 "약속"이 무엇이며 이를 믿음으로 어떤 증거를 얻었는가에 초점을 맞추어서 관찰해야만 바르게 해석하는 것이 됩니다.

1. 선진들의 믿음

아벨

1) "믿음으로 아벨은 가인보다 더 나은 제사를 하나님께 드림으로 의로운 자라 하시는 증거를 얻었으니 하나님이 그 예물에 대하여 증

거하심이라 저가 죽었으나 그 믿음으로써 오히려 말하느니라"(4) 하고 말씀합니다.

㉠ 여기 두 가지 요점이 있는데, ㉮ "믿음으로 아벨은" 한 믿음이 무엇을 믿은 믿음인가 하는 점과, ㉯ "더 나은 제사"란 무엇을 의미하는가 하는 점입니다. 이는 둘이면서 한 주제를 말씀해주고 있습니다. 먼저는 "제물"이 아니라 "믿음"임을 유념해야만 합니다. 6절은 "믿음이 없이는 기쁘시게 못하나니" 하고 "믿음"의 중요성을 말씀해줍니다.

㉡ 앞에서 믿음은 신념과 달라서 "대상과, 근거"가 있다고 말씀했습니다. 그러면 아벨의 믿음의 근거가 무엇인가? "원복음"(창 3:15)에서 찾아야만 합니다. 아벨은 복음을 믿었다는 것입니다. 여기에 부인할 수 없는 명백한 증거가 있는데 아벨이 믿음으로, "의로운 자라는 증거"를 얻었다(4)는 말씀입니다. 그리고 신구약을 막론하고 "의롭다 함"을 얻는 방도는 오직 예수 그리스도의 대속을 통해서만이 가능하여진다는 사실입니다. 바울은 만일 다른 방도가 있다고 말한다면 주님의 죽으심을 헛수고 하신 것으로 만드는 것(갈 2:21)이라고 단언합니다.

의롭다 함을 얻은 아벨

㉢ 그렇다면 아벨은 이 복음을 어떻게 알았을까요? 하나님께서는 인류의 시조가 범죄하여 타락하자 그들에게 원복음(창 3:15)을 주셨습니다. 아담은 이 첫 복음을 듣고 자기 아내의 이름을 "하와", 즉 생명의 어머니라고 불렀습니다(창 3:20). 이는 아담이 하나님께서 말씀하시는 원복음, 즉 여자의 후손을 보내어 뱀의 머리를 상하게 하고 인류를 구원하여주시겠다는 복음을 이해했음을 의미합니다. 가인과 아벨은 부모로부터 복음을 전해 들었는데, 가인은 등한히 여겼으나 아

벨은 이를 믿고 환영했다는 뜻입니다.

㉣ 그러므로 아벨이 의롭다 함을 얻은 것은 "양의 첫 새끼"(창 4:4)로 말미암은 것이 아니라 "믿음"으로 말미암아 된 것이었습니다. 즉 아벨은 그가 드린 양의 첫 새끼의 희생 제사를 통해서 "세상 죄를 지고 가는 하나님의 어린 양"되시는 예수 그리스도를 믿은 것이 되는 것입니다. 이점이 "아벨은 가인보다 더 나은 제사"를 드렸다(4)는 말씀에 나타납니다.

㉤ "더 나은 제사"라는 표현을 히브리서 전체 문맥으로 보면 어떤 의미가 되는가? 예수 그리스도는 "장래 좋은 일의 대제사장으로 오사(9:11), 더 좋은 제물(9:23)로, 더 나은 제사"를 드려주셨다는 증거와 상통하고 부합하는 것을 보게 됩니다.

2) 저는 히브리서를 상고하면서, "새 언약과, 더 좋은 대제사장과, 더 좋은 제물을, 단번에 드려주심으로, 휘장이 열려졌으니, 담대히 들어갈 지니라" 증거하면서 당연히 증거 해야 할 칭의(稱義)에 관해서는 어찌하여 침묵하고 있는가 하고 의아히 여긴 적이 있습니다. 그러나 히브리서가 침묵하고 있는 것이 아니었습니다.

㉠ 아벨이 의롭다 함을 얻었다고 말씀하고(4), 노아를 가리켜 의의 후사가 되었다(7) 말씀하고 있음을 봅니다. 그리고 문자적으로는 나타나 있지 않지만 "예수의 피를 힘입어 성소에 들어갈 담력을 얻었다"(10:19)는 말씀은 성경 어느 곳보다도 칭의 교리를 담대히 증거하는 말씀인 것입니다. 이상의 증거가 참이란 증거는, "이 사람들은 다 믿음을 따라 죽었으며 약속을 받지 못하였으되 그것들을 멀리서 보고 환영하였다"는 13절과 39절에 의해서 입증이 되는 것입니다.

㉡ 아벨은 예수 믿고 죽임을 당한 순교자라 할 수가 있습니다. 주님

께서는 "의인 아벨의 피"(마 23:35)라고 그가 흘린 피를 인정해 주셨습니다. 그런데 "저가 죽었으나 그 믿음으로써 오히려 말하느니라"(4하) 하고 말씀합니다. 아벨은 이 사건을 통해서 우리에게 무엇이라 말하고 있는가? "세상 죄를 지고 가는 하나님의 어린양"의 피를 힘입어 은혜의 보좌 앞에 담대히 들어가라" 하고 말하고 있을 것은 아닌가? 이는 성경을 단편적으로가 아니라 구속사라는 맥락에서 볼 때만이 가능한 것입니다. 우리는 지금 아벨도 예수 그리스도를 믿고 의롭다 함을 얻었다는 놀라운 증거를 듣고 있는 것입니다.

에녹

3) "믿음으로 에녹은 죽음을 보지 않고 옮기웠으니 하나님이 저를 옮기심으로 다시 보이지 아니하니라 저는 옮기우기 전에 하나님을 기쁘시게 하는 자라 하는 증거를 받았느니라 믿음이 없이는 기쁘시게 못하나니 하나님께 나아가는 자는 반드시 그가 계신 것과 또한 그가 자기를 찾는 자들에게 상 주시는 이심을 믿어야 할찌니라"(5-6).

㉠ 첫째로 에녹은 "하나님을 기쁘시게 하는 자라 하는 증거를 받았느니라"(5) 말씀합니다. 그가 "죽음을 보지 않고 옮기웠다"는 사실이 놀랍고 중요한 일임에는 틀림없지만, 그보다 우선하는 것은 "하나님을 기쁘시게 하는 자"라는 증거입니다. 만일 그가 하나님을 기쁘시게 하는 자라는 증거를 얻지 못했다면, 죽음을 보지 않고 옮기웠다는 사실 자체만은 복될 것이 없습니다. 죽음을 보지 않고 산 채로 불 못에 던짐을 받을 자들(계 19:20)도 있기 때문입니다.

㉡ 그러면 에녹의 무엇이 하나님을 기쁘시게 해드렸을까요? 6절이 이를 말해 줍니다. 오직 "믿음"입니다. 오직 예수 그리스도를 믿고 의롭다 하심을 얻어 하나님과 화목 된 믿음만이 하나님을 기쁘시게 해

드릴 수가 있는 것입니다. 이것이 "하나님께 나아가는 자라"(6) 한 말씀 속에 함축된 진리입니다. 하나님께 나아간다는 것을 예삿일로 생각해서는 안 됩니다. "그리스도께서도 한 번 죄를 위하여 죽으사 의인으로서 불의한 자를 대신 하셨으니 이는 우리를 하나님 앞으로 인도하려 하심이라"(벧전 3:18) 한 말씀을 생각해 보시기를 바랍니다.

㉢ 그러므로 아무나 하나님 앞에 나아갈 수 있는 것이 아니라, "예수의 피를 힘입어"(10:19), 즉 의롭다함을 얻은 자만이 가능하다는 점을 명심 또 명심하시기를 바랍니다. 이에 확고하지 못하기 때문에 복음을 등한히 여기게 되는 것입니다. 그렇다면 에녹도 "원 복음"을 전해 듣고 믿음으로 하나님을 기쁘시게 했다는 논리가 성립이 되는 것입니다. 히브리서 기자는 이쯤은 다 알리라 여기고 자세하게 진술하지 않는 것으로 여겨집니다. 또한 그의 말대로 시간이 부족(32)하고, 지면이 모자랐을 것입니다.

㉣ 에녹의 승천은 그리스도께서 강림하실 때 있을 "남은 자"의 예표로 계시되었다고 볼 수도 있습니다. 유다서에 보면 "아담의 칠세 손 에녹이 사람들에게 대하여도 예언하여 이르되 보라 주께서 그 수만의 거룩한 자와 함께 임하셨나니"(유 1:14) 하고, 주의 재림을 예언했다고 말씀하고 있기 때문입니다.

노아

4) "믿음으로 노아는 아직 보지 못하는 일에 경고하심을 받아 경외함으로 방주를 예비하여 그 집을 구원하였으니 이로 말미암아 세상을 정죄하고 믿음을 좇는 의의 후사가 되었느니라"(7) 하고 말씀합니다.

㉠ 여기에 히브리서가 강조하고 있는 전인격적인 믿음이 나타납니다.

㉮ 노아는 아직 보지 못하는 일에 경고하심을 받았습니다. 이것은 하나님의 말씀을 들었음(知)을 의미합니다.

㉯ "경외함으로"는 들은 바 말씀을 등한히 여기지 아니하고 두려운 마음으로 믿었음을 의미합니다.

㉰ "방주를 예비하였다"는 것은 믿기만 한 것이 아니라 순종했음을 뜻합니다.

㉡ 이 지정의(知情意)적인 믿음만이 "너와 네 집이 구원함을 얻으리라"는 믿음인 것입니다. 그런데 핵심적인 말씀은 노아를 가리켜, "믿음을 좇는 의의 후사가 되었느니라"는 말씀입니다. 그렇다면 "의의 후사가 되었다"는 것은 무슨 뜻일까요? "후사"란 대를 이을 상속자를 가리킵니다. 그런데 "의의 후사"라 함은 "여인의 후손"으로 지칭된 그리스도가 오실 대가 끊어짐이 없이 계승시키는 자가 되었다는 뜻인 것입니다.

의의 후사

5) 그렇다면 노아가 "의의 후사"가 될 수 있었던 것이 자기 행위로 의롭다함을 얻었기 때문이란 말인가? 아닙니다. 성경은 이런 오해가 있을 것을 아시고 홍수 후에 노아의 "벌거벗은" 추태를 기록케 하신 것입니다.

㉠ 이 사건을 통해서 노아는, "셈의 하나님 여호와를 찬송하리로다"(창 9:26) 하고 고백합니다. 덮어준 것은 셈과 야벳이 함께 덮어주었는데 어찌하여 "셈의 하나님 여호와"라 하는가? 세 아들 중에서 "의의 후사"는 셈의 줄기로 이어져서 그 계통에서 그리스도가 나시게 될 것을 하나님의 영에 의하여 예언을 하고 있는 것입니다. 그리고 "찬양"하는 것은 그리스도의 구속으로 말미암아 우리의 벌거벗은 몸

을 덮어주실 "칭의"에 대한 찬양이었던 것입니다.

ⓛ 죄가 세상에 들어오자 하나님은 첫 복음을 주셨습니다. 그 복음을 듣고 아벨은 의로운 자라는 증거(4)를 얻었습니다. 만일 홍수로 말미암아 노아의 가정마저 멸망 받았다면 믿음을 좇는 의의 후사는 끊어지고 말았을 것입니다. 그 칭의는 이제 노아에게로 이어졌으며, 노아는 그 복음을 물려받아 후손에게 이어줄 후사가 되었다는 말씀입니다. 달리 표현하면 여자의 후손이 태어나야 할 대(代)가 끊어진 것이 아니라 족보를 잇게 되었다는 뜻입니다. 아벨이 믿음으로 의롭다함을 얻었듯이, 노아도 믿음으로 칭의(稱義)를 얻은 것이 됩니다. 그래서 "믿음을 좇는 의의 후사"라고 말씀하는 것입니다. 칭의는 대속을 통해서만 가능하여진다는 점에 확고하시기를 바랍니다.

ⓒ 그렇건만 우리는 믿음을 좇는 "의의 후사"에 대해서 얼마나 소홀히 다루고 있는? 그 의는 아브라함으로 이어지고(창 15:6), 놀랍게도 기생 라합으로 이어져(약 2:25) 다윗으로 대를 잇게 되고(롬 4:6), 하박국 선지자를 통하여 선포되었다가(합 2:4), 사도 바울을 통하여 찬란하게 빛을 발하게 됩니다(롬 1:17). 그리고 그 칭의는 달음박질하여 형제에게까지 주어진 것입니다. 형제는 다름아닌 이 의를 다음 대에 물려주어야만 할 이 시대의 "믿음을 좇는 의의 후사"가 된 셈입니다.

노아도 예수 믿고 의롭다 함을 얻음

6) 그렇다면 노아가 믿음으로 의롭다 함을 얻는 복음을 알고 있었음을 무엇으로 입증할 수 있을까요? 그것은 홍수 후에 "노아가 여호와를 위하여 단을 쌓고 모든 정결한 짐승 중에서와 모든 정결한 새 중에서 취하여 번제를 드렸다"(창 8:20)는 말씀을 통해서 알 수 있습니다.

㉠ 그는 "정결한 짐승, 정결한 새"로 제물을 삼았습니다. 이는 율법

에 의한 제사 제도가 주어지기 전에 행해졌음을 유념할 필요가 있습니다. 이는 아벨이 양의 첫 새끼를 드렸다는 것과 맥을 같이 합니다. 성경에 등장하는 하나님께 드려진 모든 제사란, 어린양 되시는 예수 그리스도의 예표로서만 의미가 있는 것입니다. 만일 이를 떠나서 행해지는 것이라면, "소를 잡아 드리는 것은 살인함과 다름이 없고 어린 양으로 제사 드리는 것은 개의 목을 꺾음과 다름이 없으며 드리는 예물은 돼지의 피와 다름이 없고 분향하는 것은 우상을 찬송함과 다름이 없어서"(사 66:3), 하나님을 공경함이라기보다는 우상과 같이 취급하여 모독함이 될 뿐입니다.

㉡ 노아가 하나님께 정결한 짐승으로 번제를 드렸다는 것은 노아가 복음을 알고 믿고 있었음을 뜻합니다. 그리고 하나님께서 "그 향기를 흠향"(창 8:21)하셨다는 것은 기쁘게 받으셨음을 의미합니다. 명심하십시오. 하나님이 흠향하시고 기쁘게 받으시는 제사란 짐승의 제사가 아니라(10:6) 한 몸을 예비하신 어린양 되시는 예수 그리스도뿐임을 히브리서는 증거하고 있습니다. 노아도 아벨처럼 예수 믿고 의의 후사가 된 것입니다.

2. 족장들의 믿음

아브라함

7) "믿음으로 아브라함은 부르심을 받았을 때에 순종하여 장래 기업으로 받을 땅에 나갈 쌔 갈 바를 알지 못하고 나갔으며 믿음으로 저가 외방에 있는 것 같이 약속하신 땅에 우거하여 동일한 약속을 유업으로 함께 받은 이삭과 야곱으로 더불어 장막에 거하였으니 이는 하나님의 경영하시고 지으실 터가 있는 성을 바랐음이니라"(8-10).

㉠ 첫째로 "믿음으로 아브라함은, 갈 바를 알지 못하고 나갔다"(8)고 말씀합니다. "여호와께서 아브람에게 이르시되 너는 너의 본토 친척 아비 집을 떠나 내가 네게 지시할 땅으로 가라"(창 12:1) 한 말씀을 예사 일로 여기는 경향이 있습니다. 조상 대대로 살아가던 기반을 다 포기하고 갈 바를 알지도 못하면서 준행한다는 것은 쉬운 일이 아닙니다. 형제가 이런 부르심을 받았다면 어떻게 반응했을 것 같습니까? 그런데 "이에 아브람이 여호와의 말씀을 좇아갔다"(창 12:4) 하고, 말씀합니다. 아브라함의 믿음은, ㉮ 들은 바 말씀을 믿고, ㉯ 말씀을 좇아 간 믿음이었다는 것입니다. ㉰ "갈 바를 알지도 못하면서" 말입니다.

㉡ 11:9에는 "약속"이란 말씀이 두 번이나 나옵니다. 아브라함은 "약속하신 땅에 우거하여, 동일한 약속을 유업으로 함께 받은 이삭과 야곱으로 더불어 장막에 거하였다" 하고 말씀합니다. 그렇다면 아브라함이 믿은 "약속"이 무엇인가? 축복이 아닙니다. 은사가 아닙니다. "네 자손으로 말미암아 천하 만민이 복을 받으라"는 메시아 언약입니다. 이 약속은 아브라함을 거쳐서 이삭과 야곱에게로 계승되었던 것입니다.

㉢ 그래서 "이는 하나님의 경영하시고 지으실 터가 있는 성을 바랐기"(10) 때문이라고 말씀합니다. 이것이 "믿음은 바라는 것들의 실상"(1)이라는 뜻입니다. 이 믿음이 있었기에 "땅에서는 외국인과 나그네로라", 즉 나그네 정신으로 살았다는 것입니다. 이를 상징적으로 표현한 말이 "장막에 거하였다"(9)는 말입니다. 그런데 롯은 소돔의 "성문"(城門)에 앉아 있는 것(창 19:1)을 보게 됩니다. 이 말씀은 너의 거처는 "장막이냐? 소돔의 성문이냐" 자문하게 합니다.

사라

8) "믿음으로 사라 자신도 나이 늙어 단산하였으나 잉태하는 힘을 얻었으니 이는 약속하신 이를 미쁘신 줄 앎이라 이러므로 죽은 자와 방불한 한 사람으로 말미암아 하늘에 허다한 별과 또 해변의 무수한 모래와 같이 많이 생육하였느니라"(11-120.

㉠ 핵심은 "약속하신 이를 미쁘신 줄 앎이라"는데 있습니다. 이는 사라도 ㉮ 약속하신 이와, ㉯ 그 약속을 믿었다는 증거입니다. 이런 맥락에서 "하늘에 허다한 별과 또 해변의 무수한 모래와 같이 많이 생육하였다"(12)는 말씀도 1차적으로는 육적 자손을 의미하지만, 하나님께서 "사래라 하지 말고 그 이름을 사라라 하라"(창 17:15) 하신 의도는 영적 자손이 번성할 것을 가리키는 것입니다.

믿고 죽은 사람들

㉡ 아브라함까지 말씀하고는, "이 사람들은 다 믿음을 따라 죽었으며 약속을 받지 못하였으되"(13) 합니다. 이는 이들의 믿음이 어떤 믿음이었는가를 알려주는 말씀인 것입니다.

㉮ "약속을 받지 못했다"는 것이 1차적으로는 약속의 땅 가나안을 받지 못했다는 의미일 수가 있습니다. 그런데 16절에서 "저희가 이제는 더 나은 본향을 사모하니 곧 하늘에 있는 것이라"는 말씀은 가나안 땅이 아니라 메시아 왕국을 의미한다고 보아야만 합니다.

㉯ "믿음을 따라 죽었다"고 말씀하는데 그들이 믿고 구원 얻은 것은 가나안 땅이 아니라 그리스도였던 것입니다. 주님께서 친히 "너희 조상 아브라함은 나의 때 볼 것을 즐거워하다가 보고 기뻐하였느니라"(요 8:56) 하고 말씀하시지 않았다면 억지 부린다고 할 것입니다. 사도 바울은 "하나님이 이방을 믿음으로 말미암아 의로 정하실 것을

성경이 미리 알고 먼저 아브라함에게 복음을 전했다"(갈 3:8) 하고 말씀합니다.

구약에 나타난 갈보리

9) 히브리서 기자는 믿음으로 산 사람들의 본을 12절에서 일단 멈추고 "이 사람들은 다 믿음을 따라 죽었으며 약속을 받지 못하였으되" 하고 중간적인 결론의 말씀을 13-16절까지 하고 있습니다.

㉠ 그런 후에 17절에서 또다시 "아브라함은 시험을 받을 때에 믿음으로 이삭을 드렸으니" 하고 계속합니다. 어찌하여 아브라함과 관련된 말씀을 연속해서 기록하지 않고 멈추었다가 다시 시작하고 있을까요? 이는 아브라함이 이삭을 드린 사건을 부각시키기 위해서 의도적으로 그렇게 하고 있는 듯이 여겨집니다. 말하자면 믿음 장에서 이 부분이 정상(頂上)이요, 핵심 부분이란 말씀입니다. 그렇다고 아브라함의 믿음이 최고봉이다 하는 뜻이 아닙니다. 하나님께서 보여주시려는 계시(啓示)의 절정(絶頂)이라는 말씀입니다.

㉡ 하나님께서 아브라함을 모리아 산으로 인도하신 것은 멀리 갈보리 산을 바라보게 하시기 위해서가 아니었을까요? 모세도 죽기 전에 느보 산에 올라 약속의 땅의 동서남북을 바라보게 하셨다(신 34장)고 말씀합니다. 이는 육신의 눈으로는 불가능에 속합니다. 참으로 모리아 산은 구약에 나타난 갈보리 산이었습니다. 아브라함은 이 산에서 ㉮ 사랑하는 독자 이삭을 번제로 드리려한 행위계시와, ㉯ 산양으로 "대신하여" 드린 대속(代贖)을 통하여 멀리 갈보리 산을 바라보았던 것입니다.

이삭을 드린 아브라함

10) 아브라함이 받은 시험에서 문제가 되는 것은 이삭이 "약속을 받은 자"라는 데 있습니다. 그 설명이 18절에 나옵니다. 하나님께서는 "네 자손이라 칭할 자는 이삭으로 말미암으리라"(창 15:4; 18:21) 하고 말씀하셨습니다. 그리고 그를 통해서 하늘의 별처럼, 바다의 모래처럼 자손이 번성하리라 하셨습니다.

㉠ 그런데 이삭이 장가도 가기 전에 그를 번제로 드리라 하신다면, 하나님께서 하신 약속을 잊으셨단 말인가? 아니면 하나님 자신이 약속을 파기하신단 말인가 하는 문제가 제기되는 것입니다. 이에 대해서 19절은 대답하기를 아브라함은, "하나님이 능히 죽은 자 가운데서 다시 살리실 줄로 생각한지라 비유컨대 죽은 자 가운데서 도로 받은 것이니라" 하고 말씀합니다.

㉡ 이삭은 자연스런 생식 원리에 의해서 태어난 자가 아니요 "약속을 받은 자"로 태어났다는 점에서 그는 궁극적인 약속의 성취자로 오실 독생자 예수 그리스도의 예표적인 인물(갈 3:16, 4:23)이었습니다. 이런 맥락에서 모리아 사건을 통해서 세 가지를 계시하고 있다 하겠습니다.

㉮ 첫째는 하나님께서 사랑하는 독자 예수 그리스도를 화목 제물로 주실 것을 예표적으로 보여주셨다는 것이고,

㉯ 둘째는 아브라함이 하나님께서 예비해 놓으신 산양으로 이삭을 대신(代身)하여 드렸단 대속교리인데, 이 두 가지는 그리스도의 고난을 예표하고,

㉰ 셋째는 "죽은 자 가운데서 다시 살리실 줄로 생각했다"는 것은, "죽으셨다가 제 삼일에 살아나실 것"에 대한 예표라 할 수가 있습니다. 그래서 주님은 "아브라함은 나의 때 볼 것을 즐거워하다가 보고

기뻐하였느니라"(요 8:56) 말씀하신 것이 아니겠는가? 그래서 이 대목이 믿음 장의 정상이라 한 것입니다. 아브라함이 "하나님이 능히 죽은 자 가운데서 다시 살리실 줄로 생각함"과 같이, 하나님께서는 예수 그리스도를 죽은 자 가운데서 다시 살리셨습니다. 창세기에 의하면 아브라함의 사명은 12장에서 시작하여 이삭을 드리는 22장을 정점으로 사실상 끝나고 있는 것을 보게 됩니다.

이삭, 야곱, 요셉

11) "믿음으로 이삭은 장차 오는 일에 대하여 야곱과 에서에게 축복하였으며 믿음으로 야곱은 죽을 때에 요셉의 각 아들에게 축복하고 그 지팡이 머리에 의지하여 경배하였으며 믿음으로 요셉은 임종시에 이스라엘 자손들의 떠날 것을 말하고 또 자기 해골을 위하여 명하였으며(20-22),

㉠ 이 세 족장들에 대한 언급에는 하나의 공통점(共通點)이 있는데, 죽을 때 후손들에게 축복(祝福)했다는 점입니다. 이는 요즘 말하는 축복이 아니라 조상 아브라함에게, "네 자손으로 인하여 천하 만민을 복을 받으리라" 하신 메시아 언약을 계승(繼承)시켜 주었음을 의미합니다. 말하자면 의의 후사들이 되었다는 말씀입니다. 이것은 그들이 하나님의 약속을 믿었다는 증거가 됩니다. 그리고 그 약속의 핵심은 예수 그리스도임을 잊지 마시기 바랍니다.

㉡ 요셉이 "자기 해골을 위하여 명한" 그 유언이 애굽에서의 수백년 동안 노예생활 기간에도 전승되었고, 출애굽의 다급한 상황 중에서도 요셉의 해골을 가지고 나갔으며, 40년 광야생활 중에도 간직했고, 가나안 전투 시에도 보존했다가 "이스라엘 자손이 애굽에서 이끌어낸 요셉의 뼈를 세겜에 장사하였으니"(수 24:32) 하고 여호수아서

맨 마지막에 가서 언급하고 있음을 보게 됩니다. 그들은 한낱 해골을 간수하고 있었던 것이 아니라 물려받은 언약을 간직하고 있었던 것이 됩니다. 그들은 실로 언약의 백성들이었습니다.

나누어 봅시다

1. 아벨이 의롭다 함을 얻은 근거에 대해서,
2. 노아가 의의 후사가 되었다는 구속사적 의미에 대해서,
3. 아브라함과 이삭을 통한 핵심적인 계시에 대해서.

11:23-40의 분석 도표

출애굽 이후의 믿음들

온전함을 얻지 못한 사람들

믿음으로

모세는 그리스도를 위하여 받은 능욕을	애굽의 모든 보화보다 더 큰 재물로 여겼으니 (26)
믿음으로 애굽을 떠나	보이지 아니하는 자를 보는 것같이 하여 (27)
믿음으로 유월절과	피 뿌리는 예를 정하였으니 (28)
믿음으로 홍해를 육지같이 건넜으나 (29)	
(여호수아) 믿음으로 칠일 동안 여리고를 두루 다니매	성이 무너졌으며 (30)
라합은 정탐꾼을 평안히 영접하였으므로	멸망치 아니하였도다 (31)
기드온, 바락, 삼손, 입다, 다윗 및 사무엘과	및 선지자들의 일을 말하려면 시간이 부족하리로다 (32)

이 사람들이 믿음으로 말미암아 증거를 받았으나 약속을 받지 못하였으니 (39)

이는 하나님이 우리를 위하여 더 좋은 것을 예비하였은 즉 우리가 아니면 저희로 온전함을 이루지 못하게 하려 하심이니라

도표 해설

본 단원은 "출애굽 이후의 믿음들"을 보여줍니다. 모세와 라합을 위시하여 "다윗과 사무엘"까지 거명이 되어 있습니다. 중심축은 여전히 "믿음으로"입니다. "이 사람들이 다 믿음으로 말미암아 증거를 받았으나 약속을 받지 못했다"고 이 점을 다시 한 번 역설하고 있습니다(39). 믿기는 했으나 믿음의 실체인 약속을 받지 못했다면 온전하게 된 것은 아닙니다. 그렇다면 구약의 성도들은 언제 어떻게 온전함을 얻게 될까요?

출애굽 이후의 믿음들

23 믿음으로 모세가 났을 때에 그 부모가 아름다운 아이임을 보고 석 달
동안 숨겨 왕의 명령을 무서워하지 아니하였으며 24 믿음으로 모세는
장성하여 바로의 공주의 아들이라 칭함 받기를 거절하고 25 도리어 하
나님의 백성과 함께 고난 받기를 잠시 죄악의 낙을 누리는 것보다 더
좋아하고 26 그리스도를 위하여 받는 수모를 애굽의 모든 보화보다 더
큰 재물로 여겼으니 이는 상 주심을 바라봄이라 27 믿음으로 애굽을 떠
나 왕의 노함을 무서워하지 아니하고 곧 보이지 아니하는 자를 보는
것 같이 하여 참았으며 28 믿음으로 유월절과 피 뿌리는 예식을 정하였
으니 이는 장자를 멸하는 자로 그들을 건드리지 않게 하려 한 것이며
29 믿음으로 그들은 홍해를 육지 같이 건넜으나 애굽 사람들은 이것을
시험하다가 빠져 죽었으며 30 믿음으로 칠 일 동안 여리고를 도니 성이
무너졌으며 31 믿음으로 기생 라합은 정탐꾼을 평안히 영접하였으므로
순종하지 아니한 자와 함께 멸망하지 아니하였도다 32 내가 무슨 말을
더 하리요 기드온, 바락, 삼손, 입다, 다윗 및 사무엘과 선지자들의 일
을 말하려면 내게 시간이 부족하리로다 33 그들은 믿음으로 나라들을
이기기도 하며 의를 행하기도 하며 약속을 받기도 하며 사자들의 입을
막기도 하며 34 불의 세력을 멸하기도 하며 칼날을 피하기도 하며 연약
한 가운데서 강하게 되기도 하며 전쟁에 용감하게 되어 이방 사람들의
진을 물리치기도 하며 35 여자들은 자기의 죽은 자들을 부활로 받아들
이기도 하며 또 어떤 이들은 더 좋은 부활을 얻고자 하여 심한 고문을
받되 구차히 풀려나기를 원하지 아니하였으며 36 또 어떤 이들은 조롱
과 채찍질뿐 아니라 결박과 옥에 갇히는 시련도 받았으며 37 돌로 치는
것과 톱으로 켜는 것과 시험과 칼로 죽임을 당하고 양과 염소의 가죽

을 입고 유리하여 궁핍과 환난과 학대를 받았으니 [38](이런 사람은 세상
이 감당하지 못하느니라) 그들이 광야와 산과 동굴과 토굴에 유리하였
느니라 [39] 이 사람들은 다 믿음으로 말미암아 증거를 받았으나 약속된
것을 받지 못하였으니 [40] 이는 하나님이 우리를 위하여 더 좋은 것을 예
비하셨은즉 우리가 아니면 그들로 온전함을 이루지 못하게 하려 하심
이라(히 11:23-40).

모세

1) "믿음으로 모세는 바로의 공주의 아들이라 칭함을 거절하고 도리어 하나님의 백성과 함께 고난 받기를 잠시 죄악의 낙을 누리는 것보다 더 좋아했다"(24-25)고 말씀합니다.

㉠ "바로의 공주의 아들이라 칭함을 거절했다"는 뜻이 무엇인가? 이는 분명 "히브리 사람 곧 자기 형제를 치는 것을 보고"(출 2:11) 애굽 사람을 쳐 죽인 사건을 염두에 두고 하는 말입니다. 어머니 요게벳이 모세에게 몇 살까지 젖을 먹였을 것인가? 학자들은 다섯 살을 넘지 않았으리라 는데 공감합니다. 그 후 바로의 궁궐로 데려가 35년간이나 애굽의 학술과 사상으로 교육을 받은 모세입니다. 그런 모세가 히브리 사람을 형제로 여기다니, 더욱 우리를 놀라게 하는 것은 핍박을 당하는 자기 형제를 위하여 애굽 사람을 쳐 죽였다는 것은 자신의 부귀, 명예, 출세, 모든 것을 던져버리지 않고는 할 수 없는 일입니다. 이를 가리켜서 본문은, "바로의 공주의 아들이라 칭함을 거절하고 도리어 하나님의 백성과 함께 고난 받기를 잠시 죄악의 낙을 누리는 것보다 더 좋아했다"고 말씀하는 것입니다.

㉡ 본문 중에서 더욱 놀라운 점을 발견하게 되는데 그것은, "그리

스도를 위하여 받는 능욕을 애굽의 모든 보화보다 더 큰 재물로 여겼다"(26)는 말씀입니다. 모세가 받은 고난이 그리스도를 위하여 받은 고난이라고 말씀하고 있습니다. 이런 논리가 어떻게 성립이 되는가? 창세기에서 시작하여 계시록에서 "이루었도다"(계 21:6) 하고 완성되는 "구원계획"(救援計劃)을 계획하시고 추진해나가시는 분은 하나님이시고, 이 계획을 성취하시는 구속(救贖) 주(主)는 그리스도 예수시기 때문에 이런 논리가 가능한 것입니다.

㉡ 이점을 3장에서는 "모세는 하나님의 온 집의 사환으로 충성하였고, 그리스도는 그의 집 맡은 아들로 충성하셨다"(3:5, 6)고 말씀했습니다. 모세는 구속의 주인공이 아니요 이에 대한 증거자로 세움을 받았던 것입니다. 다시 말하면 육적 출애굽을 통해서 더 좋은 출애굽을 보여주시려는 하나님의 구원계획에 쓰임 받은 종이었으며, 구속의 주인공은 예수 그리스도이시기 때문에 이 논리가 성립되는 것입니다.

㉢ 그렇다면 모세가 받은 고난만이 그리스도를 위한 고난이겠는가? 이 논리는 다음에 거론할 라합에게도 그대로 적용이 됩니다. 여기에 믿음 장을 통해서 말씀하시고자 하는 성령의 의도를 다시 한 번 확인하게 됩니다. 11장에서 18번이나 "믿음으로, 믿음으로" 한, 모든 용사들의 믿음이 오직 그리스도를 믿는 믿음이었다는 점을 증거 해줌으로 유대교로 돌아가려는 자들에게 신구약을 막론하고 구원으로 들어가는 "다른 문, 다른 길"이 없다는 점을 확신시켜주려는 것입니다. 천하 인간에 구원을 얻을만한 다른 이름을 우리에게 주신일이 없음이니라"(행 4:12) 합니다.

㉣ 27-30절에서는 출애굽 사건을 언급하는데 "유월절에 장자를 멸하신 일, 홍해를 육지 같이 건넌 일, 여리고 성이 무너진 일" 등이 모두가 "믿음으로" 되어진 일이라고 말씀합니다.

라합

2) "믿음으로 기생 라합은 정탐군을 평안히 영접하였으므로 순종치 아니한 자와 함께 멸망치 아니하였도다"(31) 합니다.

㉠ 우리는 여기서 불가해한 일을 만나게 됩니다. 어째서 여리고 성이 무너진 사실(30절)을 말씀하면서 여호수아의 이름은 언급하지 않고 "믿음으로 기생 라합은" 하고 여리고성의 기생에 대해서만 언급하고 있느냐는 점입니다. "깊도다 하나님의 지혜와 지식의 부요함이여 그의 판단은 측량치 못할 것이며 그의 길은 찾지 못할 것이로다"(롬 11:33)라고 고백할 수밖에 없습니다.

㉡ 더 놀라운 것은 라합이 사자를 영접하여 숨겨준 일이 "믿음으로" 한 일이라고 말씀한다는 점입니다. 그리고 더욱 놀라운 것은 이점을 야고보서에서는, "기생 라합이 사자를 접대하여 다른 길로 나가게 할 때에 행함으로 의롭다하심을 받은 것이 아니냐"(약 2:25) 하고, "의롭다 함"을 받았다고 말씀한다는 점입니다.

㉢ 먼저 라합의 믿음입니다. 라합은 정탐꾼에게, "여호와께서 이 땅을 너희에게 주신 줄을 내가 아노라 우리가 너희를 심히 두려워하고 이 땅 백성이 다 너희 앞에 간담이 녹나니 이는 너희가 애굽에서 나올 때에 여호와께서 너희 앞에서 홍해 물을 마르게 하신 일과 너희가 요단 저편에 있는 아모리 사람의 두 왕 시혼과 옥에게 행한 일 곧 그들을 전멸시킨 일을 우리가 들었음이라 우리가 듣자 곧 마음이 녹았고 너희의 연고로 사람이 정신을 잃었나니 너희 하나님 여호와는 상천하지에 하나님이시니라"(수 2:9-11) 하면서 구원요청을 합니다.

㉣ 라합은 "내가 아노라, 들었음이라" 하면서 "너희 하나님은 상천하지에 하나님이시라"고 말합니다. 이는 신앙고백인 셈입니다. 라합

의 믿음은 즉흥적이거나, 맹목적인 것이 아니라 "듣고, 믿고, 고백" 한 믿음입니다. 그리고 정탐꾼을 숨겨주었다는 것은 모세가 애굽 사람을 쳐 죽인 일과 대칭을 이루는 일사각오가 없이는 못하는 결단이었던 것입니다. 그러니까 라합의 믿음은 순교자적인 믿음이라 할 수가 있습니다.

ⓜ 이점에서 핵심적인 요점은 라합이 영접한 정탐꾼들은 사사로운 정탐꾼들이 아니라 구속사역을 성취해 나가시는 데 쓰임 받고 있는 정탐꾼들이라는 점입니다. 이들을 영접한 것을, "너희를 영접함이 곧 나를 영접함이니라" 고 하신 그리스도를 영접한 것으로 여겨주심으로 "의롭다함" 을 받는 것이 가능하여졌다는 것입니다. 여리고의 기생 라합도 예수 그리스도를 믿고 영접하여 의롭다 함을 얻었나는 놀라운 논리가 성립이 되는 것입니다. 성령께서는 이 기상천외한 복음을 드러내시기 위해서 은총을 입기에는 너무나 부적합하게 보이는 천하고 연약한 라합을 여호수아 대신 언급하고 있다고 여겨집니다.

정복자적인 믿음과 순교자적인 믿음

3) "내가 무슨 말을 더 하리요 기드온, 바락, 삼손, 입다와 다윗과 사무엘과 및 선지자들의 일을 말하려면 내게 시간이 부족하리로다" (32) 합니다.

ㄱ 32-39절을 살펴보면 "나라들을 이기기도 하며, 사자의 입을 막기도 한"(33절) 정복자적인 믿음을 가진 자들이 있는가 하면 (32-34), 반대로 "악형을 받되 구차히 면하지 아니하였으며, 톱으로 켜는 것과, 칼에 죽는 것을 당한"(35-38) 순교자적인 믿음을 가진 자들도 있음을 보게 됩니다.

㉡ 그렇습니다. 여리고 성을 함락시킨 것만이 "믿음으로" 한 것이 아니라, 이사야 선지자가 톱으로 켬을 당하여 죽임을 당했다는 것도 "믿음으로" 한 순교라는 말씀입니다. 우리는 난치병을 고침을 받아야 믿음으로 여기는데, "이 사람들은 다 믿음을 따라 죽었으며"(13) 한 소망 중에 죽음을 받아드리는 것도 "믿음"인 것입니다. "이런 사람은 세상이 감당치 못하도다"(38) 하고 말씀합니다. "대저 하나님께로서 난 자마다 세상을 이기느니라 세상을 이긴 이김은 이것이니 우리의 믿음이니라"(요일 5:4), 아멘.

약속과 증거

4) "이 사람들이 다 믿음으로 말미암아 증거를 받았으나 약속을 받지 못하였다"(39) 하고 말씀합니다.

㉠ "이 사람들"은, 즉 구약의 성도들은 "증거만을 받았을 뿐 약속을 받지 못한 채 믿음을 따라 죽었다는 것입니다. 그러면 "증거"는 무엇이고, "약속"은 무엇을 가리키는가? 11장에서 거론한 "믿음으로 산 사람들"은 모두가 "증거"를 받았는데, "홍수 심판에서 가족을 구원한 일, 백세에 아들을 얻은 일, 홍해를 육지 같이 건넌 일" 등이 증거입니다. 믿음에는 증거가 따르는 것입니다. 이점에서 깨달아야할 점은 불가마에서 살아나온 것만이 증거가 아니라, "돌로 치는 것과 톱으로 켜는 것과 시험과 칼에 죽는 것을 당하는 것"(37)도 "증거"라는 사실입니다.

㉡ 그러면 "약속"은 무엇인가? 성경은 약속의 책입니다. 하나님께서는 성경을 통해서 크게 두 가지를 약속하셨는데 "그리스도와 성령"입니다. 그리스도를 보내셔서 대속 제물이 되셔서 "다 이루었다" 하

고 성취해놓으시면, 성령을 보내셔서 이 복음을 증거케 하시기 위해서인 것입니다. 구약의 성도들은 이 약속을 받지 못했다는 것입니다.

5) 그래서 "이는 하나님이 우리를 위하여 더 좋은 것을 예비하셨은즉 우리가 아니면 저희로 온전함을 이루지 못하게 하려 하심이니라"(40) 하는 총 결론에 이르게 됩니다.

㉠ "더 좋은 것"이란 무엇인가? "더 좋은 대제사장(9:11)께서, 더 좋은 제물"(9:23)로, 단번에 드려 주신 예수 그리스도를 가리킵니다. 구약의 성도들은 "모형과, 그림자"로 주어졌을 뿐입니다. 이것이 온전하여 질려면 모형은 본체(本體)로, 그림자는 실체(實體)로 주어져야만 온전하여 지는 것입니다. 9:15절에서 "이를 인하여 그는 새 언약의 중보니 이는 첫 언약 때에 범한 죄를 속하려고 죽으사" 한 말씀을 상기하시기 바랍니다. 그러므로 그림자로 주어졌던 짐승의 피가 아니라, 예수 그리스도의 구속으로 만이 저들도 온전함을 이룰 수가 있는 것입니다.

㉡ 그런데 여기 통찰력이 필요한 대목이 있습니다. 40절에는 "저희와 우리"가 대조(對照)되어 있습니다. "저희"들은 옛 언약 하에 있던 구약의 성도들이고, "우리"란 더 좋은 새 언약 하에 있는 신약의 성도들을 가리킵니다. 문제는 "우리가 아니면 저희로 온전함을 이루지 못하게 하려 하심이라" 하고 말씀하는데 있습니다. 원칙으로 하면 "그리스도가 아니면 저희로 온전함을 이루지 못하게 하려 함이라" 하고 말해야 되는 것입니다. 그런데 어찌하여 "우리가 아니면"이라고 말씀하는가?

㉢ 여기에 히브리서의 특징이 나타나는데, 구약의 성도들이 "하나님의 온 집에서 사환으로 충성"(3:6)하였듯이, 신약의 성도들인 "우

리"도 하나님의 나라 건설에 충성하고 있는 종들인 것입니다. 히브리서 기자는 이 대목에서 건축주(建築主)에게 초점을 맞추고 있는 것이 아니라, 쓰임을 받고 있는 "일꾼들"에게 초점을 맞추고 있는 것입니다. 왜 그런가? 일꾼들이 일을 포기하고 후퇴(後退)하려 하고 있기 때문입니다.

㉣ "우리가 아니면 저희로 온전함을 이루지 못하는데", 그런대도 유대교로 돌아가겠느냐 하고 묻고 있는 셈입니다. 이점이 이어지는 12장에 분명하게 나타납니다. "이러므로 우리에게 구름같이 둘러싼 허다한 증인들이 있으니"(12:1) 하는데, "구름 같다" 한 허다한 증인들이란 구약시대에 충성한 일꾼들입니다. 그들이 어찌하여 "우리"를 둘러싸고 있는가? "이겨라, 이겨라" 하고 성원(聲援)을 하고 있는 것입니다. "너희가 아니면 우리가 온전함을 이루지 못한다" 하고 응원을 하고 있는 것입니다. 그래도 유대교로 돌아가겠느냐? 그래도 후퇴하겠느냐? 그래도 정신을 차리지 못하겠느냐?

적용

지금 구속사의 무대에 선 주인공은 모세도 다윗도 아니고, 베드로도 바울도 아니라 형제인 것입니다. 지금 경주 마당에서 달음박질, 즉 "우리 앞에 당한 경주를 경주하는"(12:1) 선수는 우리들이며, 저희들은 달려갈 길을 마친 증인들인 것입니다. 구름같이 둘러싼 저들의 응원하는 함성이 형제의 귀에 들리지 않습니까?

"어제도, 내일도 아닌 "오늘" 구속의 역사를 이루어 나가시는 데 쓰임을 받고 있는 "저들이 아닌, 우리가" 응답하고 결단해야 할 차례입니다.

나누어 봅시다

1. 모세가 받은 고난이 어떻게 그리스도를 위한 고난이 됩니까?
2. 라합이 어떻게 의롭다 함을 얻었습니까?
3. 구약의 성도들은 어떻게 온전함을 얻게 됩니까?

12장 개관 도표

인내로써 경주하라

<table>
<tr><td rowspan="3">경주자에게 주는 권면</td><td>푯대를 바라보라</td><td>1-4
허다한 증인들이 있으니 → 죄를 벗어버리고 → (인내로써) 경주하며 (1) →
피곤하여 낙심하지 않기 위하여
[예수를 바라보자] (2)
십자가를 (참으사 (2)) → 거역한 일을
[참으신 자를 생각하라] (3)</td></tr>
<tr><td>징계를 감수하라</td><td>5-13
주께서 [그 사랑하시는 자를 징계하시고]
받으시는 아들마다 채찍질하심이니라 (6) 너희가 참음은
[징계를 받기 위함이라] (7)</td></tr>
<tr><td>낙오자를 주의하라</td><td>14-17
[두려워하라] ① 하나님 은혜에 이르지 못하는 자가 있는가
② 쓴 뿌리가 나서 괴롭게 하고 (15)
③ 망령된 자가 있을까 (16)</td></tr>
<tr><td rowspan="2">경주자에게 주어질 축복</td><td>경주자의 목적지</td><td>18-24
[너희의 이른 곳은] (18)
만질 만한 불붙는 산과
흑운과 흑암과
폭풍과
말하는 소리가 아니라 (19)

[너희의 이른 곳은] (22)
시온 산과
하나님의 도성과
하늘에 기록된 장자들의 총회 (23)
새 언약의 중보이신 예수와
뿌린 피니라 (24)</td></tr>
<tr><td>거역하지 말고 받으라</td><td>25-29
땅에서 경고하신 자를 거역한 저희가 피하지 못하였거든] 하물며 [하늘로 좇아 경고하신 자를 배반한 우리일까 보냐 (25)
그때는 땅을 진동하였거니와 이제는 하늘도 진동하리라 하였느니라 (26)
우리가 [진동치 못할 나라를 받았은즉] (28)
(은혜를 받자)
하나님은 소멸하는 불이심이니라 (29)</td></tr>
</table>

도표 해설

도표를 보시면 12장은 크게 두 부분으로 나누어집니다. 앞부분(1-17)은 "경주자에게 주는 권면이요" 뒷부분(18-29)은 경주자에게 주어질 축복입니다.

먼저 권면을 보시면 ㉠ 푯대를 바라보면서 뛰라고 합니다. 푯대인 "예수를 바라보라, 생각하라"고 말씀합니다. 이때 요구되는 바는 "인내 곧 참음"임을 보여주고 있습니다. ㉡ 징계를 감수하라고 하십니다. 경주자로서의 사명을 감당하기 위해서는 고된 훈련과 연단은 불가결한 것입니다. 이를 감수해야 마땅합니다. ㉢ 낙오자를 주의하라고 하십니다. 우리의 경주는 출애굽의 대장정에서 보는 바대로 단체전입니다. 출애굽 당시에도 많은 낙오자가 발생했습니다(신 25:18). 그러므로 "너희는 돌아보아 하나님 은혜에 이르지 못하는 자가 있는가 두려워하라"(15) 하십니다.

둘째 부분에서는 "경주자에게 주어질 축복"을 말씀합니다. 경주자의 목적지는 땅에 있는 시내 산이 아니라, ㉣ 시온 산과 하나님의 도성이 그들에게 주어질 것을 말씀합니다. 이 축복을 ㉤ 거역하지 말고(25), 은혜를 받자(28) 하고 말씀하니다.

12장 개관
인내로써 경주하라

12장의 주제는 "인내로써 경주하라"는 말씀입니다. 모든 무거운 것과 얽매이기 쉬운 죄를 벗어 버리고 인내로써 우리 앞에 당한 경주를 경주하라(1)고 권면합니다. 이를 문맥적으로 보면 ㉠ 10장 끝 절에서 "우리는 뒤로 물러가 침륜에 빠질 자가 아니요, 오직 영혼을 구원함에 이르는 믿음을 가진 자니라" 하고는, ㉡ 11장은 "믿음은" 하고, 믿음으로 전진한 선진들의 본을 제시하고 나서, ㉢ 12장에서는 "이러므로 우리에게 구름 같이 둘러싼 허다한 증인들이 있으니" 하고, 11장에서 말씀한 믿음의 용사들을 상기시키면서 우리들도 인내로써 우리 앞에 당한 경주를 경주하자" 하고 격려하는 문맥인 것입니다.

12장의 내용은 다양합니다. 그렇다고 해도 인내로써 경주해야 하는 경주자가 바라보아야 할 ㉠ 푯대와 ㉡ 목적지에 핵심이 있는 것입니다. 출애굽 당시의 푯대는 구름기둥과, 불기둥이었고, 목적지는 가나안이었습니다. 그러나 신약시대의 경주자가 바라보면서 뛰어야할 푯대는 "예수를 바라보자" 말씀하고, 경주자의 목적지는 "너희가 이른 곳"(22)은 곧 살아계신 하나님의 도성이라 합니다. 이 축복이 경주자에게 주어진다는 것입니다(28).

12:1-4의 분석 도표

예수님을 바라보라(경주자에게 주는 권면 1)

성도는 경주자	1 우리에게 → 구름같이 둘러싼 → 인내로써 → 경주를 경주하며 (1) 증인들이 있으니 무거운 것과 얽매이기 쉬운 → 죄를 벗어 버리고
예수는 푯대	2-4 믿음의 주요→ 온전케 하시는 이인 / 예수를 → 바라보자 / 하나님 우편에 앉으셨느니라 (2) 십자가를 참으사 부끄러움을 개의치 아니하시더니 너희가 피곤하여 낙심치 않기 위하여 → 참으신 자를 생각하라 (3) 너희가 죄와 싸우되 아직 피 흘리기까지는 대항치 아니하고 (4)

도표 해설

경주자에게 주시는 첫 번째 권면은 "푯대를 바라보라"는 말씀입니다. 경주자의 달음박질이 갈지(之)자가 되지 않고 직선(直線)이 되기 위해서는 푯대를 바라보고 달려야만 합니다. 도표를 보시면 본 단원의 중심점이 "성도는 경주자", "예수는 푯대"임을 알게 됩니다. 믿음의 눈으로는 "예수를 바라보고"(2), 피곤하여 주저앉고 싶을 때에 마음으로는 십자가의 고통과 죄인들의 거역을 "참으신 자를 생각하라"(3) 하십니다.

인칭대명사가 첫 단락에서는 "우리"로 되어 있으나, 둘째 단락에서는 "너희"로 되어 있다는 점을 유의하십시오. 성도들은 누구나 예외 없이 모두가 경주자인 "우리"입니다. 사도 바울도 "나의 달려갈 길을 마쳤다"(딤후 4:7)고 하여 자신이 경주자였음을 말씀합니다. 그런데 경주자의 일부인 "너희가" 지금 피곤하여 낙심할 위기에 처한 것입니다.

예수님을 바라보라
(경주자에게 주는 권면 1)

[1] 이러므로 우리에게 구름 같이 둘러싼 허다한 증인들이 있으니 모든 무거운 것과 얽매이기 쉬운 죄를 벗어 버리고 인내로써 우리 앞에 당한 경주를 하며 [2] 믿음의 주요 또 온전하게 하시는 이인 예수를 바라보자 그는 그 앞에 있는 기쁨을 위하여 십자가를 참으사 부끄러움을 개의치 아니하시더니 하나님 보좌 우편에 앉으셨느니라 [3] 너희가 피곤하여 낙심하지 않기 위하여 죄인들이 이같이 자기에게 거역한 일을 참으신 이를 생각하라 [4] 너희가 죄와 싸우되 아직 피흘리기까지는 대항하지 아니하고(히 12:1-4).

12장은 "이러므로" 하고 시작이 됩니다. 이는 앞 장과 연결시켜 주고 있는 접속사인데 "우리에게 구름같이 둘러싼 허다한 증인들이" 있다는 것입니다. 이는 분명 11장에서 열거했던 믿음의 선진들을 두고 하는 말씀입니다.

1) "이러므로 우리에게 구름 같이 둘러싼 허다한 증인들이 있으니 모든 무거운 것과 얽매이기 쉬운 죄를 벗어 버리고 인내로써 우리 앞에 당한 경주를 경주하며"(1),

㉠ "우리에게 구름 같이 둘러싼 허다한 증인들"이 있다고 한 것을 보면, 11장에서 거론한 인물들은 그 시대의 대표자(代表者)였을 뿐, 성경에 그 이름을 남기지 않았으나 구속사역에 쓰임 받았던 무명(無

名)의 전사들 모두를 염두에 두고 한 말씀임을 알게 됩니다. 그들은 충성된 경주자로서 자기 시대에 자기에게 할당되었던 코스를 완주(完走)하고, 이제는 증인석에 앉아서 "우리 앞에 당한 경주를 경주하고 있는" 우리들에게 격려의 박수를 보내고 있는 장면을 연상케 합니다.

ㄴ 이점에서 유의해야 할 점은 그들은 구경꾼이 아니라 "증인"이라 말씀하고 있다는 것입니다. 증인이란 참과 거짓을 판별하는 데 있어서 결정적인 증언자들인 것입니다. 그들은 지금 "피곤하고 낙심"(3)하여 유대교로 돌아가려는 경주자들에게 어느 길이 참이며, 이러한 위기를 어떻게 극복해야 하는지에 대하여 증언할 말을 가지고 있는 자들이라는 것입니다. 그 증언이 11장의 내용이기도 합니다. 그래서 11:4절에서는 "저가 죽었으나 그 믿음으로써 오히려 말하느니라" 한 것입니다. 12:24절에서도 아벨이 증언하고 있음을 말씀합니다. 그러니까 형제도 지금은 경주자의 대열에 끼어 있지만 훗날에는 허다한 증인들의 대열(隊列)에 서서 증언하게 된다는 말입니다.

1. 성도는 경주자

2) 지금 구름같이 둘러싼 허다한 증인들이 지켜보고 있는 가운데 복음의 바통을 이어받아 달리고 있는 선수가 베드로나 바울이 아니라 형제 자신임을 인식한다는 것은 중요한 각성입니다. 선수에게 요청되는 바가 두 가지로 지적되어 있습니다.

ㄱ 먼저는 "모든 무거운 것과 얽매이기 쉬운 죄를 벗어 버리라"고 말씀합니다. 마라톤 선수들이 무거운 것과 얽매이기 쉬운 것을 걸머지고 뛴단 말인가? 되도록 간편한 차림을 해야 한다는 것은 상식에 속하는 일입니다. 영적인 선수들에게는 벗어 버려야 할 것들이 "죄"

라고 말씀합니다. 죄는 선수들에게 달음박질하고자 하는 의욕과 담력을 약화시킵니다. 발목을 붙잡고 무겁게 만듭니다. 그 적극적인 예가 빌립보서 3:8에 있습니다.

㉮ "또한 모든 것을 해로 여김은"이라고 합니다. 바울 사도는 전날에 자랑하던 목록들이 그리스도를 만나고 복음의 경주자가 된 이후에는 불필요(不必要)한 것만이 아니라 도리어 해(害), 즉 방해가 되더라고 고백합니다. 경주자는 되도록 간편한 것이 좋습니다. 돈 보따리 둘러메고, 명예라는 거추장스러운 옷 입고, 여러 가지 근심의 짐 짊어지고 가는 것은 무거운 것과 얽매이기 쉬운 해로운 것들임에 분명합니다. 이런 것들을 벗어 버리라고 말씀합니다.

㉡ 다음은 인내(忍耐)로써 우리 앞에 당한 경주를 경주하라고 말씀합니다. 인내는 경주자에게 있어서 불가결한 요소입니다. 승패(勝敗)는 인내가 좌우한다 해도 과언이 아닙니다. 그러므로 10:36절에서 "너희에게 인내가 필요함은" 하고 이미 말씀한 바 있습니다. 바울은 자신이 사도라는 증거로 첫손에 "모든 참음"(고후 12:12)을 꼽고 있는데 인내가 승패를 좌우합니다.

㉮ 본 단원에도 인내가 강조되고 있습니다. 주님께서는 "십자가를 참으셨다"(2)고 말씀합니다. 또한 "죄인들의 이같이 자기에게 거역한 일을 참으신 자를 생각하라"(3절) 합니다. 7절에서도 "너희가 참음은" 하고 인내를 말씀합니다.

㉯ 히브리서 다음 책인 야고보서에서도 "그러므로 형제들아 주의 강림하시기까지 길이 참으라"(약 5:7) 하십니다. "농부가 땅에서 나는 귀한 열매를 바라고 길이 참음같이 너희도 길이 참고 마음을 굳게 하라"(약 5:8) 하십니다. "보라 인내하는 자를 우리가 복되다 하나니"(약 5:11) 하고 욥의 인내를 예로 들고 있습니다. 경주자가 완주(完走)

하느냐의 여부는 인내에 달려 있다고 해도 지나친 말은 아닙니다. 형제여, 인내로써 우리 앞에 당한 경주를 경주하십시오.

2. 믿음의 주를 바라보자

3) "믿음의 주요 또 온전케 하시는 이인 예수를 바라보자 저는 그 앞에 있는 즐거움을 위하여 십자가를 참으사 부끄러움을 개의치 아니하시더니 하나님 보좌 우편에 앉으셨느니라"(2) 합니다.

㉠ 이 말씀 중에서 핵심적인 동사는 "바라보자"는 말입니다. 사람들은 어려움을 당할 때에 하늘을 처다 봅니다. 히브리서 기자는 "예수를 바라보자" 하고 격려합니다. 그런데 "바라보라" 하지 않고, "바라보자"하는 표현은 자신도 예수님을 바라보고 달리고 있노라는 뜻이 함축되어 있는 것입니다. 왜 예수님을 바라보라 하는가?

㉮ 첫째로 "믿음의 주"가 되시기 때문에 바라보라는 것입니다. 그리스도인들에게 있어서 가장 무개가 있는 말이 "주님"이라는 말입니다. 오늘날은 습관(習慣)처럼 말하고 있지만 "주"라는 고백은 쉬운 것이 아니고 아무에게나 하는 것도 아닙니다. 초대교회 성도들은 가이사를 주로 고백하기를 거부했기 때문에 죽임을 당했던 것입니다.

"주"라는 고백은, "우리 중에 누구든지 자기를 위하여 사는 자가 없고 자기를 위하여 죽는 자도 없도다 우리가 살아도 주를 위하여 살고 죽어도 주를 위하여 죽나니 그러므로 사나 죽으나 우리가 주의 것이로라" 하는 고백입니다. 왜 그래야만 합니까? "이를 위하여 그리스도께서 죽었다가 다시 살으셨으니 곧 죽은 자와 산 자의 주가 되려 하심이니라(롬 14:7-9), 즉 우리를 위하여 대신 죽으셨다가 다시 사신 분이시기 때문이라는 것입니다.

어떻습니까? 이렇게 말하니까 형제 마음에 갈등이 일어납니까? 나는 아무것도 없는 빈털터리구나 하는 박탈감이 듭니까? 아닙니다. 정반대입니다. 형제는 가장 큰 부자입니다. 왜냐하면 하나님께서 형제의 아버지가 되시기 때문입니다. "자녀이면 또한 후사 곧 하나님의 후사요 그리스도와 함께 한 후사니"(롬 8:17), "약속대로 유업을 이을 자니라"(갈 3:29) 하십니다.

4) 둘째로, "온전케 하시는" 분이시기 때문에 바라보아야 한다는 것입니다.

㉠ 11장 마지막이 어떻게 끝나고 있습니까? "우리가 아니면 온전함을 이루지 못한다" 하고 끝마치고 있습니다. 온전케 하시는 주님이 아니면 그들은 온전해질 수가 없는 것입니다. 그러므로 "믿음의 주요 또 온전케 하시는 이"란 표현은 1-10장까지에서 말씀한 우리의 대제사장 되시는 그리스도의 사역을 집약한 표현이라 할 수가 있습니다. 그리스도는 자주 서서 드리던 구약의 제사가 해결해 주지 못했던 죄 문제를 단번에 드려 주신 믿음의 주요, 온전케 하시는 이인 것입니다.

㉡ 또한 이 말씀은 즉각적으로 우리는 연약하여 주를 의지해야할 존재임을 나타냅니다. 7:25절에서 "그가 항상 살아서 저희를 위하여 간구하심이라" 말씀했는데 왜 "간구"하시는가? 우리의 연약함을 아시기 때문입니다. 그래서 "이와 같이 성령도 우리 연약함을 도우시나니"(롬 8:26) 하시는 것입니다. 그러므로 "온전케 하시는 이와, 믿음 주"는 결부되는 것으로 우리의 연약한 "믿음"을 주께서 온전케 해주신다는 말씀입니다.

이렇게 한 사람이 스데반 집사님입니다. 그는 성난 군중이나 날아오는 돌을 바라본 것이 아닙니다. 돌에 맞아 죽어가면서도, "보라 하늘이 열리고 인자가 하나님 우편에 서신 것을 보노라"(행 7:56) 하고, "믿음의 주요 또 온전케 하시는 이인 예수를 바라보았던" 것입니다.

우리의 중보자

5) "저는 그 앞에 있는 즐거움을 위하여 십자가를 참으사 부끄러움을 개의치 아니하시더니 하나님 보좌 우편에 앉으셨느니라"(2하) 합니다.

㉠ "앞에 있는 즐거움을 위하여" 라고 말씀합니다. 주님께서는 뒤를 돌아보신 것이 아니라 앞에 있는 즐거움, 즉 영광을 바라보시면서 당면한 십자가의 고통을 참으시더니, 영광의 보좌 우편에 앉으셨다는 것입니다. "뒤를 돌아본 고로 소금 기둥이 된"(창 19:26), "롯의 처를 생각하라"(눅 17:32) 하십니다. 사도 바울도 "생각건대 현재의 고난은 장차 우리에게 나타날 영광과 족히 비교할 수 없도다"(롬 8:18) 하고, 앞을 바라보라고 격려합니다. 이는 우리가 고난과 시련에 직면했을 때에 어떻게 대처해야하는가에 대한 비결인 것입니다.

㉡ "너희가 피곤하여 낙심치 않기 위하여 죄인들의 이같이 자기에게 거역한 일을 참으신 자를 생각하라"(3) 합니다. ㉮ 죄인들이, ㉯ 하나님의 아들을 배척하여, ㉰ 십자가에 못을 박은 상상할 수 없는 죄악을 참으신 심리적인 고통은 십자가에 달리신 육신의 고통보다도 더 참기 어려운 고통이었을 것입니다. 힘이 없어서 참으신 것이 아니기 때문에 더욱 그러합니다. 그 주님을 "바라보고, 생각할 때에", 왜 내가, 어찌하여 내가, 이런 시련을 당해야만 합니까 하고 항변할 수가 있단 말인가?

㉢ 피곤과 낙심이 어디서 옵니까? 자신의 연약함, 무능, 무기력함

을 바라볼 때 닥쳐옵니다. 자신을 바라보고 낙심하지 않을 만치 그렇게 능력 있고 온전한 자가 우리 중에 있단 말입니까? 그래서 "바라보라"고 하지 않고 "바라보자" 하고 말씀했던 것입니다. 베드로도 자신을 바라보았을 때는 빠져 들어갈 수밖에 없었으나 그리스도를 바라보았을 때는 거친 파도 위를 걸을 수가 있었습니다.

㉣ 경주자가 예수를 바라보아야 함은 본받아야 할 모범이 되기 때문이라는 소극적인 의미에서뿐만이 아닌 것입니다. 그렇기만 하다면 피곤하여 주저앉고 싶은 경주자에게 별 도움이 안 될지 모릅니다. 적극적으로 그분만이 우리의 주(主)가 되시어 우리의 연약(軟弱)함을 도와주시며 온전케 하시는, 즉 우리가 빠져들어 갈 때에 붙들어주시고, 넘어질 때 일으켜 주실 수 있는 분이시기 때문입니다. 그래서 성경은 "하나님 보좌 우편에 앉으셨느니라"(2) 하고 그분이 계신 위치(位置)를 말씀해 주고 있는 것입니다. 하나님 보좌 우편에 앉으심은 우리를 다스리시는 왕이요 주가 되심을 뜻하며, 또한 우리의 중보자가 되심을 의미하기 때문입니다.

성경은 "죽으실 뿐 아니라 다시 살아나신 이는 그리스도 예수시니 그는 하나님 우편에 계신 자요 우리를 위하여 간구하시는 자시니라"(롬 8:34) 하고, 그리스도께서는 지금도 우리의 중보자 되심을 말씀해 주고 있습니다. 형제여, 힘을 내십시오, 당신은 외롭지 않습니다. 혼자가 아닙니다. 다윗은 자신이 낙심하여 머리를 떨구었을 때에 "나의 머리를 드시는 자니이다"(시 3:3) 하고 있습니다. 스바냐 선지자로 말씀하시기를 "네 손을 늘어뜨리지 말라"(습 3:16) 하십니다. 믿음의 주요 온전케 하시는 이인 예수 그리스도가 계십니다. 그분은 우리의 왕이요, 중보자요, 도우시는 분이십니다. 그분을 바라보고 달음박질합시다.

나누어 봅시다

1. 성도를 누구에 비유하고 있습니까?
2. 주님을 왜 바라보아야 하는가에 대해서,
3. 주님의 어떤 점을 생각해야 하는가에 대해서,

12:5-13의 분석 도표

징계를 감수하라(경주자에게 주는 권면 2)

아들이기에 채찍질 하심	5-8 너희에게 권면하신 말씀(5) 주께서 — 사랑하시는 자를 징계하시고 아들마다 채찍질 하심이니라(6) 하나님이 — 아들과 같이 너희를 대우하시나니(7) 너희에게 징계가 없으면 사생자요 참 아들이 아니니라(8)
연달 받은 자의 유익	9-11 육체의 아버지가 징계하여도 공경하였거든 하물며 영의 아버지께 더욱 복종하여 살려 하지 않겠느냐 하나님은 — 하나님 우편에 앉으셨느니라(2) 우리의 유익을 위하여 ① 거룩하심에 참여케 하시느니라(10) ② 연달한 자에게 ③ 의의 평강한 열매를 맺나니(11)
다시 한 번 도전하라	12-13 그러므로 피곤한 손과 연약한 무릎을 일으켜 세우고(12) 저는 다리로 고침을 받게 하라(13)

도표 해설

도표를 보시면 설명을 가한다는 것이 군더더기같이 느껴질 정도입니다. 한눈에 들어오기 때문입니다. 이것이 분석 도표의 유익한 점입니다. 왜 징계를 감수해야만 할까요? "아들이기 때문에 채찍질"(첫째 단락) 하신다는 것입니다. 징계에는 목적이 있는데 "연달한 자의 유익"(둘째 단락)이 있기 때문입니다.

이렇게 권면한 후에 피곤하고 연약한 그들을 향해 "다시 한 번 도전하라"(셋째 단락)고 말씀합니다. 자녀를 징계하며 연달하시는 분은 "주께서, 하나님"이라 하심같이 우리들의 아버지께서 하시는 또 다른 사랑입니다.

징계를 감수하라
(경주자에게 주는 권면 2)

5 또 아들들에게 권하는 것 같이 너희에게 권면하신 말씀도 잊었도다
일렀으되 내 아들아 주의 징계하심을 경히 여기지 말며 그에게 꾸지람
을 받을 때에 낙심하지 말라 6 주께서 그 사랑하시는 자를 징계하시고
그가 받아들이시는 아들마다 채찍질하심이라 하였으니 7 너희가 참음
은 징계를 받기 위함이라 하나님이 아들과 같이 너희를 대우하시나니
어찌 아버지가 징계하지 않는 아들이 있으리요 8 징계는 다 받는 것이
거늘 너희에게 없으면 사생자요 친아들이 아니니라 9 또 우리 육신의
아버지가 우리를 징계하여도 공경하였거든 하물며 모든 영의 아버지
께 더욱 복종하며 살려 하지 않겠느냐 10 그들은 잠시 자기의 뜻대로 우
리를 징계하였거니와 오직 하나님은 우리의 유익을 위하여 그의 거룩
하심에 참여하게 하시느니라 11 무릇 징계가 당시에는 즐거워 보이지
않고 슬퍼 보이나 후에 그로 말미암아 연단 받은 자들은 의와 평강의
열매를 맺느니라 12 그러므로 피곤한 손과 연약한 무릎을 일으켜 세우
고 13 너희 발을 위하여 곧은 길을 만들어 저는 다리로 하여금 어그러지
지 않고 고침을 받게 하라(히 12:5-13).

경주자에게 주는 두 번째 권면은 "징계를 감수하라"는 말씀입니다. "주께서 그 사랑하시는 자를 징계하시고 그의 받으시는 아들마다 채찍질 하심이니라"(6절)고 말씀합니다.

1. 아들이기에 채찍질하심

1) "또 아들들에게 권하는 것 같이 너희에게 권면하신 말씀을 잊었도다 일렀으되 내 아들아 주의 징계하심을 경히 여기지 말며 그에게 꾸지람을 받을 때에 낙심하지 말라"(5) 하십니다.

㉠ 첫 단락은 누구를 징계하시고, 채찍질 하시는가 하는 징계의 대상(對象)을 말씀하는 내용입니다. 하나님께서는 아무나 채찍질 하시는 것이 아닙니다. "내어버려 두시는 자"(롬 1:26)가 있는 것입니다. 히브리서 기자는 잠언을 인용하여, "사랑하시는 자를 징계하고 그의 받으시는 아들마다 채찍질하심이라(잠 3:6)고 말씀합니다. 그러므로 만일 징계가 없다면 그는 "사생자요 참 아들이 아니니라"(8절)고까지 말씀합니다. 그럼에도 불구하고 미련한 우리들은 징계를 당하게 되면, 하나님은 나를 사랑하시지 않는가 보다고 의심하며 원망하기까지 하고 있지 않습니까?

㉡ 여기 명심해야 할 중요한 요점이 있습니다. 징계를 당할 때에 어떤 반응을 일으키는가 하는 점입니다. 두 가지 상반된 반응을 보이는데 ㉮ 경(輕)히 여기는 반응입니다(5절). 이는 그 사건을 통하여 말씀하시려는 하나님의 경고를 무시(無視)한 채 우연히 일어난 일로 여기는 행위입니다. ㉯ 이와는 반대로 낙심(落心)하는 반응입니다. 이는 하나님이 계신다면 왜 이렇게 하시겠느냐는 원망과 회의의 반응입니다. 문제는 경히 여기든 낙심하든 모두가 불신앙에서 온다는 사실입니다. 성경은 그렇게 하지 말라(5)는 말씀부터 하십니다.

2. 연달 받은 자의 유익

2) "주께서 그 사랑하시는 자를 징계하시고 그의 받으시는 아들마다 채찍질하심이니라 하였으니 너희가 참음은 징계를 받기 위함이라 하나님이 아들과 같이 너희를 대우하시나니 어찌 아비가 징계하지 않는 아들이 있으리요"(6-7) 합니다.

㉠ 둘째 단락에서는 왜 사랑하시는 자, 그의 받으시는 아들마다 채찍질 하시는가, 즉 징계의 목적(目的)에 관해서 말씀합니다. 그것은 "연달 받은 자의 유익"이 있기 때문이라는 것입니다. 육체의 부모도 그러하기 때문에 자녀들을 징계하는 것이라면, 영의 아버지께 더욱 복종하여 살려 하지 않겠느냐고 묻고 있습니다. 그렇다면 징계를 통하여 우리에게 주시는 유익(10절)이 무엇일까요? 성경은 세 가지로 말씀합니다.

㉮ 첫째로 "거룩하심에 참여케" 하신다(10)고 말씀합니다. 이는 징계의 궁극적인 목적입니다. 베드로전서에서도 "너희 믿음의 시련이 불로 연단하여도 없어질 금보다 더 귀하여 예수 그리스도의 나타나실 때에 칭찬과 영광과 존귀를 얻게 하려 함이라"(벧전 1:7) 하고 말씀합니다. 이것이 거룩하심에 참여케 하심입니다. 금광석을 제련함은 순금을 얻으려는 목적이요, 성도를 연단하심은 그리스도의 나타나실 때에 거룩하심에 참여케 하려 하심에 있습니다.

㉯ 그러므로 둘째로 징계는 금을 제련함 같은 우리의 유익을 위한 연달이라고 말씀합니다. 연달이란 선수를 훈련시키듯이 신앙의 성숙을 위해서는 반드시 받아야만 하는 것입니다(5:14). 이 과정을 거쳐서,

㉰ 셋째로 "의의 평강한 열매를 맺게 된다"는 것입니다. 올림픽 마라톤에서 면류관이라는 열매를 얻기까지에는 각고의 연달을 통해서

만 가능한 것입니다.

㉡ 물론 "징계가 당시에는 즐거워 보이지 않고 슬퍼 보인다"(11)는 점을 성경은 인정하고 있습니다. 그러나 이스라엘 백성들이 애굽에서 몸에 배였던 노예근성을 광야를 통과하면서 떨쳐버려야 했듯이 죄에 물든 우리들에게는 연달의 과정이 필수 불가결의 과정이라는 것입니다. 그러므로 "시험을 참는 자는 복이 있도다 이것에 옳다 이정하심을 받은 후에 주께서 자기를 사랑하는 자들에게 약속하신 생명의 면류관을 얻을 것임이니라"(약 1:12) 말씀합니다. 이제 형제는 시련을 만나게 되면 경(輕)히 여기거나 낙심(落心)할 것입니까, 아니면 더욱 복종하여 거룩하심에 참여할 것입니까?

3. 다시 한 번 도전하자

3) "그러므로 피곤한 손과 연약한 무릎을 일으켜 세우고 너희 발을 위하여 곧은길을 만들어 저는 다리로 하여금 어그러지지 않고 고침을 받게 하라(12-13) 합니다.

㉠ 셋째 단락에는 "피곤한 손, 연약한 무릎, 저는 다리"가 있습니다. 이 상태로는 "우리 앞에 당한 경주"(1)를 한다는 것은 불가능합니다. 이는 낙오자가 될 수밖에 없는 상태입니다. 그러므로 "피곤한 손과 연약한 무릎을 일으켜 세우고", "저는 다리로 고침을 받게 하라"고 격려합니다. 이는 낙오하려는 경주자에게 "다시 한 번 도전(挑戰)하라"는 코치의 명령인 것입니다.

나누어 봅시다

1. 누구에게 왜 징계하십니까?
2. 징계의 유익이 무엇입니까?
3. 그에게 주는 도전이 무엇입니까?

12:14-17의 분석 도표

낙오자가 있을까 주의하라(경주자에게 주는 권면 3)

두 가지 덕목

14

모든 사람으로 더불어

화평함과
거룩함을 좇으라

이것이 없이는 주를 보지 못하리라 (14)

두려워할 일

15-17

너희는 돌아보라

두려워 하라

하나님의 은혜에
쓴 뿌리가 나서
장자의 명분을 판
에서와 같이

이르지 못하는 자가 있을까
많은 사람이 더러움을 입을까(15)

망령된 자가 있을까(16)

눈물을 흘리며 구하되

회개할 기회를 얻지
못하였느니라(17)

도표 해설

도표를 보시면 오른쪽 연결된 선을 따라 "주를 보지 못하리라", "하나님의 은혜에 이르지 못하는 자가 있을까", "회개할 기회를 얻지 못하였느니라"는 등 경고적인 권면이 있음을 보게 됩니다. 이는 분명 "낙오자가 있을까 주의하라"는 뜻입니다. 왼쪽 연결선은 "모든 사람으로 더불어", "너희는 돌아보아"하고 개인 구원의 차원이 아니라 교회 공동체에 이러한 낙오자가 있을까 돌아보라는 팀워크에 관한 말씀임을 보게 됩니다.

낙오자가 있을까 주의하라
(경주자에게 주는 권면 3)

[14] 모든 사람과 더불어 화평함과 거룩함을 따르라 이것이 없이는 아무
도 주를 보지 못하리라 [15] 너희는 하나님의 은혜에 이르지 못하는 자가
없도록 하고 또 쓴 뿌리가 나서 괴롭게 하여 많은 사람이 이로 말미암
아 더럽게 되지 않게 하며 [16] 음행하는 자와 혹 한 그릇 음식을 위하여
장자의 명분을 판 에서와 같이 망령된 자가 없도록 살피라 [17] 너희가 아
는 바와 같이 그가 그 후에 축복을 이어받으려고 눈물을 흘리며 구하
되 버린 바가 되어 회개할 기회를 얻지 못하였느니라(히 12:14-17).

앞 단원에서 말씀한 "피곤한 손, 연약한 무릎, 저는 다리"(12-13) 등은 어디서 부상을 당한 것일까요? 마라톤과 같은 인내가 요청되는 장거리 경주에서 온 결과일 수도 있고 성도 상호간의 불협화음에서 입은 상처일 수도 있습니다. 공동체 내에는 언제나 이러한 어려움들이 발생하기 마련입니다. 그렇다면 교회는 이런 경우에 어떻게 대처하라고 권면하고 있습니까?

1. 두 가지 덕목

1) "모든 사람으로 더불어 화평함과 거룩함을 좇으라 이것이 없이는 아무도 주를 보지 못하리라"(14) 합니다.

㉠ 첫째로 모든 사람으로 더불어 "화평함과 거룩함을 좇으라"고 말씀합니다. "화평함과, 거룩함" 속에는 절묘한 균형과 조화가 있습니다. ㉮ 공동체의 일치를 위하여 "화평"만을 추구하다 보면 동화(同化)되어 거룩에 손상을 입기가 쉽습니다. ㉯ 반면에 "거룩"만을 추구하다 보면 분리(分離)주의자가 되어 독선(獨善)에 흐르게 되어 공동체의 화평을 깨기가 쉽습니다. 모든 사람으로 더불어, 즉 공동체의 화평을 추구하면서 거룩함에 이르도록 승화시키는 것이 평강의 왕이시며 의의 왕이신 주님의 마음을 본받는 것이요 주님을 기쁘시게 하는 성숙한 자인 것입니다.

㉡ 그렇기 때문에 "이것이 없이는 아무도 주를 보지 못하리라"(14)고 경계를 하는 것입니다.

㉮ 교회 내에는 둥글둥글 마음씨 착한 분들이 있습니다. 그런데 이들의 단점은 분별력이 약하다는 것입니다. 5:14절에서 성숙한 그리스도인이란 이런 사람이 아니라 "지각을 사용하므로 연단을 받아 선악을 분별(分別)하는 자들"이라고 말씀했습니다.

㉯ 반면 교회 내에서는 기도나 은사 등의 면에서 특별한 사람들이 있습니다. 이들의 단점은 다른 사람들을 판단하고 비평하기가 쉽다는 것입니다. 이런 이들을 향해 성경은 "남의 하인을 판단하는 너눈 누구뇨"(롬 14:4) 하고 꾸중하십니다.

"화평함과 거룩함을 좇는" 성도가 많은 교회는 참으로 그리스도를 닮은 성숙한 교회입니다. "화평함과 거룩함"의 조화와 균형을 유지해 나가는 교회는 낙오자가 발생하지 않게 될 것입니다.

2. 두려워할 일

2) "너희는 돌아보아 하나님 은혜에 이르지 못하는 자가 있는가 두려워하고 또 쓴 뿌리가 나서 괴롭게 하고 많은 사람이 이로 말미암아 더러움을 입을까 두려워하고 음행하는 자와 혹 한 그릇 식물을 위하여 장자의 명분을 판 에서와 같이 망령된 자가 있을까 두려워하라" (15-16),

㉠ 15-17절에는, "두려워하라"는 말씀이 세 번이나 나오고 있어서 강조(强調)적입니다.

㉮ "하나님의 은혜에 이르지 못한 자가 있는가 두려워하고",

㉯ "쓴 뿌리가 나서 많은 사람이 더러움을 입을까 두려워하고"(15),

㉰ "음행하는 자와 혹 한 그릇 식물을 위하여 장자의 명분을 판 에서와 같이 망령된 자가 있을까 두려워하라" 합니다.

㉡ 이는 현재 이러한 자들이 있다는 말씀이 아니라 이러한 자들이 발생하게 될까를 두려워하며 경계하라는 권면입니다. 구약 교회에도 "중다한 잡족"(출 12:38)과 "섞여 사는 무리"(민 11:4)로 인하여 어려움을 겪었습니다. 주님께서도 "좋은 씨를 뿌린 밭에, 가라지"가 발생할 것을 말씀하셨습니다. 이는 화평함과 거룩함을 좇는 대다수의 성도들에 반대되는 사람을 가리킵니다.

㉢ "은혜에 이르지 못하는 자가 있을까" 염려하라는 경계는 히브리서의 특징 중의 하나입니다. "저희는 내 안식에 들어오지 못하리라 하셨다 하였으니 형제들아 너희가 삼가 혹 너희 중에 누가 믿지 아니하는 악심을 품고 살아 계신 하나님에게서 떨어질까 염려할 것이요" (3:11-12)라고 경계하고, 4:1절에서도 "그러므로 우리는 두려워할지니 그의 안식에 들어갈 약속이 남아 있을지라도 너희 중에 혹 미치지

못할 자가 있을까 함이라"고 경계하고 있습니다. 이는 출애굽한 1세대들이 그러한 것처럼 낙오자를 의미합니다.

㉣ 또한 "쓴 뿌리"에 대한 경계가 구약성경에도 있는데, "독초와 쑥의 뿌리가 너희 중에 생길까"(신 29:18) 염려하라는 모세의 경계를 반영하고 있습니다. 이처럼 교회 내에 "가라지, 쓴 뿌리"가 발생하게 되면 많은 "좋은 씨"들은 괴로움을 당하게 되는 것입니다.

㉤ "음행하는 자와 망령된 자"란 초록이 동색인 것처럼 같은 유로 여겨집니다. 에서가 그러했습니다. 이방 헷 족속의 딸들을 아내로 취했는가 하면(창 26:34), 장자의 명분을 팥죽 한 그릇에 팔아 버렸습니다(창 25:33). 그는 "음행과 망령"을 함께 저질렀습니다. 리브가의 태중에 에서와 야곱으로 대표되는 두 민족이 공존했으며, 출애굽의 여정에서도 선민 이스라엘과 섞여 사는 무리(민 11:4)가 있었듯이, 신약교회에도 이런 자들이 발생하게 될 것을 경계하고 있는 것입니다.

㉥ 명심해야 할 점은 "너희는 돌아보라"(15절) 라는 말씀입니다. 이는 각자 자신을 돌아보라는 그런 뜻만은 아닙니다. 돌아보라는 뜻의 헬라어 "에피스코페오"는 "감독하다, 주의 깊게 살피다"라는 의미로 교회 내에 이러한 자들이 발생하지 않도록 주의 깊게 감독하라는 뜻입니다. "그 후에" 팥죽이 아닌 "축복을 기업으로 받으려고 눈물을 흘리며 구하되 회개할 기회를 얻지 못하였다"고 말씀하고 있는데, 이는 에서에게 국한된 말씀만이 아니라 종말에 있을 경계인 것입니다. 이러한 낙오자를 방지하게 위하여 교회가 할 수 있는 덕목은, "모든 사람으로 더불어 화평함과 거룩함"을 좇는 일입니다.

나누어 봅시다

1. 경주자에게 주는 세 번째 권면이 무엇입니까?
2. 균형을 이루어야 할 두 가지 덕목이 무엇입니까?
3. 두려워해야 할 일들이 무엇입니까?

12:18–29의 분석 도표

경주자에게 주어질 축복

경주자의 목적지	18-24 너희의 이른 곳은 (18) 만질 만한 불 붙는 산과 흑운과 흑암과 폭풍과 (18) 나팔소리와 말하는 사리가 아니라 (19) 너희의 이른 곳은 (22) 시온 산과 하늘의 예루살렘과 천만 천사와 장자들의 총회와 (23) 교회와 만민의 심판자이신 하나님과 의인의 영들과 새 언약의 중보이신 예수와 뿌린 피니라 (24) 이는 짐승이라도 산에 이르거든 돌로 침을 당하리라 하신 명을 저희가 견디지 못함이라 (20)
축복을 거역하지 말고 받으라	25-29 너희는 삼가 말하신 자들 거역하지 말라 (25) 땅에서 경고하신 자를 거역한 저희가 피하지 못하였거든 하물며 하늘로 좇아 경고하신 자를 배반하는 우리일까 보냐 그때는 그 소리가 땅을 진동하였거니와 이제는 땅만 아니라 하늘도 진동 하리라 하셨으니라 (26) 그러므로 진동치 못할 나라를 받았은즉 은혜를 받자 (28) 하나님은 소멸하는 불이심이니라 (29)

도표 해설

첫째 부분에서 경주자의 목적지를 말씀하고 있는데 "너희가 이른 곳은 … 아니라"(19) "너희가 이른 곳은 … 도성"(22절)이라고 하여, 우리의 목적지가 시내 산이 아니라, 시온 산임을 예리하게 대조하여 보여주고 있습니다.

시내 산은 한마디로 경계를 범하면 "돌로 침을 당하리라"고 한 죽이는 산이요, 시온 산은 "새 언약의 중보이신 예수와 뿌린 피니라"(20절) 하고, 그리스도께서 대신 죽어 주심으로 영원히 살게 된 산, 즉 복음의 상진임을 말씀합니다.

둘째 부분에서는 "거역하지 말라", 거역한 저희가" 하고, 육적 출애굽 당시를 상기시키면서 당시에는 땅을 진동했거니와 이제는(종말) 땅만 아니라 하늘도 진동할 것이라고 경고합니다. 진동치 못할 나라를 받았은즉 거역하지 말고 은혜를 받으라고 권면합니다. 만일 거부한다면 "하나님은 소멸하는 불이심이니라" 하고 엄한 경고를 합니다.

경주자에게 주어질 축복

18 너희는 만질 수 있고 불이 붙는 산과 침침함과 흑암과 폭풍과 19 나팔
소리와 말하는 소리가 있는 곳에 이른 것이 아니라 그 소리를 듣는 자
들은 더 말씀하지 아니하시기를 구하였으니 20 이는 짐승이라도 그 산
에 들어가면 돌로 침을 당하리라 하신 명령을 그들이 견디지 못함이라
21 그 보이는 바가 이렇듯 무섭기로 모세도 이르되 내가 심히 두렵고 떨
린다 하였느니라 22 그러나 너희가 이른 곳은 시온 산과 살아 계신 하나
님의 도성인 하늘의 예루살렘과 천만 천사와 23 하늘에 기록된 장자들
의 모임과 교회와 만민의 심판자이신 하나님과 및 온전하게 된 의인의
영들과 24 새 언약의 중보자이신 예수와 및 아벨의 피보다 더 나은 것을
말하는 뿌린 피니라 25 너희는 삼가 말씀하신 이를 거역하지 말라 땅에
서 경고하신 이를 거역한 그들이 피하지 못하였거든 하물며 하늘로부
터 경고하신 이를 배반하는 우리일까보냐 26 그때에는 그 소리가 땅을
진동하였거니와 이제는 약속하여 이르시되 내가 또 한 번 땅만 아니라
하늘도 진동하리라 하셨느니라 27 이 또 한 번이라 하심은 진동하지 아
니하는 것을 영존하게 하기 위하여 진동할 것들 곧 만드신 것들이 변
동될 것을 나타내심이라 28 그러므로 우리가 흔들리지 않는 나라를 받
았은즉 은혜를 받자 이로 말미암아 경건함과 두려움으로 하나님을 기
쁘시게 섬길지니 29 우리 하나님은 소멸하는 불이심이라(히 12:18-29).

본 단원의 중심점은 경주자에게 주어질 축복(祝福)에 있습니다. 본문 안에는 히브리서에 나타나는 다섯 번의 경고 중 마지막 경고도 들

어 있지만, 이 경고는 축복과의 대조에서 주어졌을 뿐 중심주제는 아닙니다. "땅에서 경고하신 자와 하늘로 좇아 경고하신 자"(25), "땅을 진동하였거니와 하늘도 진동"하리라(26절)가 대조되고 있습니다.

1. 경주자의 목적지

1) "너희의 이른 곳은 만질만한 불붙는 산과 흑운과 흑암과 폭풍과 나팔 소리와 말하는 소리가 아니라"(18-19) 합니다.

㉠ 본문에는 경주자의 목적지를 뜻하는 "너희가 이른 곳은"이라는 말씀이, 18절과 22절, 두 번 나옵니다. 먼저는 "아니라"는 부정하는 말씀(18-21)을 한 다음에, "그러나 너희가 이른 곳은"(22-24절) 하고, 긍정하는 말씀을 합입니다. 그러면 "시내 산과, 시온 산"의 다른 점이 무엇인가?

시내 산

2) 본문에는 시내 산이란 언급이 없습니다만, "만질 만한 불붙은 산"(18)이란, 시내 산을 가리키고 있음은 의심의 여지가 없습니다.

㉠ 이 대목이 묘사하고 있는 장면은 하나님께서 시내 산에 강림하셨을 때의 광경인데(출 19장), 이를 ㉮ 만질 만한, ㉯ 불붙는 산과, ㉰ 흑운과, ㉱ 흑암과, ㉲ 폭풍과, ㉳ 나팔 소리와, ㉴ 말하는 소리로 묘사하고 있습니다.

㉡ 성령께서는 이를 통하여 세 가지 대조를 우리에게 보여주기를 원하고 계십니다.

㉮ 첫째는 무서워 심히 두렵고 떨린다(21)는 점입니다. 시내 산에 대한 묘사는 장엄함을 드러내기 위한 묘사가 아니라 도저히 접근할

수 없는 무섭고 두려운 것을 나타내기 위한 표현입니다. 그러나 시온 산에는 이러한 공포가 없습니다.

㉯ 둘째는 시내 산에 대한 묘사는 보고 듣고 만질 만한 오감(五感)으로 느낄 수 있었다는 것입니다. 이제도 하나님의 언약에 성실치 못한 자들은 오감에 의존하려 합니다. 그러나 시온 산은 "바라는 것들의 실상이요 보지 못하는 것들의 증거"인 믿음으로 바라본다는 점입니다.

돌로 침을 당하리라

㉰ 셋째는 결정적인 요점입니다. 무서운 것도 폭풍과 흑암도 견딜 수 있다 해도, "짐승이라도 산에 이르거든 돌로 침을 당하리라 하신 명을 저희가 견디지 못함이라"(20) 한 말씀입니다.

㉢ 산에 살고 있는 짐승의 접근도 용납하시지 않는다면 최고의 은총을 입은 자가 최대의 배신을 하여 만물보다 부패해진 인간이야 더 말해 무엇 하겠습니까? 이것을 "저희가 견디지 못함이라"고 말씀합니다. 너희의 이른 곳은 여기가 아니라, 너희는 이제 이런 처지에 있는 자들이 아니라는 점을 말씀하려는 것입니다. 이점에서 상기해야할 점은 하나님께서 시내 산에 강림하심은 거기에 자기 백성들이 있었기 때문이라는 점입니다. 그러나 경계를 두어 접근을 용납지 않으신 것은, 의와 죄가 공존할 수 없었기 때문입니다. 이것이 시내 산으로 상징 되는 율법(律法) 시대의 상태였던 것입니다.

시온 산

3) "그러나 너희가 이른 곳은"(22절) 하고 ① 시온 산과 ② 살아계신 하나님의 도성인 하늘의 예루살렘과 ③ 천만 천사와 ④ 하늘에 기록한 장자들의 총회와 ⑤ 교회와 ⑥ 만민의 심판자이신 하나님과 ⑦

온전케 된 의인의 영들과 ⑧ 새 언약의 중보이신 예수와 ⑨ 아벨의 피보다 더 낫게 말하는 뿌린 피(22-24절)라고 말씀합니다. 우리가 이것들을 해석하려고 너무 애쓸 필요는 없습니다.

㉠ 왜냐하면 머지않아 우리가 친히 보고 만나게 될 날이 올 것이기 때문입니다. "얼굴과 얼굴을 대하여 볼" 날이 올 것입니다. 분명한 것은, 우리가 이른 곳은 땅에 있는 것이 아니라, "하나님의 도성인 하늘의 예루살렘"(22)이며 살아 계시고 "만민의 심판자이신 하나님"(23) 존전(尊前)이라는 사실입니다.

㉡ "천만 천사, 장자들의 총회, 의인들의 영들"이란 하나님의 도성에서 하나님을 모시고 섬기고 있는 자들입니다. 또 분명한 것은 "짐승이라도 돌로 침을 당하리라"고 접근을 용납지 않으셨던 하나님 존전에, "우리가 예수의 피를 힘입어 성소에 들어갈 담력을 얻었다"(10:19)는 점입니다. 이것이 가능하게 됨은 "새 언약의 중보이신 예수와 뿌린 피"(24)로 말미암아서라는 진리입니다.

뿌린 피니라

4) "뿌린 피"라고 말씀함에 유의하십시오. ㉮ 그냥 피는 생명을 의미하고, ㉯ 흘린 피는 죽음을 의미하며, ㉰ "뿌린 피"는 우리에게 효험이 있는 은혜 입음을 의미하기 때문입니다. 아무리 피를 흘려주셨어도, 뿌림을 받지 못하면 나와는 상관이 없게 됩니다. "우리가 마음에 뿌림을 받았다"(10:22)고 말씀합니다. "예수 그리스도의 피 뿌림을 얻기 위하여 택하심을 입은 자들"(벧전 1:2)이라고 말씀합니다.

㉠ 명심해야 할 점은 땅에 있는 모든 것들은 "만질 만한(18), 그 소리를 듣는(19절), 보이는 바"(21)등 오감(五感)에 의존하고 있으나, 하늘에 있는 것들은, "하나님이 거짓말을 하실 수 없는 두 가지 변치 못

할 사실인 약속과 맹세"(6:18)에 근거하고 있다는 점입니다.

㉡ "우리는 그의 약속대로 의의 거하는 바 새 하늘과 새 땅"(벧후 3:13)을 보게 될 것입니다. 그럼에도 불구하고 형제는 손으로 만져야만 믿겠습니까? 눈으로 보아야만 의심이 사라지고, 귀로 들어야만 확신하겠습니까? 그렇다면 시내 산으로 가십시오. 그러나 그 지경(地境)을 넘지는 마십시오. 왜냐하면 돌에 맞아 죽을 것이기 때문입니다. 그것은 복음(福音)을 부인하는 행동입니다.

㉢ 성경 역사를 통해서 볼 때 성실하지 못한 인간은 끈질기게 보이는 것을 추구했습니다. 보이는 왕을 요구했고, 보이는 놋뱀을 숭배했으며, 보이지 않는 하나님을 보이는 우상으로 바꿔치기 했습니다. 도마도 보고 만져야 믿겠다고 했습니다. 이것은 이미 믿음이 아닙니다.

"그러므로 형제들아 우리가 예수의 피를 힘입어 성소에 들어갈 담력을 얻었나니 그 길은 우리를 위하여 휘장 가운데로 열어 놓으신 새롭고 산 길이요 휘장은 곧 저의 육체니라 또 하나님의 집 다스리는 큰 제사장이 계시매 우리가 마음에 뿌림을 받아 양심의 악을 깨닫고 몸을 맑은 물로 씻었으니 참 마음과 온전한 믿음으로 하나님께 나아가자"(10:19-22). 아멘.

2. 축복을 거역하지 말고 받으라

5) "너희는 삼가 말하신 자를 거역하지 말라 땅에서 경고하신 자를 거역한 저희가 피하지 못하였거든 하물며 하늘로 좇아 경고하신 자를 배반하는 우리일까보냐"(25) 합니다.

㉠ "말하신 자"란 누구를 가리킵니까? "이 모든 날 마지막에 아들로 우리에게 말씀하셨으니"(1:2)라고 한 예수 그리스도이십니다. 2:3

절에서도 "이같이 큰 구원을 등한히 여기면 어찌 피하리요"라고 경고하면서 "이 구원은 처음에 주로 말씀하신 바요"라고 합니다. 이분을 거역하지 말라는 것입니다. "하물며 하늘로 좇아 경고하신 자를 배반하는 우리일까 보냐"(25) 하고, 배반하는 자의 받을 두려움에 대하여 경고합니다.

㉡ 10:28-29절의 경고와 12:25절의 경고를 대조해서 보십시오. 경고는 일관되게 모세를 좇아 주신 율법(땅에서 경고)을 거역한 저희가 피하지 못하였다면, 하나님의 아들(하늘로 좇아 경고)을 배반하면 어찌 피하겠느냐는 말씀입니다. "그때는 그 소리가 땅을 진동하였거니와"(26) 한, 그때란 시내 산 강림의 때입니다. "이제 약속하여 가라사대 내가 또 한 번 땅만 아니라 하늘도 진동하리라"하셨다고 학개 2:6절을 인용하여 증거합니다.

학개서나 히브리서가 다 같이 그리스도 강림의 때에 되어 질 종말적인 광경을 말씀하고 있습니다. "진동"이란 일종의 흔드는 것을 의미합니다. 주님께서도 마지막 때에 일어날 일들을 말씀하시면서, "사람들이 세상에 임할 일을 생각하고 무서워하므로 기절하리니 이는 하늘의 권능들이 흔들리겠음이라"(눅 21:26) 하셨습니다.

㉢ 이처럼 하늘과 땅을 진동하리라 하심은 "진동치 아니하는 것을 영존(永存)케 하시기 위하여"라는 것입니다. 그렇다면 현재 보이는 것, 만질 만한 것들이란 진동하여 변동(變動)될 것이 분명합니다. 이 때 되어 질 일을 베드로전서에는, "이제 하늘과 땅은 그 동일한 말씀으로 불사르기 우하여 간수하신바 되어 경건치 아니한 사람들의 심판과 멸망의 날까지 보존하여 두신 것이니라"(벧후 3:7) 하고 말씀합니다. 또 증거하기를 "그 날에 하늘이 불에 타서 풀어지고 체질이 뜨거운 불에 녹아지려니와 우리는 그의 약속대로 의의 거하는 바 새 하늘

과 새 땅을 바라보도다"(벧후 3:12-13) 합니다.

그렇습니다. "보이는 것은 잠깐이요 보이지 않는 것은 영원함"(고후 4:18)입니다.

은혜를 받자

6) "그러므로 우리가 진동치 못할 나라를 받았은즉 은혜를 받자 이로 말미암아 경건함과 두려움으로 하나님을 기쁘시게 섬길찌니 우리 하나님은 소멸하는 불이심이니라"(28-29) 합니다.

㉠ "그러므로 우리가 진동치 못할 나라"를 받았다고 말씀합니다. 물론 아직 받은 것은 아닙니다만, 하나님께서 약속하셨기 때문에 받은 것이나 다름이 없다는 뜻입니다. 그러니까 우리는 믿음으로 이미 받은 것입니다. 그렇다면 "은혜를 받자"(28절) 하고 격려합니다.

㉡ "은혜"란 인간이 행해야 하는 윤리가 아닙니다. 받을 만한 자격도 공로도 없는, 그렇기는커녕 도리어 진노를 받아야 마땅한 인간에게 값없이 거저 주시는 하나님의 선물입니다. 그러므로 "은혜를 받자"는 말씀은 "거역하지 말라", "배반하는"(25절) 것과 결부시켜 생각해야 할 말씀입니다. 거역과 배반이 거부를 의미하는 것이라면, "받음"은 환영과 영접하는 것을 의미합니다. 그러니까 "은혜를 받자"는 말씀은 하나님의 선물인 예수 그리스도를 받자는 말씀입니다. 이 점에서 히브리서에 나타난 경고의 의미를 다시 한 번 생각하게 됩니다. 경고의 요점은 명백합니다.

배신하지 말자

7) 예수 그리스도를 거부하지 말라, 배신하지 말라는 것입니다. 이는 부정적인 언사로 그리스도를 증거하고 있는 말씀입니다. 그런 후

에 "은혜를 받자" 하고 긍정적인 언사로 예수 그리스도를 받을 것을 요청하고 있습니다.

㉠ 이것이 히브리서를 통하여 경고하고 있는 목적입니다. 이것으로 족한 것입니다. 그런데 본문들을 다룰 때에 목적과 중심주제에서 이탈하여, "신자도 타락할 수 있다는 말이냐" 하고 논쟁을 한다는 것은 성경의 의도와는 달리 곁길로 빠지는 일입니다. "이로 말미암아 경건함과 두려움으로 하나님을 기쁘시게 섬길지니"라고 합니다.

㉡ 그렇습니다. 우리가 하나님을 섬길 수 있도록 제사장이 된 것은 "이로 말미암아", 즉 예수 그리스도로 말미암아 은혜를 받음으로 가능해진 것입니다. "경건함과, 두려움"은 하나님을 섬김에 있어서 성도의 자세요, "기쁘시게"는 예배의 필수 요소입니다. 성경은 이 단원을, 그리고 12장을 "우리 하나님은 소멸하는 불이심이니라"(29) 하고 끝맺음으로써 이제 은혜로 주신 예수 그리스도를 받겠느냐 아니면 심판의 불을 받겠느냐, 전진할 테냐, 아니면 뒤로 물러가 침륜에 빠질 테냐고 결단을 촉구하고 있는 것입니다.

적용

형제여, 우리의 경주는 아직 끝난 것이 아닙니다. 12장은 구름같이 둘러싼 허다한 증인들이 지켜보고 있는 중에 달음질을 하고 있는 경주자를 그려 주고 있습니다. 손은 피곤하고, 무릎은 연약하고, 다리는 절고 있습니다(12-13). 성령께서는 그에게 "말씀(히브리서)을 보내어 저희를 고치사"(시 107:20) 다시 한 번 분발하라고 채찍질(6) 하고 있는 것입니다.

눈으로는 "믿음의 주요 또 온전케 하시는 이인 예수를 바라보고"

(2), 머리로는 "자기에게 거역한 일을 참으신 자를 생각"(3절) 하면서 목적지를 향하여 달리라고 격려해 줍니다. 이 경주자가 누구입니까? 바로 형제입니다. 그러나 명심해야 할 점은 이 경주가 개인이 아니라 "너희는 돌아보아 하나님의 은혜에 이르지 못하는 자가 있는가 두려워하라"(15)하고, 단체전이라는 사실입니다.

형제여, 묻습니다. 형제가 이른 곳은 그리고 도달해야 할 목적지는 시내 산입니까? 시온 산입니까? 형제는 지금 시내 산에 있습니까, 시온 산에 있습니까? 그렇다면 살아 계신 하나님의 도성을 믿음으로 바라보십시오. 두렵고 떨림이 아니라 "경건함과 두려움으로 하나님을 기쁘게" 섬기십시다(28).

나누어 봅시다

1. 시내 산의 특성들 중 결정적인 점이 무엇인지에 대해서,
2. 시온 산의 결정적인 특성에 대해서,
3. 신구약 경주자를 막론하고 어찌하여 목적지가 시온인가에 대해서.

13장 개관 및 분석 도표

주와 동행, 동역하는 삶

사랑하기를 계속하라	1-6 형제 사랑하기를 계속하고 (1) 손님 대접하기를 잊지 말라 (2) 갇힌 자를 생각하고 학대 받는 자를 생각하라 (3) 혼인을 귀히 여기고 돈을 사랑치 말고 있는 바를 족한 줄로 알라 내가 과연 너희를 버리지 아니하고 과연 너희를 떠나지 아니하리라 (5)
믿음을 본받으라	7-17 너희를 인도하던 자들을 생각하며 저희 믿음을 본받으라 (7) 예수 그리스도는 어제나 오늘이나 영원토록 동일하시니라 (8) 여러 가지 다른 교훈에 끌리지 말라 (9) 우리에게 제단이 있는데 (8) 성문 밖에서 고난을 받으셨느니라 (12) 우리는 그 능욕을 지고 영문 밖으로 그에게 나아가자 (13) 여기는 영구한 도성이 없고 장차 올 것을 찾나니 (14) 항상 찬미의 제사를 하나님께 드리자 오직 선을 행함과 나눠 주기를 잊지 말라 이 같은 제사는 하나님의 기뻐하시느니라 (18) 너희를 인도하는 자에게 순종하고 복종하라 (17)
기도와 송영	18-25 우리를 위하여 기도하라 (18) 너희 기도함을 더욱 원하노라 (19) 양의 큰 목자이신 우리 주 예수를 영원한 언약의 피로 죽은 가운데서 이끌어 내신 평강의 하나님이 (20) ------ 이루시기를 원하노라 (21) 영광이 그에게 세세 무궁토록 있을지어다 아멘 (21)

도표 해설

13장은 "그리스도는 어제나 오늘이나 영원토록 동일하시니라" 하고 말씀하는 의도는, "주와 동역, 동행하고 있다" 점을 확신시켜주기 위해서인 것입니다. 그러므로 13장의 내용은, "계속해야 할 여러 가지 선행들"로 되어 있습니다. ① 사랑하기를 계속하라, ② 믿음을 본받으라, ③ 기도하라 등으로 요약할 수 있습니다.

이러한 권면의 근거는 도표 왼쪽의 연결된 선을 따라, "내가 과연 너희를 버리지 아니하고 과연 너희를 떠나지 아니하리라"(5), "예수 그리스도는 어제나 오늘이나 영원토록 동일하시니라"(8) 한, 주 하나님께서 우리와 함께 계신다는데 있습니다. 그래서 예수 그리스도를, "양의 큰 목자"라고 말씀하는 것입니다.

양의 큰 목자께서는, "볼지어다 내가 세상 끝 날까지 너희와 항상 함께 있으리라" 하고 말씀하십니다. 베드로, 바울과 함께 하셨던 주님은 이제 형제와 함께 하신다는 점에 확고하시기를 바랍니다.

13장 개관

주와 동행, 동역하는 삶

1 형제 사랑하기를 계속하고 2 손님 대접하기를 잊지 말라 이로써 부지
중에 천사들을 대접한 이들이 있었느니라 3 너희도 함께 갇힌 것 같이
갇힌 자를 생각하고 너희도 몸을 가졌은즉 학대 받는 자를 생각하라 4 모
든 사람은 결혼을 귀히 여기고 침소를 더럽히지 않게 하라 음행하는
자들과 간음하는 자들을 하나님이 심판하시리라 5 돈을 사랑하지 말고
있는 바를 족한 줄로 알라 그가 친히 말씀하시기를 내가 결코 너희를
버리지 아니하고 너희를 떠나지 아니하리라 하셨느니라 6 그러므로 우
리가 담대히 말하되 주는 나를 돕는 이시니 내가 무서워하지 아니하겠
노라 사람이 내게 어찌하리요 하노라 7 하나님의 말씀을 너희에게 일러
주고 너희를 인도하던 자들을 생각하며 그들의 행실의 결말을 주의하
여 보고 그들의 믿음을 본받으라 8 예수 그리스도는 어제나 오늘이나
영원토록 동일하시니라 9 여러 가지 다른 교훈에 끌리지 말라 마음은
은혜로써 굳게 함이 아름답고 음식으로써 할 것이 아니니 음식으로 말
미암아 행한 자는 유익을 얻지 못하였느니라 10 우리에게 제단이 있는
데 장막에서 섬기는 자들은 그 제단에서 먹을 권한이 없나니 11 이는 죄
를 위한 짐승의 피는 대제사장이 가지고 성소에 들어가고 그 육체는
영문 밖에서 불사름이라 12 그러므로 예수도 자기 피로써 백성을 거룩
하게 하려고 성문 밖에서 고난을 받으셨느니라 13 그런즉 우리도 그의
치욕을 짊어지고 영문 밖으로 그에게 나아가자 14 우리가 여기에는 영
구한 도성이 없으므로 장차 올 것을 찾나니 15 그러므로 우리는 예수로
말미암아 항상 찬송의 제사를 하나님께 드리자 이는 그 이름을 증언하
는 입술의 열매니라 16 오직 선을 행함과 서로 나누어 주기를 잊지 말라
하나님은 이같은 제사를 기뻐하시느니라 17 너희를 인도하는 자들에게

순종하고 복종하라 그들은 너희 영혼을 위하여 경성하기를 자신들이
청산할 자인 것 같이 하느니라 그들로 하여금 즐거움으로 이것을 하게
하고 근심으로 하게 하지 말라 그렇지 않으면 너희에게 유익이 없느니
라 [18] 우리를 위하여 기도하라 우리가 모든 일에 선하게 행하려 하므로
우리에게 선한 양심이 있는 줄을 확신하노니 [19] 내가 더 속히 너희에게
돌아가기 위하여 너희가 기도하기를 더욱 원하노라 [20] 양들의 큰 목자
이신 우리 주 예수를 영원한 언약의 피로 죽은 자 가운데서 이끌어 내
신 평강의 하나님이 [21] 모든 선한 일에 너희를 온전하게 하사 자기 뜻을
행하게 하시고 그 앞에 즐거운 것을 예수 그리스도로 말미암아 우리
가운데서 이루시기를 원하노라 영광이 그에게 세세무궁토록 있을지어
다 아멘 [22] 형제들아 내가 너희를 권하노니 권면의 말을 용납하라 내가
간단히 너희에게 썼느니라 [23] 우리 형제 디모데가 놓인 것을 너희가 알
라 그가 속히 오면 내가 그와 함께 가서 너희를 보리라 [24] 너희를 인도
하는 자들과 및 모든 성도들에게 문안하라 이달리야에서 온 자들도 너
희에게 문안하느니라 [25] 은혜가 너희 모든 사람에게 있을지어다(히
13:1-25).

1. 사랑하기를 계속하라(13:1-5)

1) "형제 사랑하기를 계속하고 손님 대접하기를 잊지 말라 이로써 부지중에 천사들을 대접한 이들이 있었느니라"(1-2) 합니다.

㉠ 마지막 장은 주와 동행, 동역하면서, "계속해야 할 선행들"에 관한 권면입니다. 첫째로 "형제 사랑하기를 계속하라"(1절) 하고 말씀합니다. 어찌하여 계속하라는 권면이 필요합니까? 서신은 끝맺으려 하고 있지만 수신자들의 신앙의 경주는 끝난 것이 아니고 계속하여 달음박질해야 하기 때문입니다.

㉡ "자기도 함께 갇힌 것 같이 갇힌 자를 생각하고 자기도 몸을 가

졌은즉 학대 받는 자를 생각하라"(3) 하신 권면은, "갇힌 것, 학대 받는 자"라는 말씀이 말해주듯이, "만일 한 지체가 고통을 받으면 모든 지체도 함께 고통을 받고"(고전 12:26) 한, 공동체의식을 고취하는 말씀이고, "모든 사람은 혼인을 귀히 여기고 침소를 더럽히지 않게 하라 음행하는 자들과 간음하는 자들을 하나님이 심판하시리라"(4) 하심은 교회의 성별(聖別)을 지키라는 권면이고, "돈을 사랑치 말고 있는 바를 족한 줄로 알라"(5상) 하는 권면은 세속화에 대한 경계로 볼 수가 있습니다.

1-5상반 절까지를 한마디로 표현을 하면, "네 이웃을 네 자신과 같이 사랑하라 하신 그 말씀 가운데"(롬 13:9) 다 들어 있는 말씀입니다. 교회가 "사랑하기를 계속하는" 사랑의 공동체가 될 때 내적(內的)으로는 결속이 되고, 외적(外的)으로는 침투하려는 이단을 막을 수가 있기 때문입니다.

2) 이 권면에 이어서, "그가 친히 말씀하시기를 내가 과연 너희를 버리지 아니하고 과연 너희를 떠나지 아니하리라 하셨느니라 그러므로 우리가 담대히 가로되 주는 나를 돕는 자시니 내가 무서워 아니하겠노라 사람이 내게 어찌하리요 하노라"(5하-6) 하고 말씀합니다.

㉠ "그가 친히 말씀하시기를" 한 것은 하나님께서 모세가 죽은 후에 여호수아에게, "내가 모세와 함께 있던 것같이 너와 함께 있을 것임이라" 하시면서 보장(保障)해주신 말씀입니다. 그런데 이 보장의 말씀을, "그러므로 우리가" 하고, 신약교회에 하신 말씀으로 적용시킴이 가능한 것은 "전투하는 교회"에 주신 격려이기 때문에 가능한 것입니다. 지금 우리는 구속사(救贖史)라는 동일 선상(線上)에서 동일한 목적(目的)을 위하여 선한 싸움을 하고 있는 전사(戰士)들인 것입니다.

3) 이점에서 말씀하는 문맥(文脈)을 유의해 보시기를 바랍니다. 이 말씀에 이어서, "하나님의 말씀을 너희에게 이르고 너희를 인도하던 자들을 생각하며 저희 행실의 종말을 주의하여 보고 저희 믿음을 본받으라 예수 그리스도는 어제나 오늘이나 영원토록 동일하시니라"(7-8) 하고 말씀합니다.

㉠ 먼저 "너희를 인도하던 자들"이 누군가? 초대교회 사도들로 볼 수가 있습니다. 그런데 "인도하던"이란 과거완료로 말씀하는 것으로 보아 지금은 순교를 당하고 없는 것으로 여겨집니다. 이렇게 말씀하면서 "예수 그리스도는 어제나 오늘이나 영원토록 동일하시니라" 하고 말씀하는 문맥입니다. 그렇다면 "베드로, 바울" 등과 함께 하셨던 "예수 그리스도"께서는 이제는 너희와 함께 하신다는 격려를 하고 있는 것이 됩니다.

㉡ 그런데 5절부터의 문맥은 약속의 땅 가나안을 정복한 구약의 전투하는 교회로부터 이어져 내려오는 선상(線上)인 것을 보게 됩니다. 이를 정리를 하면,

㉮ 모세와 함께 하셔서 "출애굽"을 성취하신, "모세의 하나님"은,

㉯ 모세가 떠나자 여호수아와 함께 계셔서 가나안을 정복하게 하신 "여호수아의 하나님"이 되셨고,

㉰ 바울을 들어서 복음을 이방에 편만하게 전파하게 하신 "바울과 함께 하셨던 그리스도"는

㉱ 바울이 자신의 달려갈 길을 마치고 구속사의 무대에서 떠나자 주님도 함께 떠나신 것이 아니라 이제는 "너희와 함께 하신다"는 확신을 주고 있는 것입니다.

4) 이점이 왜 중요하냐 하면 여호수아는 유언과 같은 설교에서, "너

희 중 한 사람이 천명을 쫓으리니 이는 너희 하나님 여호와 그가 너희에게 말씀하신 것같이 너희를 위하여 싸우심이라"(수 23:10) 하고 말씀하기 때문입니다.

㉠ 그리고 구속사의 맥이 계시록에서는, "저희가 어린 양으로 더불어 싸우려니와 어린 양은 만주의 주시요 만왕의 왕이시므로 저희를 이기실터이요 또 그와 함께 있는 자들 곧 부르심을 입고 빼내심을 얻고 진실한 자들은 이기리로다"(계 17:14) 하고 있어지고 있는 것입니다. 그래서 "그러므로 우리가 담대히 가로되 주는 나를 돕는 자시니 내가 무서워 아니하겠노라 사람이 내게 어찌하리요 하노라"(6) 하고 외칠 수가 있는 것입니다. "우리가 담대히 가로되" 하는데, 10:35절에서는 "그러므로 너희 담대함을 버리지 말라" 하고, 담대함을 버리고 후퇴하려는 자들을 격려하고 있는 것입니다.

㉡ 아브라함, 모세, 여호수아, 다윗, 베드로, 바울, 그리고 우리들은 구속사의 동일 선상(線上)에서 동일한 목적을 위하여 싸우는 동일한 전사(戰士)들이라는 정체성에 대한 각성이 필요합니다. 그러므로 그리스도는 이천 년 전이나 지금이나 동일하신 것만이 아니라, 영원 전이나 영원 후나 동일하신 분이신 것입니다. 주님께서 자증(自證)하시기를, "나는 알파와 오메가요 처음과 나중이요 시작과 끝이라"(계 22:13) 하십니다. 그 주님께서는 도성인신(道成人身)하시기 전인 구약교회와도 함께 하셨던 것입니다.

㉢ 그러므로 주께서 친히 말씀하시기를, "내가 과연 너희를 버리지 아니하고 과연 너희를 떠나지 아니하리라, 볼지어다 내가 세상 끝 날까지 너희와 항상 함께 있으리라"(마 28:20) 하고 보장하시는데, "그러므로 우리가 담대히 가로되 주는 나를 돕는 자시니 내가 무서워 아니하겠노라 사람이 내게 어찌 하리요"(6) 하고 선언해야 하지 않겠습

니까?

5) 그런데 여기 중요한 요점이 있는데, "저희 믿음을 본받으라"(7하) 한 "믿음"입니다. 11장의 믿음 장에서 본바와 같이 성경에 등장하는 모든 주의 종들의 힘의 원동력(原動力)은 "내가, 너와 함께 있을 것임이라" 하신 하나님께서 함께 계심에 있었습니다. 이에 대한 인간의 반응이 믿음인 것입니다. 믿음의 선진(先進)들에게는 담대한 믿음이 있었습니다. "내가 네게 명한 것이 아니냐 마음을 강하게 하고 담대히 하라 두려워 말며 놀라지 말라 네가 어디로 가든지 네 하나님 여호와가 너와 함께 하느니라"(수 1:9) 하신 말씀을 굳게 믿는 믿음을 가지고 있었습니다.

㉠ 이것이 "너희들 인도하던 자들"의 믿음이었던 것입니다. 문제는 누가 더 능력이 있느냐에 있는 것이 아니라 누가 더 강하고 담대한 믿음이 있느냐에 있다는 말씀입니다. 성경은 오늘도 말씀하십니다. 그러므로 진짜 문제는 1차 독자들이 아니라 히브리서를 상고하고 있는 우리에게 베드로나 바울과 같은 믿음이 있느냐 하는 것이 문제인 것입니다. 그러므로 주님께서 "그러나 인자가 올 때에 세상에서 믿음을 보겠느냐"(눅 18:8) 하신 말씀을 "흘러 떠내려가게" 해서는 안 될 것입니다. 왜냐하면 불법이 성함으로 많은 주의 종들의 믿음이 전과 같지 못함을 보게 되기 때문입니다.

모세도 떠났고, 여호수아도 떠났으며, 너희를 인도하던 자들도 떠났습니다. 이제 구속사의 무대에는 "우리"가 있는 것입니다. 그러나 그들과 함께 하셨던 그리스도께서는 떠나지 아니하시고 이제 형제와 함께 하셔서 선한 싸움을 계속해 나가신다는 확신 가운데 거하시게 되기를 기원합니다. 주님께서는 믿음으로 응답하는 자들을 통하여 세상 끝 날까지 구속사역을 계속하시며 완성해 나가실 것입니다. 그리스도는 어제나 오늘이나 영원토록 동일하십니다.

우리에게 제단이 있는데

6) "우리에게 제단이 있는데 그 위에 있는 제물은 장막에서 섬기는 자들이 이 제단에서 먹을 권이 없나니 이는 죄를 위한 짐승의 피는 대제사장이 가지고 성소에 들어가고 그 육체는 영문 밖에서 불사름이니라"(10-11) 합니다.

㉠ 여기 또 중요한 말씀이 나타나는데, "우리에게 제단이 있다"(10)는 말씀입니다. 이 말씀은 함축적인 표현이어서 그 의미를 찾기가 그리 쉽지 않습니다. 이 말씀은 "여러 가지 다른 교훈에 끌리지 말라 믿음은 은혜로써 굳게 함이 아름답고 식물로써 할 것이 아니니"(9)라는 말씀에 이어서 주어졌습니다. "식물로 할 것이 아니니"라는 말씀은 유대주의자들의 의식법과 연관이 있는 듯이 보입니다. 그들은 절기를 지키며 축제(祝祭)처럼 식물(食物)들을 나누었던 것입니다.

㉡ 유대교에서 회심한자들 중에는 이에 대한 미련을 버리지 못한 자들도 있었던 모양입니다. 이점을 골로새서에서는, "그러므로 먹고 마시는 것과 절기나 월삭이나 안식일을 인하여 누구든지 너희를 폄론하지 못하게 하라 이것들은 장래 일의 그림자이나 몸은 그리스도의 것이니라"(골 2:16-17) 하고 말씀하는데 본문은 이와 상통합니다. 이런 의식(儀式)법은 그리스도께서 그 몸을 단번에 드려 주실 것에 대한 그림자에 불과했습니다.

㉢ 그런데 "우리에게 제단이 있다"는 뜻은 무엇인가? 히브리서는 계속적으로 "옛 언약과, 새 언약"을 대조하여 새 언약의 우월함을 논증해 왔습니다. 그런 맥락에서 "우리에게 제단이 있다" 한 것은 옛 언

약의 번제단과, 하나님의 아들이 자신을 단번에 드려주신 "참 제단"을 대조시키는 말씀으로 보아야할 것입니다. 히브리서의 중심주제는 "우리에게 대제사장이 있다"(8:1)는 것과, "우리에게 제단이 있다"(13:10)는 것, 그리고 하나님의 아들 예수 그리스도께서 친히 제물(祭物)이 되어 주셨다는 것으로 요약이 되기 때문입니다.

이미 충분할 만큼 말씀드렸습니다만, 우리에게 있는 대제사장은 저희에게 있는 대제사장과는 비교도 할 수 없을 만큼 영광스럽고 뛰어나시다는 것과, 우리에게 있는 제물은 저들의 온전케 할 수 없는 제물과는 달리 우리를 "영원히 온전케"(10:14) 하신 제물입니다. 이러한 대제사장에 의해서 자신을 단번에 제물로 드려 주신 "제단"(祭壇)이 우리에게 있다는 것입니다.

7) 그런데 "장막(첫 장막)에서 섬기는 자들이 이 제단에서 먹을 권이 없나니"(10하) 합니다.

㉠ 이렇게 말씀하는 의도는, "우리들은 먹을 권이 있다"는, 이점을 일깨워주려는 것으로 여겨집니다. "먹을 권이 없다"는 말은 대속죄일에 드리는 속죄 제물의 피는 대제사장이 가지고 성소에 들어가고 그 육체는 먹는 것이 허용되지 않고 영문 밖에서 불살랐기 때문이라는 것입니다(11).

㉡ "그러므로 예수도 자기 피로써 백성을 거룩케 하려고 성문 밖에서 고난을 받으셨느니라 그런즉 우리는 그 능욕을 지고 영문 밖으로 그에게 나아가자"(12-13) 합니다. 여기에 유사성이 있고 차이점이 있습니다.

㉮ 우리의 대제사장께서도 자기 피로써 백성을 거룩케 하려고 성문 밖에서 고난을 받으셨다(12)는 점은 유사성이고,

㉯ 차이점이란 저들은 먹을 권이 없었으나 우리는 먹을 권이 주어졌다는 점입니다. 주님께서 속죄 제물로 잡히시던 날 밤에 베푸신 최후의 만찬석상에서 "받아 먹으라 이것이 내 몸이니라 하시고 또 잔을 가지사 사례하시고 저희에게 주시며 가라사대 너희가 다 이것을 마시라 이것은 죄 사함을 얻게 하려고 많은 사람을 위하여 흘리는바 나의 피 곧 언약의 피니라"(마 26:26-28) 하고 말씀하셨기 때문입니다. 그리고 초대 교회에서는 성찬식이 모일 때마다 행해졌다고 여겨집니다.

㉢ 그러니까 히브리서 기자는 이 "성찬"(聖餐)을 염두에 두고, "우리에게도 더 좋은 제단이 있다(10), 더 좋은 제물에 참여할 수 있는 망극하신 은혜를 입었다"는 일종의 자랑을 하고 있는 셈입니다. 이 진리를 깨달았다면 "그런 즉 우리는 그 능욕을 지고 영문 밖으로 그에게 나아가자"(13) 하고 격려하는 것입니다. "능욕을 지고 영문 밖으로 그에게 나아가자"는 말씀 속에는 순교를 각오하고 그리스도의 뒤를 따르자는 결의가 나타납니다.

하나님이 기뻐하시는 제사

8) "이러므로 우리가 예수로 말미암아 항상 찬미의 제사를 하나님께 드리자 이는 그 이름을 증거하는 입술의 열매니라 오직 선을 행함과 서로 나눠주기를 잊지 말라 이 같은 제사는 하나님이 기뻐하시느니라"(15-16) 하고 권면합니다.

㉠ 15절은 "이러므로" 라는 접속사로 시작이 되는데 이는 "우리에게 제단이 있다" 한 말씀을 우리에게 적용을 시키는 말씀인 것입니다. ㉮ 우리에게 제단이 있고, ㉯ 또한 우리가 제사장이라면, ㉰ 우리도 무엇인가 드릴 것이 있어야 하지 않겠느냐는 말씀입니다.

㉡ "항상 찬미의 제사를 하나님께 드리자"(15)고 말씀합니다. 구약

시대에도 신령한 면을 깨달은 자들은 “주께서 나의 귀를 통하여 들리시기를 제사와 예물을 기뻐 아니하시며 번제와 속죄제를 요구치 아니하신다”(시 40:6) 함을 알고 있었습니다. 그러므로 “우리가 입술로 수송아지를 대신하여 주께 드리리이다”(호 14:2) 하고 말씀했던 것입니다.

㉢ 다음으로 “오직 선을 행함과 서로 나눠 주기를 잊지 말라”(16) 하십니다. “이 같은 제사는 하나님이 기뻐하시느니라”(16) 하고, 구제를 “제사”(祭祀)라는 의식적인 표현을 쓰고 있습니다. 왜 그렇게 하고 있을까요? 유대교의 제사에 비해 우리의 제사가 얼마나 더 우월하고 기뻐하시는 예배인가를 염두에 두었기 때문일 것입니다. “선행과, 나눔”은 반드시 물질적인 것에 국한된 것이 아닙니다. 물질만이 아니라, 사랑과 기도, 복음 전함도 포함되었다고 보아야만 합니다. 찬미가 하나님 자신께 드리는 제사라면, 선행과 나눔은 이웃을 위하여 하나님께 드리는 제사라 할 수 있습니다. 그리고 그 순서도 중요합니다. 먼저는 하나님과의 교제요, 다음이 이웃 사랑입니다.

순종과 복종

9) “너희를 인도하는 자들에게 순종하고 복종하라 저희는 너희 영혼을 위하여 경성하기를 자기가 회계할 자인것 같이 하느니라 저희로 하여금 즐거움으로 이것을 하게하고 근심으로 하게 말라 그렇지 않으면 너희에게 유익이 없느니라”(17) 하고 권면합니다.

㉠ 둘째 단락에는 너희를 “인도하던 자들”(7)이 있고, 너희를 “인도하는 자들”(17)이 있습니다. “인도하던 자들”이 지난날에 하나님의 말씀을 전하여 주던 인도자들이라면, “인도하는 자들”이란 현재(現在) 저희 영혼을 위하여 경성하기를 자기가 회계(會計)할 자인 것같이 하

고 있는 생존해 있는 자들인 것입니다. 그들에게 "순종하고 복종하라"고 말씀합니다. 왜냐하면 그들은 주님께서 교회에 주신 선물(엡 4:11)일 뿐만 아니라 오늘날은 그들이 하나님의 말씀을 대언하고 있기 때문입니다. 그러므로 그들에게 순종하고 복종함이 곧 그리스도께 하는 것이 됩니다.

㉡이상에서 살펴본 바대로 우리에게 제단이 있다는 것, 하나님이 기뻐하시는 제사를 드리는 일, 인도자들에게 순종하는 일 등은 그리스도는 영원토록 동일하시다는 믿음과 결부되어 있습니다. 이렇게 하는 것이 믿음을 따라 살았으며 믿음을 따라 죽은 인도하던 자들의 믿음을 본받는 일입니다.

3. 기도와 송영(13:18-25)

10) "우리를 위하여 기도하라 우리가 모든 일에 선하게 행하려 하므로 우리에게 선한 양심이 있는 줄을 확신하노니 내가 더 속히 너희에게 돌아가기를 위하여 너희 기도함을 더욱 원하노라"(18-19) 합니다.

㉠ 마지막 단락은 "기도와 송영"입니다. "우리를 위하여 기도하라"(18) 하십니다. "너희 기도함을 더욱 원하노라"(19) 하고 거듭 촉구합니다. 뿐만 아니라 자신도 "모든 선한 일에 너희를 온전케 하사 자기 뜻을 행하게 하시고 그 앞에 즐거운 것을 예수 그리스도로 말미암아 우리 속에 이루시기를 원하노라"(21) 하고 기도합니다. 항상 찬미의 제사를 드려야 할 것과, 기도하기를 계속해야 함은 성도에게 있어서 필수적인 두 가지 덕목이라 하겠습니다.

㉡ 20-21절은 비록 두 절에 불과하지만 히브리서 전체를 요약한 듯한 장엄함이 있습니다. 그 내용에는 성삼위(聖三位) 하나님의 사역이

함축적으로 표현되어 있습니다.

㉮ "우리 주 예수를 영원한 언약의 피로 죽은 자 가운데서 이끌어 내신 평강의 하나님"(20)과,

㉯ "양의 큰 목자이신"(20상) 예수 그리스와(20상),

㉰ "모든 선한 일에 너희를 온전케 하사 자기 뜻을 행하게 하시고 그 앞에 즐거운 것을 예수 그리스도로 말미암아 우리 속에 이루실" (21) 성령님의 사역이 나타나 있습니다. "영광이 그에게 세세무궁토록 있을찌어다 아멘".

㉢ 히브리서는 "이루시기를 원하노라"는 말씀으로 마치고 있습니다. 성경의 마지막 책인 계시록도 마지막 부분에서, "이루었도다 나는 알파와 오메가요 처음과 나중이라"(계 21:6) 하고 선언하십니다. 구속의 역사를 시작하셔서 이루실 분은 성부와 성자와 성령님이십니다. "영광이 그에게 세세 무궁토록 있을지어다 아멘"(21) 하고 송영을 돌림으로 영광스러움으로 가득 찬 히브리서의 대 단원의 막을 내리고 있습니다.

적용

우리는 그리스도의 증인들로 부름을 받은 자들입니다. 다시 말하면 하나님의 아들이 천사보다 못하심을 입고 오셔서 우리를 위하여 죽으시고 다시 사심으로 "죽기를 무서워하므로 일생에 매여 종 노릇하던 자들"을 구원하여주셨다는 복음 증거자로 세움을 입은 자들인 것입니다.

1, 예수 그리스도와 그의 십자가에 못 박히신 복음의 핵심을 증거해야 마땅합니다.

2, 복음을 보수(保守)하고 가르치기를 힘써야 할 것입니다.

3, 그리고 힘을 주어 말씀드립니다만 복음 전도자는 복음을 변증(辨證)하는 자입니다. 히브리서는 일종의 복음 변증서입니다. 사도 바울은 변증하기를 "그러나 우리나 혹 하늘로부터 온 천사라도 우리가 너희에게 전한 복음 외에 다른 복음을 전하면 저주를 받을 지어다" (갈 1:8) 합니다. 바울은 독선(獨善)자가 아니라 복음을 그토록 사랑했기 때문입니다. 예수 그리스도의 증인으로 부름을 받은 자들이 주님께서 죽으시고 다시 사심을 통해서 이루어 놓으신 복음을 변질을 시키는 것을 보면서도 침묵하고 있다면 부끄러운 일이 아닌가? 주님 앞에 가서 어떻게 낯을 뵈올 것인가?

나누어 봅시다

1. "그리스도는 영원토록 동일하시다"는 구속사적 의미에 대해서,
2. 우리에게 제단이 있다는 말씀에 함축된 의미에 대해서,
3. 히브리서를 마치면서 가장 감명 깊었던 말씀이 무엇인지 나누어 봅시다.